KB172065

퇴직 후 백수로 성공하기
(퇴백성)

퇴직 후 백수로 성공하기(퇴백성)

발　행 | 2023년 05월 12일
저　자 | 김관열
펴낸이 | 한건희
펴낸곳 | 주식회사 부크크
출판사등록 | 2014.07.15.(제2014-16호)
주　소 | 서울특별시 금천구 가산디지털1로 119 SK트윈타워 A동 305호
전　화 | 1670-8316
이메일 | info@bookk.co.kr

ISBN | 979-11-410-2809-1

www.bookk.co.kr

퇴직 후 백수로 성공하기

(퇴백성)

김관열 지음

[은준인과 퇴직예정자의 1박2일간의 대화]

「시작하며」

은퇴를 준비하는 모든 퇴직 예정자들에게 이 책을 바칩니다.

어느 날 퇴직 예정자 한 분이 찾아 오셨습니다.
곧 정년퇴직인데 은퇴가 너무 두렵다고 말합니다.
은퇴준비와 관련된 제 첫 번째 저서 은준인(隱準人)을
읽고 수소문 끝에 무작정 절 만나러 달려 왔다고 합니다.
한두 시간이면 끝날 것 같은 그 대화가
꼬박 1박 2일이 걸렸습니다.
드디어 답을 찾았다고 말하시며 기뻐하셨습니다.
제가 더 기뻤습니다. 참 감사한 일이죠.

그분의 이름은 예정자이시고 제 이름은 은준인입니다.
은준인과 예정자의 1박 2일간의 대화가 한 삶의 인생 2막을
송두리째 바꿀 해법을 제시해 줄 수 있다면
그것보다 더 기쁜 일이 어디 있을까요?
이것이 최고의 정답이 아닐 수 있다는 것을 알고 있습니다.
하지만 해답을 찾아 달려가는 바른 길임에는 자신합니다.
제가 그 증거이고 싶기 때문입니다.

'퇴직 후 백수로 성공하기(퇴백성)'
여기 두 사람의 1박 2일간의 대화를 전격 공개합니다.
이제 절대로 은퇴가 두렵지 않으실 겁니다.

「차례」

시작하며

대화1

예정자라는 이름을 가진 자의 뜻밖의 방문 15

<ARTSPACE 19>

대화2

대화4

끝없이 도전하는 삶이 노년을 책임진다 65

<끝도삶>

대화5

봉사를 즐기는 삶이 곧 품격이다 103

<봉즐삶>

대화6

자기핵심브랜드를 지금 바로 창출하라 125

<Self-core brand>

대화7

도전은 무조건 남는 장사다 159

대화8

백수가 추구해야 할 최고의 단계는 탈백 189

대화9

은준인의 삶은 나이가 들수록 더 기대된다 261

대화 1

예정자라는 이름을 가진 자의 뜻밖의 방문

예정자가 찾아간 곳은 먹자골목 안에 자리 잡은 허름한 3층 건물이었다. 1층은 작은 간이 술집이 있었고 2층은 옛날 타입의 바가 있었다. 예정자는 차고 문을 통해 3층 계단으로 올라갔다. 3층 철제문에 영어로 'ARTSPACE19'라고 적힌 플라스틱 명판을 발견하고 전화를 걸었다. 잠시 후 한 중년 남자가 황급히 뛰어 나와 예정자를 반가이 맞이해 주었다. 그가 바로 은준인이었다. 그가 건네준 명암에는「은퇴준비실전연구소」소장으로 되어 있었다. 그의 안내로 사무실 내부로 들어간 예정자는 그곳이 마치 일반 빌라의 살림집 같은 느낌을 받았다. 벽에 덕지덕지 붙은 A4용지가 먼저 눈에 들어 왔고 냉장고, 전자렌지, 생수기계도 보였다. 한창 컴퓨터 작업 중으로 보이는 PC 한 대도 보였다. 그 옆 공간 책꽂이 선반에는 다양한 종류의 책들이 꽂혀 있었고 거실 한가운데는 4인용 식탁 2개가 놓여 있었다. 주방 싱크대 앞에는 온갖 양념 재료들이 놓인 탁자 하나도 보였다. 잘 정리되지 않은 살림 못하는 가정집 모습 그대로였다. 순간 예정자는 여기를 방문한 이유를 잊어버린 듯했다. 그는 이곳에서 그가 풀 숙제의 답을 찾을 수 있을까 의구심을 가졌다. 그래도 몇 시간을 걸려 달려온 그였다. 혹시나 하는 기분으로 예정자는 조심스럽게 말을 끄집어내기 시작했다. 하지만 분명 그는 크게 기대하는 눈치는 아니었다.

'아트스페이스19'라는 이름의 이상한 아지트

예정자 : 반가이 맞아 주셔서 감사합니다. 들어오는 현관문에 '아트스페이스19(ARTSPACE19)'라는 글자가 보이던데요. 이곳을 예술 공간의 의미로 사용하시는군요. 그런데 예술 활동을 하는 공간이란 느낌은 전혀 안 드는데요.

은준인 : 하하! 맞아요. ARTSPACE19가 예술 공간이라는 의미는 아니고요. ARTSPACE19 앞에 붙은 ART는 축약어로서 After Retirement를 줄여서 그렇게 부르는 겁니다. 즉 영어 뜻 그대로 '퇴직 후'라는 의미입니다. 그래서 ARTSPACE19는 '퇴직 후 나의 공간'이란 의미로 사용되었고요. 여기서 19는 제가 2019년부터 본격적인 은퇴가 시작되었다는 의미입니다.

예정자 : 아! 그런 의미가 있었군요. 아주 흥미롭네요. 그럼 소장님을 방송에서 소개할 때 '아트코치 국내 1호'라고 소개하던데요. 거기서 얘기하는 아트도 바로 그런 의미로 쓰인 건가요?

은준인 : 예, 그렇습니다. 아트코치 국내 1호란 의미는 퇴직 후 우리는 누구나 은퇴시기를 맞이하게 되는데요. 이러한 퇴직 후 맞이하는 은퇴시기의 삶을 잘 준비할 수 있도록 은퇴준비에 대한 실전 코칭 전문가로써 국내에서는 첫 번째라는 의미로 이해하시면 되겠습니다.

예정자는 은준인으로부터 이 명칭에 대한 한 마디의 설명을 듣고 뭔가 생각보다는 상당히 체계적일 거라는 느낌을 갑자기 받았다. 약간의 기대감이 다시 생기기 시작했다. 상당히 웃긴 일이었다. 1분 전만해도 신뢰감 제로였는데 말이다.

예정자 : 그럼 소장님께서는 이곳이 대단히 애착을 느끼시는 그런 공간이 되겠군요. ARTSPACE19는 소장님에게 어떤 의미인가요?

은준인 : ARTSPACE19는 저에게는 매우 중요한 곳입니다. 퇴직자들이 성공적인 은퇴 후의 삶을 위해 준비되어야 할 첫 번째 과제가 바로 이러한 출퇴근할 공간을 마련하는 것이라 할 수 있습니다.

예정자 : 첫 번째 과제라고요. 그만큼 중요한가요? 집에 빈방이 있는 경우 그것을 이용해도 되지 않겠습니까? 비용도 절약되고요.

은준인 : 세상에 안 될게 뭐가 있겠습니까? 하지만 대단히 제약요건이 많이 따르겠죠. 출퇴근의 개념이 없어지면 집에서는 오랫동안 지속하기 어렵다는 것이 제 생각입니다. 그리고 중요한 것은 아내가 좋아하지 않을 겁니다. 아무리 부부사이가 좋다 하더라도 퇴직 후 종일 같이 있다 보면 부부간의 트러블이 새롭게 형성되는 큰 빌미가 될 것입니다.

예정자 : 아! 그럴 수도 있겠군요. 출퇴근할 공간이 필요하다는 말씀에 공감이 갑니다. 그럼 이곳에서는 뭘 하십니까?

은준인 : 진정한 인생 2막의 자기 인생을 새롭게 살아가는 곳이지요. 이 곳을 저는 '아지트'라고 표현하는데요. 이러한 공간은 바로 모든 은퇴자들이 꿈꾸어 온 인생 2막을 구체적으로 디자인하고 실천하는 베이스캠프가 될 것입니다. 이 부분에 대해서는 다시 구체적으로 설명드릴 기회가 있을 겁니다.

취준생에 대립되는 말, 은준인을 아시나요?

예정자 : 알겠습니다. 그런데 아직 제 소개를 못 드렸군요. 저는 회사에서 30여 년간 근무를 마치고 이제 곧 정년퇴직을 앞두고 있는 퇴직 예정자입니다. 막상 퇴직을 하려니 뭘 준비해야 할지 막막해서 고민을 하다 소장님께서 이 분야에서는 최고의 전문가라는 얘기를 듣고 찾아뵙게 되었습니다. 반가이 맞이해 주셔서 감사드립니다.

은준인 : 최고의 전문가라니요? 아닙니다. 아무튼 멀리 찾아 주셔서 감사합니다. 그래 뭐가 제일 궁금하던가요?

예정자 : 여기 오기 전에 언론 기사를 통해 소장님 프로필을 미리 봤는데요. 정말 다양한 분야에서 다양한 결과를 만들어 내시더군요. '은준인'이란 제목의 책을 쓰셨던데

요. 처음 듣는 단어라 무슨 뜻인지 궁금했습니다. 은준인이란 무슨 뜻인가요?

은준인 : 은준인(隱準人)이란 '은퇴를 준비하는 사람들'이라는 뜻으로 제가 만든 신조어입니다, 취준생에 대립되는 말이죠. 잘 아시다시피 취준생은 취업을 준비하는 학생을 뜻하는 말로 이제는 우리 국어사전에도 등장하는 단어가 되었습니다. 우리는 우리의 인생을 쉽게 3단계로 구분할 수 있는데요. 저는 그것을 '트리플 서티(Trifle 30)'시대로 표현하고 있습니다. 30년을 세 번, 즉, 3단계로 나눌 수 있다는 것입니다. 트리플 서티를 3단계로 나누어 1단계인 독립준비기에서 우리는 많은 준비를 통해 취준생이 되어 인생 2단계인 경제활동기에 도전장을 내밀게 됩니다. 초등학교 때부터 시작해서 중학교, 고등학교, 대학교를 거쳐 취준생이 되기 위해 무척 많은 준비를 하지 않습니까? 요즘 취준생이 갖춰야 할 구비 조건이 뭔지 아십니까?

예정자 : 취준생의 구비 조건이요? 성적? 외국어 실력? 유학?

은준인 : 요즘 취준생이 되기 위해서는 적어도 9가지 조건이 필요하다고 합니다. 과거 우리가 대학을 마치고 취업할 시절에는 3가지 정도, 즉 학교, 학점, 영어점수 정도만 있으면 취업을 하는데 크게 어렵지 않았는데 요즘은 그거 외에도 6가지가 더 필요하다고 합니다. 즉 해외연수, 봉사활동, 자격증, 공모전, 인턴 이렇게 5개가 더

필요하고 최근에는 마지막 한 가지 더 필요한 게 있는데요. 그게 바로 성형수술이라는 거죠. 그런데 이렇게 준비해도 취업이 쉽지는 않죠. 어째든 인생2단계의 성공을 위해 이렇게 많은 준비를 하는데 과연 우리는 인생 황금기라 부르는 마지막 3단계의 30년을 위해서는 과연 무엇을 구체적으로 준비를 하는지 모르겠습니다. 아마도 대부분의 사람들이 인생 2단계에서 구체적 준비 없이 그냥 3단계를 맞이하게 되는 것이 지금의 현실이라 생각됩니다. 그러니 은퇴를 맞이하기가 두렵고 힘들어지게 되는 거죠.

예정자 : 그렇군요. 공감이 갑니다. 은퇴가 두려운 데는 그만한 이유가 있겠군요.

은퇴가 두려운 이유 1위는?

은준인 : 그렇습니다. 한 포탈사이트의 설문조사에 의하면 퇴직예정자들이 은퇴가 두려운 이유를 살펴보니 2위가 고정적인 수입원이 없어져서, 3위가 뒷바라지 할 자녀가 아직 있어서, 4위가 은퇴 후 삶이 너무 길어서, 5위가 나의 자존감이 떨어져서라고 응답했는데요. 1위가 뭔지 아시겠어요?

예정자 : 글쎄요?

은준인 : 은퇴가 두려운 이유 1위는 바로 은퇴 준비가 아직 제대로 되지 않아서 라고 응답했다는 것입니다. 무려 65.1%가 여기에 동의했다는 것입니다. 2위에서 5위를 합친 것보다도 더 많은 숫자이죠. 그래서 결국 중요한 것은 바로 은퇴준비 인데요, 은퇴준비를 잘 해야 만이 은퇴에 대한 두려움이 사라진다는 것입니다. 즉 은준인들도 취준생처럼 뭔가를 준비를 해야 하는데 인생 3단계를 위해 2단계에서 은퇴준비를 구체적으로 잘 하자, 즉 은퇴를 준비하는 사람 은준인(隱準人)이 되자는 의미 입니다. 100세 시대를 사는 우리에게는 이제 은준인은 취준생만큼 매우 중요한 단어가 된 것입니다.

예정자 : 은준인에 그러한 심오한 뜻이 담겨 있군요. 정말 신박합니다. 그럼, 소장님은 은준인이라는 책은 어떻게 쓰시게 되었나요?

은준인 : 제가 처음부터 책을 쓸려고 했던 건 아니고요. 저는 35년간 공기업에서 정말 바쁘게 시간을 보내면서 퇴직을 맞이하게 되었는데요. 정부 방침에 의해 정년이 58세에서 60세로 연장되어 임금피크제라는 것을 처음 맞이하게 되었습니다. 갑자기 2년이 더 늘어나게 된 것이죠. 임금피크제 기간 동안에는 구체적인 실무보직에서 손을 떼고 자문역을 하면서 틈틈이 퇴직준비를 하게 되는데요. 저 또한 그런 입장이 되어 버렸죠. 아무래도 결재선 상에서 배제되니 시간적 여유도 다소 생기고 마음도

홀가분해져 틈틈이 책도 있을 수 있었습니다. 그러다가 퇴임일이 점차 다가오자 뭔가 퇴직을 위해 은퇴 준비를 좀 해야겠다 싶어 은퇴와 관련된 책을 찾게 되었습니다. 검색을 해 보니 은퇴와 관련하여 약 40권 정도의 연관 책이 인터넷 검색에 나오더라고요. 그래서 그 중 구할 수 있는 책들을 모두 골라 약 20여권을 구입해서 읽게 되었습니다. 읽어 보니 나름 다 좋은 책인 것은 인정하겠는데 문제는 저처럼 평범한 일반 퇴직 예정자들에게 은퇴를 위해 무엇을 어떻게 준비해야 하는지에 대한 구체적인 실전 가이드라인을 제시해 주는 책을 발견할 수는 없었다는 것입니다. 그러는 중에도 회사에서 제공하는 은퇴준비 프로그램에도 참여해 봤고, 은퇴 관련 책을 쓰신 일부 전문가나 회사 퇴직선배들도 만나 은퇴에 대한 조언을 구해 봤지만 구체적 답을 얻을 수가 없었습니다.

예정자 : 그러셨군요. 그래서 어떻게 하셨나요?

국내 최초의 은퇴준비실전지침서의 탄생

은준인 : 우리나라에는 은퇴준비를 어떻게 해야 하는지에 대한 실전 지침서가 없다고 판단하고 고민 고민하다 그럼 그걸 내가 한번 만들어 보자고 결심하게 되었던 것입니

다. 그래서 약 2년 동안 기본적인 이론과 실천 툴을 만들고 또한 실질적인 경험을 통해 모은 저의 사례를 포함시켜 한권의 책으로 만든 것이 바로 은퇴준비실전지침서인 '은준인'이 된 것입니다.

예정자 : 아! 그렇게 해서 은준인이란 책이 탄생하게 된 것이군요. 2년간 실제 경험한 내용을 토대로 만든 실전 지침서라 누구나 따라 하기가 쉽겠네요. 그럼, 은준인에 담긴 기본적인 개념은 무엇입니까?

은준인 : 원리는 아주 간단합니다. 저는 퇴직 후 제 삶의 목표가 품격 있는 은퇴생활을 하자는 것인데요. 이렇게 퇴직 후 품격 있는 은퇴생활을 하기 위해서는 반드시 뭔가 준비가 필요한데요. 그냥 준비가 아니고 구체적인 준비가 필요하다는 것입니다. 어떻게 구체적으로 은퇴준비를 하느냐가 은퇴생활을 성공시키느냐 마느냐의 관건이 된다는 것입니다. 그래서 그 구체적 준비를 위해서는 삶의 세분화된 어떤 영역에서 무엇을 준비하는지를 알아야 되겠다는 생각이 들었습니다. 그래서 그 영역을 찾기 위해 우선 우리의 퇴직 후의 삶의 모습을 제 나름대로 온갖 상상력을 동원해서 구분해 보았습니다. 그랬더니 적어도 4가지 영역의 삶으로 구분하면 모든 것이 카버 되겠다는 생각이 들더라고요.

예정자 : 4가지 영역의 삶이라고요?

은준인 : 예, 4가지 영역입니다. 이 네 가지 영역이면 모든 것을

다 품을 수 있다는 생각이 든 거죠.

예정자 : 그럼 그 네 가지 영역의 삶은 무엇이죠?

은준인 : 이건 정말 중요합니다. 4가지 영역의 삶은 첫째는 혼자서 잘 즐기면서 살아가는 영역이고, 둘째는 함께 잘 즐기면서 살아가야 되는 영역이 있으며, 셋째는 끝없이 도전하고 배우며 살아가야 하는 영역이 있다는 것입니다, 그리고 마지막 넷째는 봉사를 즐기면서 살아가는 삶의 영역이 있는데, 이렇게 네 가지 영역으로 구분할 수 있다는 것입니다. 이것을 한단어로 축약어를 만들어 보니 각각 혼즐삶, 함즐삶, 끝도삶, 봉즐삶이 되었습니다.

예정자 : 네 가지 영역이 혼즐삶, 함즐삶, 끝도삶, 봉즐삶이라고요? 단어가 아주 재미있네요. 그럼 이 4영역에 대한 삶을 잘 준비하면 은퇴준비가 잘 될 수 있다는 말씀이군요.

은퇴준비 4영역(혼즐삶/함즐삶/끝도삶/봉즐삶)?

은준인 : 맞습니다. 요약해 드리면 4가지 삶에 대한 준비는 첫째, 혼즐삶 준비, 즉 혼자서도 잘 즐기는 삶에 대한 준비이고요. 다음 함즐삶 준비는 함께 잘 즐기는 삶에 대한 준비, 셋째 끝도삶 준비는 끝없이 도전하는 삶에 대한

준비이고 마지막 봉즐삶 준비는 봉사를 즐기면서 사는 삶에 대한 준비를 미리 잘 갖추어야 만이 성공적인 은퇴생활을 할 수 있다는 것입니다. 즉, 이 네 가지 영역을 미리 자기에게 맞게 구체적으로 준비를 해 놓으셔야 된다는 것입니다. 마치 취준생처럼요. 그런데 이 네 가지 중 어느 한 가지도 구체적으로 준비하는 사람이 많지 않다는 것을 저는 강의 갈 때마다 정말 많이 느낍니다. 그게 바로 가장 큰 문제인 것입니다. 저는 그래서 이 네 가지 영역의 삶에 대해 준비를 구체적으로 가져간다면 거의 완벽한 은퇴준비가 될 수 있다고 보는 것입니다. 그런데 뭔가 부족한 2%가 느껴지실 겁니다.

예정자 : 이렇게 4가지 영역을 준비하면 거의 은퇴준비가 완성된다고 하셨는데요. 그럼 부족한 2%란 무엇인가요?

은준인 : 어떻게 보면 '은준인(隱準人)' 책의 하이라이트라고 할 수 있는 부분인데요. 그것은 바로 이러한 준비를 미래의 자기 잡(job)과 연결시켜 보자는 것입니다. 꼭 돈벌이나 직업만을 의미하는 것은 아닙니다. 그것은 미래에 정말 자기에게 잘 어울리는, 그리고 자기가 하고 싶은 일들을 찾아 가자는 것입니다. 자기의 은퇴준비 과정에서 바로 자기에게 맞는 미래의 자기브랜드를 찾자는 것입니다. 이것을 저는 '자기핵심브랜드' 즉, 셀프 코아 브랜드(Self-core brand)라 명명하였습니다. 사실 찾는다는 개념보다는 창출(創出)이라는 용어가 더 어울릴

것 같은데요. 즉 뭔가 새로운 것을 만들어 내자는 것입니다.

예정자 : 셀프 코아 브랜드를 창출하자고요. 자기핵심브랜드라고 하셨나요?

자기핵심브랜드(Self-core brand), 누구나 만들 수 있다

은준인 : 그렇습니다. 자기핵심브랜드, 즉 셀프 코아 브랜드라고 했습니다. 어려운 단어는 아니고요. 결론적으로 말하면 네 가지 영역의 은퇴 준비를 진행하는 과정에서 각자가 관심 있는 분야를 발견하고 그 분야를 구체화, 전문화, 상업화시켜 나갈 때 그것이 바로 자기핵심브랜드가 될 수 있다는 것입니다. 그것이 나중에는 결국 자기의 미래의 먹거리나 제2의 직업으로도 발전되어 나간다는 것이죠. 그것도 퇴직 후 자기가 가장 관심 있고 좋아하는 분야, 또한 잘 할 수 있는 분야에서 오랫동안 지속할 수 있는 자기핵심브랜드를 만들어 가자는 것입니다. 궁극적으로 말해 2~3년 단기간 일자리를 찾는 재취업이나 그냥 퇴직 후 막 덤벼드는 창업과는 근본적으로 결이 매우 다른 얘기죠.

예정자 : 재취업이나 창업과는 결이 다른 얘기라 하셨나요?

은준인 : 그렇습니다. 우리는 퇴직 후 품격 있는 삶이 됐든, 의미

있는 삶이 됐든, 보다 나은 건강한 삶을 살기 위해서는 우리 인생의 4영역을 골고루 갖춘 삶의 균형 속에서 자기에게 자연스럽게 다가온 또는 발견된 관심 분야에서 자기핵심브랜드를 개발해 나간다면 얼마나 멋진 일이 되겠습니까? 그게 바로 제가 저술한 은준인(隱準人)이란 책의 핵심인 은퇴준비 4영역과 자기핵심브랜드 창출이라는 것입니다.

예정자 : 그럼, 그 방법에 의하면 은퇴준비를 성공적으로 할 수 있다는 것을 어떻게 입증할 수 있죠?

은준인 : 저는 자신 있게 입증할 수 있습니다. 부끄럽지만 그 좋은 실례가 바로 저이기 때문입니다. 제가 지금 퇴직한 지 몇 년 되지 않았지만은 몇 년 전만 해도 제가 은퇴 분야의 전문작가가 될지, 또한 여러 분야에서 전문 강사가 될지, 또한 전문 작사가가 되어 음원을 발매할지 아무도 몰랐던 거죠. 그 뿐 아니라 드럼과 숄더키보드와 같은 악기를 연주하고 국가자격증을 취득하여 스테이크와 빵을 만들고 심지어 재봉까지 취미 활동을 하며 흥미로운 삶을 살지 아무도 몰랐다는 것입니다. 저 자신도 전혀 예측할 수 없었던 일이죠.

예정자 : 여러 분야에서 강의도 하신다고요?

은준인 : 처음에는 은퇴에 대한 책을 저술했으니까 기업체나 공무원 대상의 강의를 불러줘서 은퇴 전문 강사를 하다 보니 재미가 붙더라고요. 그래서 7대 분야의 안전 관련

자격증 5개를 모두 취득하여 안전전문 강사로도 활동하고 있고요. 그러다 보니 민방위 강사 모집에도 응모해서 지금 여러 지역에서 민방위 강의도 하고 있습니다. 여기서 끝난 게 아니고요. 그 외 평생교육학습관이나 시니어대학에서도 강의할 기회도 자주 갖게 되고 또한 제가 근무했던 원자력 분야의 강의도 요청이 들어와 일반인들을 대상으로 하게 된 것입니다.

예정자 : 네이버 검색을 보니 소장님은 그 밖에도 많은 분야에서도 활동하시던데요?

은준인 : 검색해 보셨군요. 맞습니다. 현재 구독자 1만명과 200만 뷰 영상을 가진 중견 1인 유튜버가 되었고요. 공공기관 1급 면접관과 취준생을 위한 면접 멘토로도 활동하고 있습니다. 최근에는 시집도 하나내어 수줍은 시인의 세계에 발을 한발자국 내 딛었습니다. 이 모든 것들이 은준인 책에서 소개한 은퇴준비 4영역과 자기핵심브랜드 개발에서 출발한 것이라 할 수 있습니다.

예정자 : 도대체 그럼 지금 직업이 몇 개입니까?

은준인 : 딱히 직업이라 표현하고 싶지는 않지만 제가 좋아서 하고 있는 일은 6개입니다. 작가, 강사, 유튜버, 작사가, 면접관, 취업멘토가 제 현재의 타이틀이죠. 각 분야에서 그래도 큰돈은 아니지만 제 노력으로 조금씩 수익이 창출되는 분야입니다.

예정자 : 정말 퇴직 후에도 많은 일을 하시네요. 앞으로 나누게

될 이야기가 점점 더 기대됩니다.

예정자는 은준인과의 몇 마디 나누지 않았지만 뭔가 굉장한 보물이 이곳에 숨겨져 있다는 것을 직감할 수 있었고 앞에 있는 이 사람과의 대화를 통해 미래의 내가 어떤 모습으로 탄생할 지에 대한 해답을 찾을 수 있다는 기대감으로 몹시 흥분할 수밖에 없었다. 그 흥분을 감출 수 없어 그의 목소리가 약간 떨리고 있다는 것을 예정자 스스로도 느낄 수 있었다.

예정자 : 소장님! 이제 제가 여기 오기 전에 가졌던 궁금증에 대해 질문을 드리겠습니다. 소장님께선 퇴직을 앞둔 퇴직 예정자들의 가장 큰 문제점이 뭐라고 보시는지요?

퇴직 예정자들의 가장 큰 착각

은준인 : 제가 아까 말씀드렸듯이 퇴직 후 은퇴 생활을 잘 하시려면 혼즐삶, 함즐삶, 끝도삶, 봉즐삶, 이렇게 네 가지 영역에 대한 준비를 잘 갖추셔야 된다고 말씀드렸는데요. 다시 말씀드리면 은퇴준비 4영역에 대해 각 영역별로 미리 자기 스타일에 맞는 구체적인 뭔가를 미리 준비를 해 놓으셔야 된다는 것입니다. 마치 취준생이 인생 2단계를 위해 독립준비기인 인생1단계에서 구체적

으로 뭔가를 준비하는 것처럼 말입니다.

예정자 : 예, 그렇게 말씀해 주셨죠. 정말 그런 것 같습니다.

은준인 : 그런데 한번 보세요. 퇴직 후 은퇴시기에 들어 온 사람이 이 네 가지 중 어느 한 가지도 구체적으로 준비하는 사람이 많지 않다는 것입니다. 저는 강의를 갈 때마다 정말 많이 느끼곤 합니다. 그러니까 통상 많은 분들이 퇴직 한 후에 시간이 많을 때 한 가지씩 준비하면 되겠다고 생각하시는데 저는 그게 바로 가장 큰 문제이고 착각이라고 생각합니다.

예정자 : 퇴직 하고 준비하는 게 아니라 퇴직 전에 미리 준비가 마쳐져 있어야 한다는 그런 말씀인가요?

은준인 : 바로 그렇습니다. 퇴직 후에 그때부터 은퇴를 준비하시겠다는 것은 대학을 마치고 취준생이 된 후에 그때부터 취업을 준비하겠다는 얘기와 같은 것입니다. 퇴직 전에 인생 2단계에서 3단계를 위해 미리 준비해 와야 된다는 것이죠. 그런데 중요한 것은 그 준비를 보다 구체적으로 하셔야 된다는 것입니다. 만일 누군가 이렇게 은퇴준비 4영역을 하나씩 구체적으로 준비해 오셨다면 그 사람은 그 누구보다도 은퇴준비가 잘되신 것이라 볼 수가 있습니다. 완벽하다고는 볼 수 없지만 이것을 기초로 퇴직 후에도 이어 가신다면 은퇴준비가 거의 완벽하게 진행되고 있다고 볼 수 있다는 것입니다.

대화2

혼자서 잘 즐기는 삶이 인생 2막의 밑돌

<혼즐삶>

예정자 : 소장님, 그럼 지금부터는 은퇴준비 4영역에 대해 구체적으로 알아 봐야 될 것 같습니다. 혼즐삶, 함즐삶, 끝도삶, 봉즐삶, 이 4가지 영역에서 뭘 어떻게 준비해야 된다는 것인지 좀 더 쉽게 이해 할 수 있도록 세부적으로 말씀해 주시죠.

은준인 : 그래야겠지요. 결국은 은퇴준비를 함에 있어 결국 이 4가지 분야에서 어떻게 자기에게 맞는 아이템을 하나하나 찾아내느냐가 첫 번째 관건이 될 것입니다. 어려운 접근법은 아니라고 생각됩니다.

예정자 : 그럼 그런 것들을 어떻게 준비해야 되는지 소장님의 경우를 예를 들어 설명해 주시죠.

혼즐삶이 안되면 인생 2막 무조건 쪽박 찬다

은준인 : 그러죠. 자 지금부터가 중요합니다. 그냥 재미있게 들어주시면 됩니다. 먼저 '혼즐삶'을 준비해야 되는데요. 즉, 퇴직 후 혼자서도 잘 즐기는 삶에 대한 준비를 갖추자는 얘기입니다. 이 혼즐삶에 대한 준비는 퇴직 후 은퇴시기의 삶의 밑돌이라 할 수 있습니다. 퇴직 후에는 현역 때와는 달리 완전히 다른 삶을 살 수 밖에 없습니다. 혼자서도 잘 놀고 잘 즐길 수 있는 준비가 되어 있지 않으면 퇴직 후 삶이 무척 힘들어집니다. 혼즐삶에

대한 준비가 잘 되어 있지 않으면 퇴직 후 인생 2막은 완전 쪽박 차게 됩니다. 다시 말씀드리면 퇴직 후에는 과거 직장의 동료나 후배들과의 관계를 계속 기대할 수도 없고 또 기대어서도 안 된다는 거죠. 아내를 포함한 가족들과 일정 부분은 현역 때보다는 관계가 깊어지는 부분이 있다고 해도 전적으로 의존할 수는 없다는 것입니다. 그래서 이 혼자서도 잘 즐길 수 있는 준비를 우선 우선적으로 잘 갖추어져야 한다는 것입니다.

예정자 : 그럼 혼즐삶을 위해서는 구체적으로 어떤 준비를 해야 합니까?

은준인 : 혼즐삶을 위해서는 크게 3가지 부분을 준비하시는 게 좋은데요. 먼저 첫 번째, 가장 중요한 부분부터 얘기해 보겠습니다. 그것은 바로 오늘 잠시 얘기를 나누었던 아지트에 대한 얘기입니다. 즉, 퇴직 후 나갈 수 있는 고정적인 생활공간을 마련하시라는 얘기입니다. 제가 아까 다시 구체적으로 말씀드리겠다고 한 부분입니다.

출퇴근 할 아지트 마련은 은퇴준비 1순위다

예정자 : 아! ARTSPACE19! 바로 이곳에 대한 얘기인가요?

은준인 : 맞습니다. 퇴직 후 재취업을 하는 경우는 문제가 없겠지만 대부분 퇴직자는 퇴직 후 막상 갈 때가 없어 집에

있거나 시립 도서관 같은 데를 가는 경우를 많이 보았는데요. 모두 그렇게 해서는 안 되는 일입니다. 퇴직 후 만일 여러분들이 집에 있다고 상상해 보세요. 끔찍한 일이죠. 아내에게 말입니다. 만일 퇴직자들이 집에 있게 된다면 그동안 집을 지켜 온 아내에게 얼마나 큰 짐이 될지 상상해 보셨나요?

예정자 : 그런데 퇴직 후 막상 나가면 갈 곳이 없지 않습니까?

은준인 : 그러니까 미리 준비를 해야 한다는 것입니다. 자! 한번 들어 보십시오. 우리나라의 경우 45%의 아내가 퇴직한 남편을 귀찮다고 느끼고 있다는 것입니다. 더욱 더 놀랄만한 사실은 은퇴자의 경우 자는 시간을 빼고 평균 배우자와 4시간10분을 같이 보낸다고 하는데요. 대부분의 여성이 그 시간조차 줄이고 싶다는 것입니다. 한마디로 퇴직한 남편은 천덕꾸러기가 된다는 것입니다. 퇴직 후 남편은 집에서 좀 쉬고 싶어 하는데 현실은 그렇지가 않다는 것입니다. 나만은 아니겠지 라고 느끼고 싶으시겠지만 아닙니다. 퇴직 후 남성의 경우 집에 있게 되면 3가지만 쳐다보게 된다는데 뭔지 아세요?

예정자 : TV 그리고 뭐지?

은준인 : TV는 맞고요. 3가지는 첫째가 TV, 둘째가 아내, 셋째는 아내가 키우는 강아지라고 합니다. 퇴직자가 집에 있게 되면 이 3가지만 주로 보게 되는 게 현실이라는 것입니다. 실제로 '미래에셋은퇴연구소'설문조사에 의하

면 은퇴자들의 여가시간 활용의 77.6%가 TV시청이고 나머지 중 집안일 8.7%, 대화7.9%이고 배우자와 함께 취미생활은 3.2% 밖에 안 된다는 것입니다. 결국 집에 있다 보면 은퇴자의 피서지는 방에 콕 쳐 박혀 있는 방콕이나 방안 이리저리 왔다 갔다 하는 방글라데시를 즐기다가 좀 더 진출해서 동남아 즉, 동네에 남아있는 아이들과 놀게 된다는 우스개 얘기가 있습니다. 그런데 요즘 동네 애들도 피아노 학원 다니고 태권도 학원 다니느라 잘 놀아 주지도 않죠. 정말 우스갯소리로 들릴 줄 모르겠지만 사실이 그렇습니다. 그래서 퇴직 후의 매일 매일 출퇴근을 할 자기공간을 확보하는 것은 무엇보다 중요합니다.

예정자 : 퇴직했지만 아침에 출근할 공간이 필요하다는 말씀이군요. 충분히 마음에 와 닿습니다.

은준인 : 퇴직 후의 매일 매일 출퇴근을 할 자기공간의 확보는 정말로 매우 중요합니다. 이것도 은퇴시기 들어가기 전에 미리 확보해야 한다는 것입니다. 즉 자기만의 아지트를 꼭 마련해야 미래가 보인다는 것입니다. 그 이유는 지금부터는 과거와는 다른 또 다른 시간이기 때문입니다. 집에 있어서는 자기만의 새로운 미래를 만들기가 매우 어렵다는 것입니다. 부부가 더 친밀하며 할수록 이런 공간이 더 필요하다는 것을 저는 강조합니다. 출퇴근할 자기공간은 마치 베이스캠프와 같은 것입니다.

이 공간은 단순히 출퇴근하는 공간이 아니고 5가지 목적을 가진 다목적 멀티 룸이 될 것입니다. 첫째, 미래인생에 대한 자기 설계공간이고, 둘째, 평생 자기자율 학습공간이고, 셋째, 취미활동을 할 수 있는 레저의 공간이며, 넷째, 때때로 자기만의 휴식공간이 될 수 있고요, 또한 마지막으로 만남의 공간으로도 활용될 수 있다는 것입니다.

예정자 : 그런데, 매일 출퇴근할 이러한 자기 공간을 구하려면 금전적인 문제가 걸리지 않습니까?

은준인 : 맞습니다. 당연히 경제적인 문제가 고민이 될 수밖에 없겠죠. 그래서 '혼즐삶'의 두 번째 준비사항이 바로 자기주도하에 사용할 일정부분의 생활자금이 필요하다는 것입니다. 이 얘기는 다시 자세히 말씀드리겠습니다만 퇴직 후에도 마땅히 여러 가지 생활자금이 들어 갈 것입니다. 그런데 그 생활자금 중에 무엇보다도 첫 번째로 고려되어야 할 부분이 바로 이 부분부터라는 것입니다. 다른 것을 다 줄이시더라도 이 부분 만큼은 확실히 먼저 해결하시라는 것을 강력히 권합니다. 물론 비싸고 고급스러운 것을 마련한 필요는 없습니다. 그리고 꼭 혼자서만 쓸 공간이 아니라도 됩니다. 마음에 맞는 2~3명이 함께 이용해도 된다고 보여 집니다. 시간을 갖고 미리 찾아보시면 생각보다 그렇게 무리가 아니라는 것을 아시게 될 것입니다.

예정자 : 혼자서도 잘 즐길 수 있는 삶, 혼즐삶을 위해 준비해야 할 아이템 첫 번째가 퇴직 후 고정적으로 출퇴근 할 생활공간을 확보하라는 이야기를 나눴는데요, 정말 공감됩니다. 그럼 혼즐삶을 위한 두 번째 아이템은 뭘까요?

은준인 : 혼즐삶의 두 번째 아이템은 아까 잠시 언급한 퇴직 후 자기 관리 하에 운영할 고정적인 생활자금을 확보하라는 것입니다.

퇴직 후 쓸 생활자금 확보는 전쟁터의 총알

예정자 : 퇴직 후 쓸 돈 문제이군요?

은준인 : 맞습니다. 이 부분은 사실 금전 문제라 함부로 말씀드리기가 매우 어려운 부분이 있는데요. 사실 전 이 부분이 굉장히 중요한 부분이라 생각됩니다. 제 조사에 의하면 많은 퇴직 선배들이 퇴직 후 은퇴생활을 잘 영위하지 못하는 가장 큰 이유 중 하나가 바로 이 부분이 충분히 잘 준비 되어 있지 않았기 때문이라는 것을 알게 되었습니다. 물론 각 가정마다 가계를 꾸려가는 스타일이나 재정상태가 조금씩 다르기 때문에 뭐라고 단정 짓기 어려운 부분은 분명이 있을 것입니다. 하지만 저같이 평범하게 직장생활을 하다 정년퇴직 한 일반적인 퇴직자의 경우 특히 관심을 가지셔야 될 부분이라는 것을 더욱

강조 드립니다.

예정자 : 여러 가지 각자의 경제적인 문제 때문에 퇴직 후에도 계속 돈을 벌어야겠다고 생각하지 않을까요?

은준인 : 물론이죠. 자연스럽게 재취업을 하여 돈을 벌 수 있으면 벌어야겠지요. 그런데 그런 기회가 흔치 않다는 것입니다. 대부분의 퇴직자들은 어떻게 해서라도 퇴직 후 또 다시 돈을 버는 것에만 중점을 두는 경우를 많이 봤는데요. 저는 그것보다 지금까지 번 돈과 앞으로 나올 연금 같은 것을 어떻게 운영할 것인지에 대한 부분을 관심을 갖고 잘 정리하는 것이 훨씬 더 중요하다고 생각합니다. 그래서 각자의 상황을 참작해서 퇴직 후 꼭 자기 관리 하에 쓸 생활자금을 확보하실 것을 권합니다.

예정자 : 그럼, 구체적으로 어떻게 하는 것이 바람직할까요?

은준인 : 사실 저 조차도 퇴직 전에는 퇴직 후 제 예상 수입이 정확히 얼마인지 잘 몰랐습니다. 그런데 이 부분이 잘 계획되어 있지 않으면 퇴직 후 하고자하는 많은 부분을 진행할 할 수 없는 장애 요소로 작용한다는 것은 아주 분명합니다. 아까 강조한 자기생활 공간 마련 같은 것이 힘들어져서 초장부터 체계적인 퇴직생활이 어렵게 된다는 것입니다. 그래서 퇴직을 하시기 전에 이 부분을 명확히 해 두셔야 하는데 이를 위해 몇 가지를 진행하셔야 할 일들이 있습니다.

예정자 : 몇 가지 진행할 일들이 있다고요. 그게 뭘까요?

은준인 : 세 가지 사항이 있는데요. 첫 번째, 퇴직 후 자기의 예상 수입원에 대한 부분을 정확히 파악하라는 얘기입니다. 예를 들면 퇴직연금, 국민연금 또는 개인연금을 든 경우 개인연금, 또 기타 여러 가지 수입이 있을 수 있겠죠. 예를 들면 건물이 있는 경우 상가 임대 수입금이나. 증권, 펀드 등 개인마다 다르지만 이러한 모든 수입금을 정확히 퇴직 후 연차적으로 얼마나 생기는지 파악해 보시라는 얘기입니다.

예정자 : 퇴직 후 예정 수입이 얼마나 되는지 정확한 파악이 필요하군요. 그럼 두 번째는요?

은준인 : 두 번째는 수입원에 대해 앞으로 어떻게 활용할 것인지에 대해 판단해 보고, 각 수입원에 대한 관리 주체와 운영방법을 관계자와 상의해서 잠정 결정해야 한다는 것입니다. 물론 여기서 관계자는 대부분 배우자가 될 것입니다. 그리고 마지막 세 번째로는 부부간에 합의된 결과를 바탕으로 개인의 경제적 수입과 지출의 가이드라인을 설정하여 운영하시라는 말씀입니다. 즉 정년퇴직 후의 각자의 재무상황을 알 수 있는 '재무상황표'와 '연도별 재무운영표' 같은 것을 자기 방식대로 만들어 참고해 보실 것을 권해 드립니다. 그래야만이 자기 스스로 생활자금이 체계적으로 관리가 될 수 있는 것입니다.

예정자 : 그럼 소장님은 어떻게 하셨는지 궁금하네요.

이것만큼은 배우자와 절대 밀당하지 마라

은준인 : 물론 제 경우에는 아내와 약간의 진통은 있었지만 설명드린 방식에 따라 아내와 충분한 협의를 통해 퇴직 전에 제 스스로 활용 가능한 생활자금을 확보하게 되었습니다. 이 경우 절대로 배우자와 밀당하지 마시고 각자의 가정 상황에 맞춰서 충분히 상의하시어 퇴직 전에 미리 결정하시는 것이 좋습니다. 돈 문제라 모두 쉬쉬하시는데 일반 퇴직자에게는 현실적으로 가장 중요한 문제가 된다는 것을 분명 인식하셔야 됩니다.

예정자 : 중간에 어려움은 없으셨나요?

은준인 : 있었죠. 사실 아내의 생각과 제 생각의 차이가 너무나 컸습니다. 전혀 예상하지 못했죠. 그래서 시간을 갖고 서로의 생각을 주고받으면서 최종 합의점에 도달하게 되었죠. 서로의 신뢰가 다소 필요한 시점입니다. 미리 이러한 상의가 없었다면 퇴직 후에도 한참 동안 방황했을지도 모를 일입니다. 그래서 밀당하지 말라는 얘기입니다. 서로의 입장을 솔직히 털어 놓는 것이 무엇보다도 중요합니다.

예정자 : 이것만큼은 배우자와 밀당하지 마라. 꼭 기억하겠습니다. 그러니까 은퇴준비를 위한 혼즐삶를 위한 준비로써 매일 출근할 수 있는 고정적 생활공간 마련과 자기 주도하에 쓸 수 있는 생활자금을 마련하라는 말씀까지 하

셨는데 그럼 혼즐삶 준비에 더 필요한 것은 없는지요?

은준인 : 당연히 있죠. 사실 앞에서 말씀드린 2가지 내용은 가장 기본적인 사항이고요. 혼즐삶의 핵심은 바로 지금부터입니다. 그것은 바로 퇴직 후 은퇴시기에 들어와서 혼자서도 잘 즐길 수 있는 놀거리를 구체적으로 미리 잘 준비하시라는 얘기입니다.

예정자 : 퇴직 후 혼자서 잘 즐길 수 있는 놀거리를 잘 준비하라는 말씀이군요. 뭔가 중요할 것 같은데요. 좀 더 구체적으로 말씀해 주시지요.

은준인 : 퇴직 후에는 자연적으로 혼자 있는 시간이 많아질 수밖에 없는데 막상 퇴직을 하면 뭘 해야 할지 모른다는 겁니다. 우리는 코로나 바이러스로 인해 사회적 거리두기를 경험해 봤지만 퇴직 후에는 누가 강요하지 않아도 자연적 거리두기를 하게 마련입니다. 그래서 혼자 있게 되는 많은 시간에 대한 준비를 구체적으로 하지 않으면 이리저리 계획성 없이 방황하는 시간을 보내는 경우를 많이 보았습니다. 이래서는 정말 안 된다는 얘기입니다.

예정자 : 그럼, 소장님! 계획성 없이 방황하지 않으려면 어떻게 해야 할까요?

혼즐삶 액티비티 3가지 선정기준

은준인 : 간단합니다. 퇴직 전에 이 부분에 대해서도 미리 각자가 연구하셔서 자기에게 맞는 놀거리를 미리 만들어 놓는 것이 아주 중요하다는 얘기입니다. 정말로 막상 퇴직한 후에는 뭘 하나 준비하려고 해도 몹시 어렵다는 것입니다. 그래서 퇴직하기 전부터 틈틈이 혼즐삶 아이템을 찾아 하나하나 구체적으로 준비를 해 놓으시라는 얘기입니다. 퇴직 후 시간이 더 많아져서 더 준비가 잘 될 것 같은데도 막상 준비하려고 보면 그게 쉽게 잘 안 된다는 것을 이미 퇴직한 많은 은퇴자들은 어렵지 않게 공감할 것이라 생각합니다.

예정자 : 그런데 혼자서도 잘 즐길 놀거리를 찾기가 쉽지 않을 것 같은데요. 그럼 뭘 준비하면 되는 거죠?

은준인 : 맞습니다. 처음에는 이것을 찾기가 쉽지가 않으실 겁니다. 저도 처음에는 단 한 가지도 찾지 못했거든요. 막상 찾으려고 하면 한 두 가지 외에는 잘 떠오르지도 않고 또 막상 찾은 것을 진행 하려고 하면 망설여지는 경우가 많을 것입니다. 저는 자기가 찾아야 하는 아이템 하나하나를 구체적 활동이란 의미를 가지고 있는'액티비티(Activity)'라는 단어로 표현을 하는 데요. 이 액티비티를 선정할 때 기준이 되는 팁 몇 가지를 제시해 드리고자 합니다.

예정자 : 액티비티를 선정하는 팁이라고요? 그럼 본인에게 맞는 이러한 액티비티를 어떻게 선정하면 될까요?

은준인 : 3가지 관점에서 접근하시면 자기에게 맞는 혼즐삶 액티비티를 쉽게 선정할 수 있다 생각됩니다. 간단히 설명드리면 그 첫 번째는 퇴직 후에 혼자서 잘 할 수 있는 것이나 또한 자기가 잘 하고 싶은 것을 곰곰이 생각해서 찾아내어 선정하시면 됩니다. 특히 잘 할 수 있는 것을 찾아내는 것이 매우 중요합니다. 지금까지 안 해 본 일 중에도 잘 할 수 있는 일이 얼마든지 있을 수 있다는 것을 아셔야 합니다.

예정자 : 첫 번째가 자기가 잘할 수 있거나 잘 하고 싶은 것을 찾아내라는 말씀이군요. 그럼 두 번째는 무엇입니까?

은준인 : 두 번째는 찾은 액티비티가 가급적이면 생산적이거나 남에게 베풀어 줄 수 있는 내용이면 더욱 좋겠다는 것입니다.

예정자 : 생산적이고 남에게 베풀 수 있는 액티비티를 찾으라는 말씀이군요. 그럼, 세 번째는요?

은준인 : 세 번째도 매우 중요한 얘기인데요. 가급적이면 창의적이고 도전적인 액티비티를 찾으시는 게 좋다는 말씀입니다. 그래서 이 세 가지는 자기가 잘할 수 있거나 잘 하고 싶은 것, 생산적이고 베풀어 줄 수 있는 것, 창의적이고 도전적인 것으로 요약할 수 있습니다. 이 3가지 기준에 맞춰서 퇴직 전에 시간을 갖고 구체적으로 조금

씩 준비를 해 놓으시라는 얘기입니다. 아주 단순한 얘기인 것처럼 들리겠지만 기본적으로 퇴직 후 자기가 뭘 하면서 시간을 만족스럽게 보낼 것인지 준비해 놓지 않으시면 점점 다가오는 은퇴가 두렵게 느껴지게 되는 것이고, 또 막상 퇴직한 후에 그때 찾으려고 하면 뭘 해야 할 지 몰라 이리저리 기웃거리다 자기에게 정말로 맞는 좋은 액티비티를 발견하지 못한 채 대충 세월을 보낸다는 것입니다.

예정자 : 정말 공감이 가는 말씀입니다. 혼즐삶 하나를 준비하는 데도 이렇게 세심하게 고민하며 결정하여야 하는군요. 그냥 닥쳐서 뭘 하면 되겠지 라고 막연하게 생각한 제 자신이 부끄럽습니다.

은준인 : 첫 출발이 정말로 매우 중요한 것입니다. 제가 연구한 결과 퇴직 후 2년 안에 그동안 준비한 내용을 바탕으로 궤도에 올려놓지 않으면 퇴직자의 80% 이상은 그렇게 평생을 살게 된다는 것입니다. 퇴직 전 이러한 사전 준비가 되어 있어야지 퇴직 후에도 자연스럽게 연결이 되어 혼자서도 잘 즐길 수 있는 기초를 만들 수 있다는 것입니다. 이 혼즐삶에 대한 준비는 퇴직 후 보다 품격 있는 은퇴생활을 진행할 수 있는 밑돌 즉 초석(礎石)이 된다는 것입니다. 혼자서 잘 보낼 수 있는 삶, 혼즐삶에 대한 기초가 흔들리면 다른 부분에 대한 준비가 아무리 잘 되었다 해도 자존감이 무너지고 퇴직 후의 삶이 매

우 힘들어집니다. 그래서 이 부분에 대한 준비는 매우 중요하다는 것입니다.

예정자 : 그럼 무엇보다도 소장님께서는 짧은 시간에 각 영역에 대한 준비를 많이 하셨는데 어떻게 준비해왔는지 들어보고 싶습니다. 말씀해 주실 수 있는지요?

은준인 : 물론이죠. 저는 은퇴준비에 대한 실전 방법을 연구해서 제시하는 사람이기 때문에 강의 시에는 제가 실제로 경험하고 추진한 내용을 소개하는 경우가 많은데요. 제가 준비한 것이 가장 이상적이라고 말씀드릴 수는 없지만 제가 처음 시작할 때 진행했던 내용들을 하나의 샘플로 말씀드리겠습니다. 물론 다른 분들은 각자에 맞는 액티비티를 찾으시면 됩니다.

예정자 : 예. 소장님의 내용이 몹시 궁금하군요.

은준인 : 저는 처음 혼즐삶 아이템으로 제가 가장 먼저 선택한 아이템은 바로 양식요리였습니다. 현직 시절 정말 꼭 해보고 싶었던 아이템을 가장 먼저 골랐죠. 양식요리를 잘 해서 가족들에게 맛있는 음식을 만들어 주고 싶었거든요. 그래서 그 액티비티를 혼즐삶의 첫 액티비티로 선정했고요. 이렇게 선정된 액티비티는 구체적으로 어떻게 준비하느냐가 매우 중요한데요. 양식요리에 대한 구체적 실행방법으로는 아무래도 제대로 배워야겠다고 생각되어 임피제 기간 중 회사 일과를 마친 후에 요리학원을 다녔습니다. 당시 학원에는 수강자의 대부분이 주

로 이 방면으로 전공을 살려서 직업으로 진출하려는 고등학생들이었는데요. 처음에는 적응이 잘 안되었지만 끝까지 잘 수료하여 당시 그 학원 수강생 중 가장 먼저 양식조리 국가자격증을 취득했습니다. 그러고 나서 그 기술을 계속 개발해서 가족이나 우인들이 찾아 왔을 때 요리를 해주고 있습니다.

최고의 홈셰프로 인정받는 갈릭 스테이크

예정자 : 와우! 멋지십니다. 소장님은 어떤 음식을 잘 하시나요?

은준인 : 제 주특기는 갈릭 스테이크인데요. 누구나 좋아하죠. 이 요리를 해주면 아내는 절 최고의 홈 셰프로 인정합니다. 저에게 양식요리는 혼즐삶 아이템으로는 매우 만족스러운 아이템입니다. 여기서 제가 한 가지 팁을 드리면요. 남편들이 아내나 가족들에게 사랑받으려면 한 가지 음식만 잘 해도 최고의 요리사라고 칭찬 받을 수 있는 게 있는데요. 그게 뭔지 아세요?

예정자 : 한 가지 음식만 잘 해도 최고의 요리사로 칭찬 받는다고요. 그게 뭔데요?

은준인 : 그게 바로 스테이크 종류입니다. 조금만 배우시면 라면 끓이는 것보다는 조금 어렵지만 된장찌게 끓이는 것보다는 조금 쉽습니다. 집에서 이 스테이크를 가끔 한 번

씩 해 주시면 최고의 셰프라 할 것입니다. 정말입니다.

예정자 : 소장님의 스테이크 솜씨를 보고 싶군요. 정말 맛있을 것 같아요.

은준인 : 그러신가요? 안 그래도 오늘 저녁은 제가 직접 갈릭 스테이크를 만들어 드리려고 해요. 이것도 하나의 수업의 일환이죠. 제가 은퇴준비 실전 전문가 아닙니까? 실전을 보여 드려야죠.

예정자 : 와우! 감사합니다. 너무 기대됩니다.

은준인 : 스테이크는 저녁 식사 때 드시도록 하고요. 강의를 계속 진행 하겠습니다. 지금 말씀드린 이런 식으로 액티비티를 하나씩 하나씩 자기에게 맞는 것을 준비하는데 제 저서 '은준인(隱準人)'에 사진으로도 자세히 설명해 놓았는데요. 전 처음에 이 혼즐삶의 놀거리 아이템으로 8가지의 액티비티를 준비했던 것입니다.

<u>혼자서 놀거리 미리 준비하지 않으면 불백된다</u>

예정자 : 혼자서 놀거리로 8가지 액티비티를 선정하셨군요. 어떤 것들이 있으신가요?

은준인 : 조금 전 예를 들어 설명 드렸듯이 양식요리 외에도 제빵 기술을 배워 홈 베이커리 만들기, 아코디언 연주하기, POP, 캘리그라피, 서예 중에서 예서(隸書)쓰기,

국악 중 잡가 배우기, 나의 아지트에 베란다 화단 만들기 등 8가지 골랐습니다. 이것들이 제가 혼즐삶 부분에서 퇴직 후 제가 꼭 해보고 싶었던 것들이죠. 그래서 이것들을 퇴직 전부터 틈틈이 일과 후나 주말 등을 이용해 하나하나 준비하기 시작한 것입니다.

예정자 : 혼즐삶을 위한 준비로 8가지의 액티비티를 선정하여 진행하셨군요. 그런데 그것들이 잘 진행되셨나요?

은준인 : 하나하나 매일 매일 조금씩 진행해 나갔죠. 전 이 준비 과정을 거치는 과정에서 제가 퇴직 후 취득한 총 12개 자격증 중 양식요리, 제빵기능사 국가자격증, 아동요리 지도사, 캘리그라프 등 4개의 자격증을 이 혼즐삶 부분에서 당시 취득하게 되었습니다. 이렇게 당시 제가 하고 싶었던 부분을 찾아 혼즐삶 아이템으로 준비하였는데요. 그 후에 많은 새로운 아이템이 추가되게 되었지만요. 이러한 준비가 없었더라면 아마도 저는 지금쯤 불백이 되었을 것입니다.

예정자 : 불백이라고요?

은준인 : 불백은 불쌍한 백수를 줄여 말한 것입니다.

예정자 : 그렇군요. 12개의 자격증을 취득하셨는데 이 분야에서만 4개를 취득하셨다니 대단합니다. 정말 얘기가 무궁무진하군요. 그럼 이제 두 번째 영역을 다루어야 할 것 같은데요. 두 번째 영역인 '함즐삶'이 함께 즐기는 삶이라 하셨는데요. 소장님은 퇴직 후 함즐삶에 대한 준비

가 왜 중요하다고 보십니까?

은준인 : 좋은 질문입니다만 함즐삶 부터는 저녁 식사를 하시고 진행하도록 하죠. 아까 약속드린 대로 갈릭 스테이크를 만들어 드리겠습니다. 시장하실 텐데 조금만 기다리시죠. 그리 오래 걸리지 않을 겁니다.

은준인은 자리에서 일어나 흰색의 요리 가운을 입고 냉장고로 갔다. 냉장고 문을 열고 여러 재료를 끄집어내어 하나하나 식탁 위에 가지런히 정리했다. 그는 우선 듬직한 소고기 두 덩어리를 도마 위에 놓고 칼집을 낸 후 올리브를 듬뿍 바르고 소금을 뿌려 밑간을 했다. 자세 하나하나가 벌써 전문가의 포스가 느껴진다고 예정자는 생각했던지 연신 고개를 끄덕였다. 후추는 왜 안 뿌리느냐에 대한 예정자의 질문에 은준인은 고기를 구울 때 뿌려야 후추의 향이 그대로 살아난다고 대답했다. 그는 팬을 달군 후 고기를 얹고 통후추를 갈아 뿌린 후 거기 나온 즙 위에 버터 한 덩어리와 통마늘과 로즈마리를 넣고 나온 즙을 고기에 계속 끼얹었다. 벌써부터 스테이크의 맛있는 냄새가 사무실을 진동하고 있었다. 은준인은 다 구운 고기를 포일로 덮어 레스팅을 하는 동안 소스를 만들었다. 간장, 설탕, 케찹 비율을 1:2:3의 비율로 넣고 마늘 간 것과 소금, 후추를 넣어 물로 비율을 맞춘 소스가 순식간에 완성되었다. 호텔에서나 봄직한 흰 접시에 구운 통마늘, 피망, 아스파라거스 등의 가니쉬를 얹어 프레이팅하니 과연 명품 갈릭 스테이크가 탄생했다. 호텔에 있는 이탈리안 식당에 몇 번 가본 적이 있는 예정자지만 지금은 그 어느 식당의 화려한 음식이 부럽지 않았다. 두 사람은 경쟁이라도 하는 듯 연신 와우! 와우!를 외치면 마파람에 게 눈 감추듯 순식간에 접시를 비웠다.

대화3

함께 즐길 수 있는 삶을 확실히 챙겨라

<함즐삶>

예정자 : 소장님! 정말 스테이크 잘 먹었습니다. 어쩜 그리 요리도 잘하시는지요. 정말 못 하시는 게 없으시군요. 정말 기억에 남는 멋진 식사가 된 것 같습니다. 오랫동안 못 잊을 것 같습니다.

은준인 : 너무 과찬입니다. 원래 스테이크는 누가 해도 다 맛있습니다. 비법이 어디에 있는지 아세요?

예정자 : 글쎄요?

은준인 : 바로 버터에 있습니다. 미국 속담에 Butter makes everything better.란 문장이 있습니다. 고기와 버터는 아주 어울린다고 생각됩니다. 아무튼 잘 드셔 주셔서 감사합니다. 그럼 다시 진행하도록 하겠습니다. 지금부터는 '함즐삶'에 대해 설명 드리겠습니다. 함즐삶은 퇴직 후 함께 잘 즐길 수 있는 삶에 대한 준비인데요. 물론 평상시에도 당연히 주변사람들과 함께 잘 지내셔야 되겠지만 퇴직 후에는 함께 잘 즐기는 삶에 대한 준비가 더욱 더 중요하다는 말입니다. 왜냐하면 퇴직 후에는 인생에 있어서 인간관계의 틀의 변화가 가장 크게 일어나는 시기이기 때문입니다. 현직 때 직장동료를 중심으로 형성된 인간관계가 퇴직 후에는 완전히 바뀌어 새로운 인간관계의 틀 속에서 소속감과 유대관계를 형성해야 하기 때문입니다. 제 연구 결과 이 시기에는 인간관계를 완전히 새롭게 정립해야 하는데 절대적으로 선택과집중이 필요한 시기라고 보여 집니다.

예정인 : 선택과 집중이라고요?

은준인 : 그렇습니다. 선택과 집중의 시기입니다. 일부 사람들이 퇴직 후에 더 폭넓은 인간관계를 형성하려고 여러 가지로 노력하시는 분들도 봤습니다만 이것은 어떤 측면에서 보면 현실적으로 사치이고 낭비라고 보여 집니다. 왜냐하면 머지않아 거기에는 한계가 생길 수밖에 없고 또 돈과 시간이 과도하게 투입되기 때문에 잘 고려하셔야 할 부분입니다. 그래서 저는 보다 세련된 관점에서의 새로운 인간관계를 집중과 선택의 관점에서 진행하실 것을 강조 드리는 것입니다.

예정자 : 새로운 인간관계의 선택과 집중이 필요하다는 말씀에 저 역시 크게 공감이 가는군요.

함즐삶의 선택과 집중은 3 + 1

은준인 : 맞습니다. 다시 말씀드리지만 선택과 집중입니다. 제가 이렇게 말씀드리니 오해 하시는 분들도 계시는데요. 절대 오해해서는 안 되는 부분은 지금까지 형성되어 왔던 인간관계를 일부러 끊으라는 말씀은 절대 아닙니다. 다만, 자연스럽게 끊어지는 인간관계에 너무 연연하지 마시고 자연스럽게 받아드리라는 얘기로 이해를 해주시면 되겠습니다.

예정자 : 그럼 그러한 선택과 집중은 어떤 기준으로 해야 할까요?

은준인 : 저는 3+1를 강조 드립니다. 우선 3은 우인, 아내, 가족, 이 세 그룹을 말하는데요. 여기서 중요한 것은 이 세 그룹과 함께 할 정기적 프로그램을 만들고 이벤트화 하라는 것입니다. 물론 이러한 프로그램은 시간이 지나면 조금씩 바뀌거나 중단되기도 하고 또 새로운 것들로 채워지기도 하지만 구체적인 은퇴준비를 위해서는 처음부터 자기에게 맞는 프로그램 개발에 노력하여 꾸준하게 진행하는 것이 필요하다는 것을 말씀 드리고 싶습니다.

예정자 : 3+1이라고 하셨는데 그럼 3은 뭔지 소장님의 경우를 예를 들어 소개해 주시면 이해가 쉬울 듯합니다.

은준인 : 제 경우를 소개해 드리면요. 3+1의 3은 우인, 아내, 가족입니다.

예정자 : 우인, 아내, 가족이 3+1의 3에 해당되는군요. 그들을 위해 어떤 프로그램을 준비 하셨나요?

은준인 : 먼저 우인들과의 프로그램은 건강과 인간관계라는 두 마리 토끼를 잡기 위해서 주로 스포츠 중심으로 프로그램을 짰는데요. 저는 퇴직 후 가장 해보고 싶었던 스포츠인 당구 쓰리큐션 배우기를 시작으로 골프 싱글 재도전, 탁구 셰이크핸드 배우기, 주변지역 정기 산행 등을 중심으로 정기적 프로그램을 만들어 진행 했습니다.

예정자 : 우인과의 프로그램은 주로 스포츠이네요. 당구 쓰리큐숀이 눈에 띄는군요.

<u>퇴직 후 가장 배우고 싶었던 최애 스포츠</u>

은준인 : 현직에 있을 때 가장 배우고 싶었던 최애 스포츠가 당구 쓰리큐션입니다. 외국에서 해외 근무할 때 어느 노부부가 당구치는 걸 보고 정말 노년을 위해서 좋은 운동이라 느껴져서 퇴직 후 차근차근 배우고 있습니다. 아직 초보 수준이지만 제가 목표한 대대 20점을 향해 한 걸음 한 걸음 내딛고 있습니다.

예정자 : 당구 쓰리큐션은 많은 남자들의 로망이기도 하죠. 저도 TV를 통해 가끔 보고 있는데 저도 한번 배우고 싶은 생각이 듭니다. 그런데 배울 생각은 못해 봤는데 소장님은 모든 것을 실천에 옮기시는군요. 역시 행동파이십니다. 그런데 당구가 노년을 위해 정말 좋은 운동이군요.

은준인 : 맞아요, 저도 골프도 무척 좋아하고 탁구, 배드민튼, 볼링 등 다른 운동도 좋아하지만 당구가 나이 들어서 하기에 정말 멋진 스포츠라는 생각이 들더라고요. 남녀 구분 없이 모두에게 배울 것을 권합니다.

예정자 : 그러시군요. 그럼 우인과의 프로그램에 이어 아내를 위

해서도 별도 프로그램을 준비하셨나요?

치매 예방이 치맥내기로 바뀐 아내와의 마작

은준인 : 당연하죠. 정말 중요한 부분입니다. 아내의 취향을 고려하여 결정하려다 보니 정말 찾기가 쉽지 않았어요. 아내와도 몇 차례 상의를 하여 최종적으로 2가지를 아내를 위한 정기 프로그램을 마련하였습니다.

예정자 : 다 궁금하지만 이건 정말 더 궁금하군요. 무엇입니까?

은준인 : 첫 번째는 경주남산 즐기기 느림보 산행이고요. 두 번째는 부부 치매예방을 위해 아내와의 마작게임을 잡았습니다. 산행을 싫어하는 아내를 위해 느림보 산행이라 이름 지어 정기적으로 경주 남산을 여러 코스로 등반하는 내용이고요. 두 번째 마작의 경우는 마작 도구는 옛날부터 집에 보유하고 있었는데 마작 판이 없어 못했는데요. 제가 직접 판을 만들고 마작 룰도 공부하여 그 내용을 쉽게 정리해서 아내에게 설명해가면서 시작했죠. 처음에는 치매 예방을 위해 시작했는데 요즘은 치맥 내기로 바뀌었습니다.

예정자 : 아내와 마작을 하신다고요? 전혀 상상 밖의 얘기군요.

은준인 : 아직 잘 하지는 못하지만 하나하나 배우면서 즐기고 있습니다. 우리나라에서 장기 뜨는 것이나 외국에서 하는

체스와 다를 게 없다고 보시면 되는데요. 다만 룰과 약을 다 이해하고 머릿속에 넣어야 되니 숙달하기까지는 시간이 좀 필요해 보입니다.

예정자 : 아내와 함께 하는 느림보 산행과 마작이라니? 함께 하시는 시간이 더욱 즐겁겠습니다. 그럼 이어서 가족과 함께 하는 이벤트는 어떤 것들이 있나요?

가족 정기바베큐 파티 '별들에게 물어봐'

은준인 : 가족과 함께하는 이벤트로는 여러 가지를 고민하다 아이들이 직장 때문에 모두 밖에 나가 살기 때문에 정기적으로 날을 잡아 가족 정기바비큐 파티인 '별들에게 물어봐'라는 프로그램을 열기로 하였습니다. 여기에서 '별'은 가족 모두가 별처럼 소중하다는 의미가 있는 것이고요. '물어봐'는 안부를 서로 얼굴 보면서 물어 보자는 의미가 담겨 있습니다. 그런데 중요한 것은 이 파티를 포트락 방식으로 진행 한다는 것입니다. 참석자 모두다 바비큐에 구울 수 있는 재료를 한 가지씩 가져와야 된다는 것이 신의 한수라 할 수 있습니다. 참여율도 높고 매우 재미있어 합니다. 이렇게 모든 것을 정기적이고 프로그램화 하는 것이 매우 중요하다는 것입니다.

예정자 : 그렇군요. 정말 다양하고 멋집니다. 저도 꼭 그렇게 하고 싶습니다. 그런데 아까 3+1이라고 하셨는데 여기서 1은 무엇인가요?

은준인 : 예, 여기서 1은 퇴직 후 함즐삶을 잘하시려면 한 가지 더 중요한 사항이 있다는 것인데요. 그것은 바로 주변에 있는 커뮤니티의 프로그램을 잘 활용하시라는 얘기입니다.

절대 지역 커뮤니티 프로그램을 우습게 보지마라

예정자 : 커뮤니티 프로그램이라고요?

은준인 : 커뮤니티라 하면 공동체나 지역사회를 말할 수 있는데요. 함즐삶을 위해서는 이러한 커뮤니티 프로그램 중 자기에게 어울리는 프로그램을 찾아서 계속 도전하시라는 얘기입니다. 지역 커뮤니티 프로그램을 절대로 우습게보지 마세요. 그 종류도 정말 많습니다. 정부산하 재단 같은데서 진행하는 프로그램부터 시작해서 지자체의 평생학습관이나 또는 주민자치센터의 자체 프로그램, 지역 가까이에 있는 대학교, 대형판매업체 부속센터, 종교단체 등등에서 하는 많은 프로그램이 정기적으로 진행되고 있다는 것입니다. 남자들이 여성들보다 상대적으로 잘 이용하시지 않는데요. 나이가 든 사람만 간

다는 편견을 버리시고 찾아보시면 좋은 프로그램이 얼마든지 있습니다. 이러한 프로그램에 참여하셔서 거기에 계신 분들이랑 자연스럽게 함께 즐기는 삶을 만들어 가시는 것 또한 사회생활을 위해 매우 중요하다는 것입니다.

예정자 : 지역 커뮤니티 프로그램 참여자와의 교류이군요?

은준인 : 그렇습니다. 커뮤니티 프로그램의 적극적 참여는 지역사회와의 심리적 결합성과 실제적 소속감을 느끼게 하는 가장 바람직한 방향의 하나로 저는 이를 강력히 추천드립니다,

예정자 : 커뮤니티 프로그램의 중요성을 강조하셨는데요. 그럼 소장님께서 직접 활용하신 프로그램을 예를 들면 어떤 것들이 있을까요?

무엇이든 도전한다! 드럼과 재봉틀

은준인 : 두 가지만 예를 들면요. 지금 제가 가장 좋아하는 취미활동 중 하나가 드럼인데요. 그 기초를 처음 배울 때 제 사무실 부근에 있는 주민자치센터에서 진행하는 프로그램에서 기초를 처음 배워 지금은 혼자서 독학으로 연습하게 되었습니다. 만일 그때 그곳에 나가지 않았더라면 아직도 드럼에 대해서는 꿈만 꾸고 있었겠죠. 너

무나 잘 한 선택이라고 전 생각합니다. 다른 한 가지 예는 시에서 운영하는 평생학습관에서 진행하는 정기 프로그램 중 재봉틀 리폼이 있는데요. 그곳에서 재봉을 배우고 있습니다. 처음에는 가정용 미니 재봉틀로 집에서 독학으로 진행했는데 저한테 취미로서 잘 맞는 것 같아 제대로 배우고 싶어 평생학습관을 이용하게 되었습니다.

예정자 : 드럼은 나름 이해가 되는데 어떻게 재봉을 하실 생각을 하게 되었는지 궁금하군요.

은준인 : 재봉은 남자가 해서는 안 된다는 고정관념을 갖고 계신 분들이 많으신데요. 전 재봉이 남자들에게 더 적합한 취미라는 생각이 듭니다. 거기에는 저는 몇 가지 이유를 가지고 있습니다.

예정자 : 몇 가지 이유가 있다고요. 무엇이죠?

은준인 : 가장 큰 이유는 어떤 일은 남자가 하고, 어떤 일은 여자가 해야 된다는 선입감을 깨트리고 싶었고요. 두 번째는 재봉을 해보니 정말 많은 창작적인 사고가 필요하더라고요. 재봉도 하나의 작품을 만드는 거잖아요. 그게 너무 좋더라고요. 한번 몰입하면 집중이 되어 마치 한 폭의 그림을 그리는 것 같기도 하고, 서예를 하는 것 같기도 하고, 또 때로는 악기를 연주하는 것 같기도 합니다. 결국 이것도 하나의 멋진 예술이라는 생각이 들더라고요. 또 굉장히 생산적이잖아요. 제가 나중에 말씀드

리겠지만 은퇴시기에는 가급적 생산적인 일에 집중하는 게 좋습니다. 또 다른 이유로는 미래에 태어날 우리 손주들에게 할아버지가 손수 지은 여러 작품들을 선물하고 싶기도 하고요. 멋지지 않나요?

예정자 : 그래서 지금 작품을 많이 만드셨나요?

은준인 : 제 유튜브를 보신 분들은 아시겠지만 제 옷을 줄이고 늘리고는 제가 직접 다 하고 있고요. 안 쓰는 여러 재료를 이용하여 활용 가능한 제품도 만들고 또 집사람으로부터 수선 주문도 가끔 받고 있습니다.

예정자 : 정말 멋진 도전이십니다. 미래의 손주들에게 줄 작품을 생각하시다니요. 대단하십니다.

은준인 : 감사합니다. 정말 기회가 되시면 한 번 도전해 보세요. 은근히 끌리는 매력이 있어요. 자! 그럼 함즐삶에 대한 얘기는 이 정도로 마치죠.

예정자 : 예, 소장님. 그럼 지금까지 먼저 퇴직 후 혼자서도 잘 즐기는 혼즐삶과 함께 잘 즐기는 함즐삶에 대한 준비까지 설명해 주셨군요. 그럼, 세 번째 준비해야 될 영역을 소개해 주시죠.

대화 4

끝없이 도전하는 삶이 노년을 책임진다

<끝 도 삶>

은준인 : 은퇴준비의 세 번째 영역은 끝도삶입니다. 끝도삶은 퇴직 후에도 끝없이 도전하는 삶을 사는 준비를 해야 된다는 얘기인데요. 은퇴준비를 위한 4가지 영역의 준비가 삶의 균형을 위해 다 중요하겠지만 그중에서도 이 끝도삶 부분이 가장 중요하다고 말씀드릴 수 있습니다. 왜냐하면 이 영역은 퇴직자의 미래의 나아갈 방향과 가장 연관성이 깊은 분야이기 때문입니다.

예정자 : 끝도삶에 대한 준비가 미래의 삶의 방향과 가장 연관성이 깊은 분야라고 말씀 하셨나요?

은준인 : 그렇습니다. 제가 이미 설명해 드렸듯이 우리는 은퇴준비를 위해 4가지 영역의 삶을 잘 준비하면 거의 완벽한 은퇴준비가 될 수 있는데 그래도 뭔가 부족한 부분이 있다고 느껴질 수 있다고 말씀드렸습니다. 그리고 그 뭔가 부족한 부분을 저는 2% 부족이라 표현하였는데, 그 2% 부족을 충족시켜 그것을 각자의 핵심 브랜드로 창출시켜 나가는 것이 바로 인생 2막의 삶의 목표나 방향이 될 수 있다고 했습니다. 즉 최종적으로 뭔가를 만들어 내는 것, 그것을 저는 자기핵심브랜드 즉 셀프 코아 브랜드(Self-core brand)를 창출하는 것을 의미한다고 설명 드렸던 것입니다.

예정자 : 셀프 코아 브랜드! 바로 와 닿지 않는데요. 구체적으로 설명해주시죠.

은준인 : 그러죠. 우리가 은퇴준비 4영역을 균형 있게 잘 준비하

다보며 각자가 가장 추구하고 싶은 방향이 생기게 마련인데요. 이것이 바로 자기핵심브랜드인 '셀프 코아 브랜드'가 되는 것이고 결국 자기 미래의 삶의 핵심 방향이나 목표가 될 수 있다는 것입니다. 그래서 결국 이것이 자기의 미래 먹거리나 제2의 직업으로 발전되어 나갈 수 있는 것입니다. 이것은 당연히 퇴직 후 2~3년 단기간의 일시적 재취업이나 충실하게 준비되지 않은 창업과는 큰 차이가 있다고 말씀 드린바 있습니다. 이렇게 성취된 자기핵심브랜드는 자기만족이 매우 클 수밖에 없고요. 지속력이 매우 뛰어나며 경우에 따라서는 평생 직업으로도 함께 할 수 있다는 것입니다.

끝도삶은 새로운 직업 창출의 출발선이다

예정자 : 그렇군요. 그럼, 소장께서도 끝도삶에 대한 준비를 하시다가 자기핵심브랜드를 구축할 수 있었다는 말씀입니까?

은준인 : 그렇습니다. 그래서 제가 강조 드리고 싶은 말은 일반 퇴직 예정자께서는 이 끝도삶에 대한 준비를 어떻게 진행하느냐가 트리플 서티(Trifle 30) 시대의 마지막 30년의 우리의 삶을 어떻게 가져갈 것이냐를 결정 하는데 매우 중요한 하다는 것입니다. 즉, 끝도삶은 인생 2막

에서 새로운 직업 창출의 출발점이 될 수 있다는 것입니다. 그래서 다른 영역에서도 그렇지만 이 영역에서는 더욱 더 우리의 도전심이 요구되는 영역입니다. 기본적인 원칙을 가지고 꾸준히 도전해 나간다면 꼭 각자가 원하는 방향의 최적의 이상적 목표치를 실현할 수 있다고 생각됩니다.

예정자 : 그럼 소장님께서는 어떤 원칙을 갖고 진행하셨습니까?

제시된 끝도삶의 다섯 원칙을 완전 무시하라

은준인 : 나만의 다섯 가지 원칙을 잡았는데요. 다섯 원칙 중에서 첫 번째로 잡은 원칙은 퇴직 후 어학 배우기는 포기할 수 없는 최고의 도전이라고 정했습니다.

예정인 : 어학 배우기를 첫 번째 원칙이라고요?

은준인 : 맞습니다. 왜냐하면 우리 대부분 사람들은 오랜 시간 영어를 포함한 여러 어학을 공부해 왔습니다. 제 경우도 취업이나 진급을 위해서도 또한 캐나다 등 여러 나라에서 해외근무도 했고요. 또 MBA과정을 위해 해외에서 공부할 기회가 있어 어학을 배워왔지만 지금까지는 모두 직업 목적상 필요한 어학공부를 한 것 같았습니다. 그래서 퇴직 후에는 직업 목적이 아닌 스스로 자발적인 배움으로써 어학을 배우는 것이 좋겠다는 생각이 들

어 첫 번째 원칙에 넣었습니다. 그것도 가급적이면 지금까지 안 해 본 새로운 어학에 도전해 보자는 것입니다.

예정자 : 가급적 안 해 본 새로운 어학 배우기, 정말 구미가 당기네요. 저도 한번 생각해 봐야겠어요. 그럼 두 번째 원칙은요?

은준인 : 두 번째 원칙은 자기가 배우기를 원하는 부분은 가급적이면 자격증 취득을 목표로 하라는 것입니다. 왜냐하면 그렇게 하면 여러 가지 좋은 점이 있는데요. 첫 번째는 목표가 분명해진다는 것입니다. 두 번째는 이러한 끝도삶의 준비과정에서는 많은 부분들이 시작과 끝의 매듭이 좀 필요한데요. 그것을 정하는 가장 좋은 방법의 하나가 자격증 취득이란 것입니다. 안 그러면 어디까지 해야 하는지에 대한 구분이 명확치 않다는 것입니다. 구체적 준비를 위해서는 모든 것을 결과치를 가지고 판단해야만 여러 가지 하고 싶은 준비할 수 있기 때문에 자격증 취득 목표는 어떤 액티비티를 준비하는데 있어 매우 필요한 동기부여의 요인이 될 수 있다는 것입니다.

예정자 : 지금까지 원칙은 어학과 자격증을 강조하셨는데요. 이어서 세 번째 원칙은 무엇입니까?

은준인 : 세 번째 원칙은 SNS와 연계된 것으로 퇴직 후에는 SNS를 통한 무한한 소통의 공간을 만드는데 게을리 해

서는 안 된다는 것입니다. 이것은 각자의 취향에 따라 다 다를 수 있겠는데요. 퇴직 후에는 필히 이 부분에 많은 관심을 가지실 것을 권합니다. 설사 퇴직 전에 SNS에 크게 관심이 없었다 하더라도 퇴직 후에는 자기에게 맞는 SNS상의 다양한 활동을 하시는 것을 권합니다. 각 SNS의 유형에 따라 활용 방법이나 대상들이 달라질 수 있으므로 자기에 맞도록 끊임없이 개발해 나가야 할 것입니다.

예정자 : SNS를 적극 이용하라는 말씀이군요. 그럼 네 번째는요?

은준인 : 끝도삶의 네 번째는 다가가고 싶은 소망과 이루고 싶은 목표는 반듯이 시작했을 때만이 가능하다는 원칙입니다. 시작의 중요성을 강조한 말입니다. 이것은 너무도 당연한 말이지만 저는 이 원칙을 가장 중요한 모토로 삼고 있습니다. 우리가 뭔가를 이루고 싶은 꿈을 가지고 있을 때 도전을 했을 때만이 현실이 되고 도전하지 않으면 그냥 꿈으로 머무를 것입니다. 도전은 시작했을 때 비로소 도전이 된다는 것입니다. 그래서 시작은 매우 중요한 것입니다.

예정자 : 정말 공감이 갑니다. 그럼 마지막 원칙은 무엇입니까?

은준인 : 마지막 원칙은 도전할 영역을 꾸준히 연결하여 개척해 나가라는 얘기입니다. 도전할 영역이 단 한건으로 끝나는 경우도 있지만 그 도전을 이루다 보면 끊임없이 연

계되는 도전거리가 생기게 마련입니다. 처음부터 한꺼번에 모든 것이 다 이루어지는 것이 아니겠죠. 물론 약간의 시행착오도 생기게 마련이지만 이러한 과정을 거쳐 새로운 것들이 창조되는 것이라 할 수 있겠습니다.

예정자 : 아! 그렇군요. 지금까지 퇴직 후에도 끝없이 배우고 도전하는 삶을 사는 준비를 5가지 원칙을 정해서 해야 된다는 말씀이군요.

은준인 : 맞습니다. 하지만 이 원칙은 제 원칙이고요. 다른 분들이 하실 때는 이 원칙을 완전 무시하고 각자의 원칙을 만드실 것을 권합니다.

예정자 : 각자의 원칙을 만들라는 말씀이군요. 그런데 전 그냥 소장님의 원칙을 그대로 따라하고 싶네요. 그럼 소장님께서는 끝도삶을 어떻게 준비하고 진행하셨는지 그 내용이 궁금합니다.

은준인 : 말씀드리죠. 첫 번째 원칙이 어학배우기는 포기할 수 없는 최고의 도전이라고 말씀드렸고 그것도 가급적이면 새로운 어학에 도전해 보시라고 권해 드렸습니다. 우선 어학 배우기를 포기해서는 안 된다는 얘기는 몇 가지 의미를 담고 있다고 생각됩니다. 가장 큰 의미는 무엇보다도 스스로 공부하는 모습을 가짐으로써 퇴직 후 쉽게 무너질 수 있는 자존감 상실을 예방하는 특효약의 역할을 한다고 생각됩니다. 두 번째는 퇴직 후라도 항상 배운다는 모습을 가족들에게 보여 줌으로써 아내는

물론이고 제법 성장한 아들, 딸들에게 심지어 점차 커가는 손주들에게조차 항상 공부하는 아버지, 어머니의 또는 할아버지, 할머니의 모습을 보여줄 수 있다는 것입니다. 한번 생각을 해보세요. 얼마나 멋진 일입니까?

예정자 : 나이 들어 공부하는 모습 정말 멋지죠. 그런데 외국어를 배우고 싶어도 머리가 굳어서 못하겠다는 분들도 많이 있을 것 같은데요.

은준인 : 퇴직 후에 하는 어학 공부에 너무 큰 어떤 특정 목적이나 의미를 두지 마시고 단순히 어학을 공부하는 그 자체에만 목적을 두시는 게 좋다는 말씀입니다. 퇴직 후 어학을 배워 어떤 특정 나라에 가서 사실 것도 아니고 무슨 취업을 위한 것도 아니지만 그냥 그날그날 어학 공부 자체를 조금씩 즐겨보는 것이었습니다. 매일매일 조금씩 어학을 공부하다 보면 자기도 모르게 실력이 쌓이기 시작한다는 것을 느낄 수 있을 것입니다.

예정자 : 그럴 수 있겠네요. 그런데 왜 새로운 언어를 권장하시는지요?

새로운 언어 도전이 진짜 배움임을 느껴라

은준인 : 가급적 새로운 언어를 도전해 보시라는 의미는 자기가 원하는 새로운 어학을 처음부터 배우다 보면 맨 기초부

터 배워야 되는데 새롭게 인생2막을 산다는 의미에서 새로운 언어를 처음부터 배우는 것은 나름 큰 의미가 있는 것입니다. 절대 조급해 하지 마십시오. 중요한 것은 지속력 있게 끌고 가시는 것이 가장 필요합니다.

예정자 : 그럼 소장님께선 어떤 외국어 공부를 시작했습니까?

은준인 : 저는 그런 의미에서 여러 가지 고민을 하다 중국어를 최종적으로 선택을 했습니다. 한마지도 할 줄 모르는 중국어를 독학으로 공부하는 것이 쉽지는 않지만 전혀 불가능 한 것도 아니라고 말씀드리고 싶습니다. 워낙 좋은 온라인 프로그램이 많아 독학으로도 충분히 즐기면서 어학을 배울 수 있다고 생각됩니다. 그런데 이어서 말씀드릴 내용이지만 효과도 높이고 어떤 목표에 대한 실천력을 보다 구체화하기 위해서는 가급적 자격증 취득을 도전목표로 하시는 것이 좋다고 설명을 드렸는데요. 저는 이것도 하나의 자격시험인 중국어 능력평가 시험인 '신 HSK' 도전을 목표로 해서 3급, 4급은 통과했고 5급, 6급을 계속 진행하고 있습니다. 최종 단계인 6급까지 마치면 새로운 언어인 러시아어에 도전해 볼 생각을 가지고 있습니다.

예정자 : 러시아어까지! 와우! 멋집니다. 그럼 또 다른 끝도삶 아이템은 또 뭐가 있나요?

은준인 : 끝도삶 두 번째 원칙과 관련된 내용으로는 배우고 싶은 분야는 가급적 자격증 취득을 목표로 하시는 것이 좋다

고 말씀 드린 내용으로 제가 은퇴준비 과정에서 취득한 자격증과 관련된 내용입니다. 제가 처음 도전한 종목은 이미 설명 드렸듯이 양식조리기능사 국가자격증이었고요. 이어서 도전한 분야가 제빵기능사 국가자격증이었습니다. 당시 저의 경쟁 라이벌은 고등학생들이라고 농담을 하기도 했습니다. 당시 이를 배우기 위해 매일 퇴근 후나 또는 반차 등 휴가를 이용해서 학원을 다녀야 했기 때문에 다소 어려움은 있었지만은 필기, 실기를 모두 단 한 번에 시험을 합격했습니다. 제빵 분야는 저의 은퇴 후 마련된 아지트에 홈 베이커리'킬리만자로'라는 빵 방을 만들어 빵을 직접 굽고 있습니다. 저의 가장 비장의 무기는 독일에서 크리스마스 시즌에 주로 먹는 빵인 '슈톨렌'라는 빵입니다.

예정자 : 제빵사 국가 자격증도 따시고 홈베이커리도 직접 운용하시는군요. 대단하십니다. 다른 자격증은 어떤 것들을 따셨나요?

은준인 : 예, 이어서 소방안전관리자, 아동요리지도사, POP와 캘리그라프 지도사 자격증을 취득하였고 계속해서 공공기관 면접관으로 활동이 가능한 직무전문면접관 1급 자격증과 안전과 관련된 지도사 자격증인 안전교육지도사, 재난안전지도사, 실버안전지도사, 어린이안전지도사, 심리안전지도사 등의 자격증을 순차적으로 취득하였습니다. 이렇게 따놓은 자격증이 나중에 안전교육

전문강사로 활동하게 되는 배경이 된 것입니다. 이와 연계해서 국가민방위 재난안전교육원을 통해 민방위 강사의 자격을 취득하여 이를 기초로 대구와 경주지역 민방위 교육 화생방분야 전문 강사로 선발되게 된 것입니다. 이렇게 당시 취득된 12개의 자격증이 퇴직 후 나의 핵심브랜드인 Self-core brand 구축하는데 중요한 배경이 되었다고 볼 수 있습니다.

예정자 : 정말 짧은 시간에 많은 자격증을 취득하셨군요. 그럼 계속해서 세 번째 원칙과 관련된 내용은 또 무엇이 있을까요?

은준인 : 세 번째 원칙은 SNS를 통한 무한한 소통의 공간이 퇴직 후에 꼭 필요하다고 말씀드렸는데요. 대부분 퇴직자들이 이러한 SNS와 관련된 분야에 관심이 없거나 또는 대단히 소극적인데요. 제 주장은 퇴직 후에 오히려 SNS 활동을 더욱 강화하라는 말씀을 드리고 싶습니다. SNS는 통상 페이스북, 트위터, 인스타그램, 블로그, 네이버 밴드, 유튜브 등 그 종류도 다양하고 활용 용도와 대상들도 그 종류에 따라 달라질 수 있는데요. 제가 강조하고 싶은 말은 이들을 좀 더 생산적으로 활용하는 것에 대해 적극적인 관심을 가지시라는 것입니다.

예정자 : SNS를 생산적으로 활용하시라는 말씀이시군요. 소장님은 어떻게 생산적으로 활용하셨는지 예를 들어 설명해 주실 수 있는지요?

블로그는 책 쓰기의 쇼트컷이라는 사실

은준인 : 제 경우를 말씀드리면 저는 현직에 있으면서 나이 60이 되기 전에 꼭 나만의 블로그를 한번 가져보자고 마음먹었습니다. 당시 저는 정년퇴직 후 내 삶에 친구와 같은 존재가 있다면 그건 악기라고 생각을 했는데요. 그럼 친구보다 더 곁에 있어 줄 동반자와 같은 존재가 있다면 무엇일까 생각하다가 내 생각을, 내 마음을 가장 잘 표현할 수 있는 블로그가 아닐까 생각되었던 거죠. 그래서 블로그에 대해 전혀 모르는 상태에서 다른 영상 등을 참고해서 블로그 계정부터 하나하나 만들어 가기 시작했습니다. 기본적인 제작방법을 습득한 후에 내 블로그 만들기에 구체적으로 접근해 나가는 과정에서 특히 콘텐츠를 무엇으로 가져갈까 고민을 하다 좋은 아이디어가 하나 떠올랐습니다.

예정자 : 좋은 아이디어가 떠올랐다고요?

은준인 : 예, 순간적으로 이 블로그 내용을 은퇴준비를 어떻게 할지 방황하고 있을 후배 퇴직예정자들에게 퇴직 준비를 위해 최소한 어떻게 준비해야 되는지에 대한 가이드라인을 제시하면 좋지 않을까 생각하게 된 것이죠. 그래서 제가 작성하는 블로그의 카데고리를 7개로 쪼개어 프롤로그에 '은퇴의 승패는 준비에 있다'로 부터 시작해서 제가 가장 중요시 하고 있는 은퇴준비의 4영역

과 마지막 목표 지향점인 자기핵심브랜드 만들기에 대한 설명을 집어넣고 이어서 제가 나중에 설명드릴 액티비티를 운영하는 실전 툴인 '실천형 버킷리스트 관리' 등의 내용을 담아 제목을 '은퇴를 준비하는 사람들'이란 타이틀을 붙여 하나의 멋진 나만의 블로그를 탄생시켰던 거죠.

예정자 : 그럼 그것이 바로'은준인'책을 만드신 배경이 되었던 거군요?

은준인 : 빠르시네요. 맞습니다. 정확하십니다. 바로 이 블로그에 있는 내용이 바로 책으로 '은준인'책이 탄생하게 되었던 것입니다. 블로그를 시작할 때만해도 책을 쓰겠다는 생각은 전혀 못했지만 은퇴를 준비하는 사람들 이라는 타이틀의 블로그가 점차 완성돼 가면서 이것을 꼭 책으로 만들어야겠다는 꿈을 갖게 되었던 것입니다.

예정자 : 아! 이렇게 블로그를 통해 책까지 내셨군요. 그럼, 소장님! 블로그 활동 외에 SNS와 관련된 활동은 어떤 것들을 하고 계시는지요?

은준인 : SNS의 첫 사례로 블로그를 이용한 책 쓰기 도전에 대해 말씀드렸는데요. 그것 외에 저는 두 가지 다른 SNS 활동을 하고 있습니다. 그 하나는 네이버 밴드를 이용한 활동이고요. 다른 하나는 유튜브 활동입니다. 네이버 밴드활동은 다음 영역에 나올'봉즐삶'부분을 설명할 때 자세히 언급하도록 하고요. 지금은 유튜브에 대해 얘기를

중점적으로 언급하도록 하겠습니다.

예정자 : 유튜브요. 저도 한번 해보고 싶은데 어떻게 시작해야할지 엄두가 나지 않아 망설이고 있는데요. 정말 궁금하군요.

은준인 : 우선 결론부터 말씀드리면 은퇴자분들도 보다 과감히 '1인 유튜브 크리에이터 되기'에 도전해 보시라는 말씀을 드리고 싶습니다. 은퇴자들도 유튜브를 운영하시면 분명히 여러 가지 좋은 점이 생기고 또 해야 할 이유가 분명히 있다는 점을 말씀드리고 싶습니다.

예정자 : 은퇴자들이 1인 유튜버가 되려고 마음먹는 것이 그리 쉽지 않을 것 같은데요. 어떤 이유로 소장님은 이러한 도전을 권유하시는 거죠?

은준인 : 저는 퇴직 후 은퇴자들이 '1인 유튜브 크리에이터'가 되어야 하는 이유를 3가지를 꼽는데요. 이 3가지를 저는 '유튜브 BTS'라고 표현 하고 있는데요. BTS? 어디서 많이 들어 본 단어이죠? 얼마 전 다이너마이트, 버터 등의 곡으로 빌보드 차트 1위에 오른 우리나라 최고의 K팝 그룹가수 팀인 방탄소년단 이름이잖아요. 저는 이 가수 이름인 BTS로 그 이유를 설명 드리겠습니다.

나이가 들어도 유튜브를 해야 하는 이유, BTS에 있다

예정자 : 유튜브 BTS라고요?

은준인 : 예, 유튜브 BTS입니다. 은퇴자들이 유튜브를 해야 하는 첫 번째 이유인 BTS의 B는 Busy입니다. 즉 퇴직 후 자칫 너무 무료하고 느슨해질 수 있는 시간을 바쁘게 만들 수 있다는 것인데요. 그것도 아주 '창조적 바쁨'을 줄 수 있다는 것입니다. 창조적이라는 것이 중요합니다. 그리고 두 번째 BTS의 T는 Turning point 즉 전환점을 말하는데요. 은퇴자의 삶을 새롭게 바꾸는 하나의 '인생의 전환점'이 될 수 있다는 것입니다. 왜냐하면 우리는 소이 퇴직 후의 삶을 인생2막이라고 표현하지 않습니까? 그런데 우리에게 주어진 인생2막의 삶에 1인 유튜버가 되는 것은 인생의 새로운 전환점을 만들어 줄 수 있는 좋은 계기가 될 수 있다는 것입니다. 그리고 마지막 세 번째로 BTS의 S는 Self-esteem 즉 자존감을 말하는데요. 전 퇴직자들을 가장 힘들게 만드는 적이 바로 자존감이 무너지는 거라 생각되는데요. 퇴직 후 자칫 닥쳐 올 수 있는 이러한 자존감 손상을 미리 막고, 퇴직 후 삶에도 더욱 자신감을 줄 수 있는 수단으로 1인 유튜버되기는 매우 효과적이라고 말씀드릴 수 있다는 것입니다. 저도 유튜브를 시작하면서 이러한 느낌을 크게 받았으니까요.

예정자 : 그렇군요. 그럼 소장님께서 유튜브를 시작하시게 된 계기나 지금까지 해 오신 내용들이 궁금합니다. 간단히 소개해 주시죠?

코로나가 나에게 준 기막힌 선물

은준인 : 사실 저도 유튜브를 하고 싶다는 생각을 오래 전부터 가지고 있었고 또 제 실천형 버킷리스트 28번 아이템으로 등록되어 있기도 합니다. 그런데 아무래도 엄두가 나지 않아 죽을 때까지 아무래도 도전 못할 거라 생각하고 있었습니다. 그런데 뜻밖에도 코로나19가 저에게 큰 선물을 주었습니다. 왜냐하면 제가 설명 드렸듯이 전 퇴직 후 주로 기업체나 공무원 등을 대상으로 강의하는 것을 저의 핵심브랜드로 삼고 나름 만족스럽게 출발을 하고 있었는데요. 그런데 갑자기 복병을 만나게 된 것입니다. 그것은 바로 코로나19의 사회적 거리두기입니다. 이로 인해 퇴직 한 다음 해 상반기에만 예정되었던 약 70여개의 강의가 다 취소되어 버렸습니다. 다른 분들도 다 힘들고 어려웠겠지만, 저에게도 함부로 내색할 수는 없었지만 정말 큰 고통이었습니다. 매일같이 사무실에 덩그러니 앉아 코로나가 끝나기만을 기다리는데 정말 미치겠더라고요. 그래서 이 시간을 그냥

무의미하게 보낼 수만은 없다는 생각이 들어 제가 도전하기에 가장 불가능하다고 생각한 '1인 유튜브 크리에이터 되기'에 도전장을 내밀게 되었던 것입니다.

예정자 : 코로나가 계기가 되어 유튜브에 입문하시게 되었다는 말씀이군요. 처음에는 어려움이 많았을 것 같군요.

은준인 : 모든 것을 독학으로 배워야하니 처음에는 아주 갑갑하게 느껴져서 갈 길이 정말 멀다는 생각을 했지만 유튜브 관련 책 몇 권을 사서 매일매일 조금씩 읽고 다른 동영상을 통해 하나하나 배워나갔습니다. 결국 제가 약 4개월을 그렇게 꾸준히 기초부터 배우니 감이 잡히고 막상 해보니까 그렇게 어려운 것이 아니었다는 생각이 들었습니다. 그래서 제 책 제목을 따서 <은준인TV>라는 채널을 만들어 채널아트에 '퇴직 후 이 남자가 노는 법'이라는 타이틀을 걸고 영상을 하나하나 만들어 가기 시작했죠. 필요한 장비도 구입하고 또 그렇게 실력이 좀 쌓이니까 저처럼 나이가 들어서 유튜브를 배우고 싶은 사람들을 위해 뭔가 좀 도와줘야겠구나 하는 생각이 들어 '누구나 1인 유튜버 될 수 있다'라는 제목의 영상 강의를 약 20강으로 나눠 엑기스만 뽑아서 강의를 올리기도 했고요. 특히 유튜브 전 과정을 한눈에 볼 수 있는 '유튜브맵' 이라는 것을 최초로 만들어 별도의 설명 영상까지 업로딩하게 되었습니다.

예정자 : 유튜브맵이라고요?

은준인 : 예, 유튜브맵입니다. 유튜브 제작을 위해 기획부터, 촬영, 녹하, 편집, 업로딩 등 전 과정을 한 눈에 볼 수 있는 지도 같은 것입니다.

예정자 : 저도 꼭 보고 싶군요. 아무튼 유튜브를 배우시면서 유튜브를 가르치는 영상까지 찍어 올리셨군요.

은준인 : 그러다 보니 그 영상 강의를 보고 여러 군데에서 유튜브 강의 요청이 들어 왔습니다. 특히 경주 예술의 전당에 근무하는 젊은 직원들을 대상으로 '나도 1인 유튜브 크리에이터 될 수 있다'라는 특강을 하는 등 유튜브 강의가 저의 또 다른 강의 내용이 되게 되었던 것입니다.

예정자 : 그러셨군요. 막상 하다보면 크게 어렵지 않고 누구나 꾸준히 하면 할 수 있다는 얘기군요. 그럼 소장님의 유튜브 구성 내용이 궁금한데요. 주로 어떤 내용들이 포함되어 있나요?

은준인 : 제 유튜브 채널에는 은퇴와 관련된 다양한 내용들이 포함되어 있습니다. 제 저서 은준인에 대한 저자 직강 영상 강의를 포함해서 다양한 종류의 강의 내용이 들어가 있고요. 제가 퇴직 후 활동하고 있는 많은 활동들이 10개의 재생목록으로 나눠져서 약 200여개의 영상이 올라와 있습니다. 제가 지금까지 설명한 은퇴준비 4영역의 활동들이 모두 포함되어 있다고 보시면 됩니다. 여러 종류의 강의, 제가 작사해서 만든 노래, 드럼, 숄더 키보드의 악기연주, 요리, 제빵, 재봉 등 취미 활동 내

용까지 아주 다양합니다.

예정자 : 그런데 소장님 유튜브 운영 실적이 궁금하네요?

200만뷰 떡상 영상을 가진 60대 유튜버

은준인 : 제 유튜브는 이렇게 다양한 내용을 포함시키다보니 처음에는 구독자가 그렇게 늘지 않았는데 지금은 점점 늘어나 1만 명이 넘는 구독자를 가지고 있습니다. 과정이 쉽지는 않았지만 포기 하지 않고 꾸준히 진행해 온 덕분이라 생각됩니다. 그리고 제 영상 중 소이 말하는 떡상 영상이 있는데요. 제가 실제 경험한 보이스피싱 실제통화 내용을 '자장면을 사 주겠다고 약속한 보이스피싱' 이란 제목의 영상을 만들어 올린 것이 반응이 좋아 지금까지 약 200만이 넘는 조회 수를 가지고 있습니다.

예정자 : 와우! 200만 뷰라고요? 말도 안 돼! 정말 대단하십니다. 그런데 소장님! 유튜브 수익에 대해서도 궁금하군요.

은준인 : 사실 유튜브를 처음 시작할 때는 모든 초보 유튜버들의 꿈의 목표라 할 수 있는 구독자 1,000명과 시청시간 4,000시간을 달성을 간절하게 원하게 되죠. 이게 무슨 의미가 있냐 하면요. 이 시점부터 수익창출이 가능하다

는 것입니다. 유튜브를 통해 돈을 벌 수 있다는 거죠. 저는 8개월 만에 그 시점을 달성했고요. 떡상 영상도 있어 일정 수입이 생기는 것도 사실이지만 그것보다도 나의 퇴직 후의 은퇴생활을 남긴다는 일기장 같은 개념이 더욱 크기 때문에 그저 착실하게 유튜브 활동을 하고 있습니다. 하지만 유튜브 수익 창출은 항상 관심을 갖게 되는 부분임에는 틀림이 없습니다. 수익이 많이 오를 때는 제법 살림에 보탬이 되는 기간도 있었지만 항상 지속적인 것은 아닙니다. 대부분 일시적인 경우가 많습니다. 사실 일반 유튜버가 고수익을 창출한다는 것은 쉽지 않다고 생각됩니다. 제 경우는 이제 수익에 크게 연연하지 않고 제가 만든 영상을 잘 남긴다는데 중점을 두고 있습니다. 제 경우는 그 무엇보다도 저의 실천형 버킷리스트의 가장 어렵게 느껴졌던 한 가지 목표가 달성되었다는 것이 뿌듯하고 기쁠 뿐입니다. 저는 누구에게나 1인 유튜버 되기에 도전해 보실 것을 강력히 권합니다. 퇴직 후에도 마음만 먹으면 저처럼 충분히 가능하다고 생각합니다.

예정자 : 소장님 말씀을 듣고 보니 저도 한번 도전해 봐야겠다는 용기가 생기네요. 가까운 시일 내'은준인 TV'를 방문해서 유튜브의 세계에서 꼭 찾아뵙겠습니다. 그럼 지금까지 끝도삶의 다섯 가지 원칙 중 세 번째 원칙인 SNS를 통한 무한한 소통공간의 필요성에 대해 말씀해 주셔

고요. 그럼 네 번째 원칙에 대해 알아보도록 하죠. 그럼 4번째 원칙에 대한 소장님의 스토리는 무엇입니까?

꿈은 건드리지 않으면 단지 꿈일 뿐

은준인 : 끝도삶의 4번째 원칙은 다가가고 싶은 소망은 시작했을 때만이 이루어진다고 말씀드렸는데요. 이 말은 좀 추상적인 말로 들릴 수도 있겠지만 저는 이것이 아주 중요하면서도 또한 아주 구체적인 원칙이라고 말씀드리고 싶습니다. 인간은 누구나 이루고 싶은 꿈을 가지고 있습니다. 그래서 그 꿈을 이루기 위해 목표도 나름 만들게 됩니다. 그런데 이러한 꿈은 건드리지 않으면 단지 꿈으로 남아 있을 뿐이고 결코 현실이 될 수 없다는 것입니다. 즉 도전을 통해야 만이 그 꿈이 현실이 되어 실현 될 수 있다는 말인데요. 중요한 것은 이러한 도전은 시작했을 때만이 가능하다는 것입니다. 여기에서 제가 말씀드리는 시작의 개념은 구체적 시작을 말하는 것입니다. 즉 구체적 시작이 있을 때만이 비로소 도전이 되고 그 도전은 목표를 향해 가게 되고 결국 간절히 원하는 꿈이 실현된다는 것입니다.

예정자 : 어떻게 보면 아주 평범한 원칙인데 이 원칙을 상당히 강조하시네요.

은준인 : 맞습니다. 어쩌면 이것은 하나의 지극히 평범한 원칙이라 할 수 있지만 이 평범한 원칙을 은퇴준비의 끝도삶 다섯 가지 원칙 속에 넣은 이유는 그만한 이유가 있기 때문입니다. 우리는 청소년 시기를 거쳐 청년기 그리고 중·장년기를 거쳐 살아오는 과정에서 우리의 꿈과 목표를 향해 끊임없이 도전해왔습니다. 이 시기에는 자의반, 타의반 어떠한 영향 하에서 즉, 여러 가지 동기부여의 요인이 있는 상태에서 어떤 행동을 우리는 취하게 되었던 거죠. 즉 쉽게 말씀드리면, 많은 관심 속에서 모든 일을 진행해 왔다는 말입니다.

예정자 : 그렇죠. 하지만 나이가 들고 퇴직 후엔 상황이 좀 달라지겠죠?

은준인 : 맞습니다. 퇴직 후에는 이러한 상황이 완전 달리지게 됩니다. 아무래도 외부의 간섭이 사라지고 관심조차 멀어지게 됩니다. 이런 달라진 상황 하에서는 뭔가 그럴듯한 목표를 잡아 도전하기가 쉽지 않다는 것입니다. 설사 마음을 먹고 목표를 잡아서 도전해 보려고 해도 도무지 시작이 잘 안 된다는 것입니다. 결국 과거에 비해 동기부여가 일어나기가 쉽지 않고 그래서 자꾸 미루다보면 뭔가 해야 할 일들을 이룰 수가 없게 된다는 것입니다. 그래서 퇴직 후 이 시기에는 시작이 매우 중요한 하나의 원칙이 되어야 한다는 것입니다. 그리고 그 시작은 반드시 구체적 시작이 되어야 한다는 것을 강조합니다.

구체적 시작만이 진짜 시작이다

예정자 : 그렇군요. 퇴직 후에는 뭔가 구체적인 시작이 있어야 한다는 말씀인데, 그럼, 소장님께선 어떤 구체적인 시작을 했는지요?

은준인 : 저 또한 은퇴를 준비하는 과정에서 어떤 목표를 향해 도전하는 것이 그리 쉽지는 않았다는 것을 많이 느껴왔습니다. 특히 시작한다는 것이 참으로 어렵다는 것을 잘 알고 있습니다. 그래서 제가 생각한 것이 목표는 신중하게 잡되 잡은 목표는 공격적으로 시작을 해야겠다는 생각이 강하게 들었던 것입니다. 그래서 이 구체적 시작을 네 번째 원칙으로 잡은 것입니다. 이러한 원칙하에서 저도 나름 의미 있게 이룬 일들이 있습니다. 어차피 제 경우는 은퇴준비에 대한 실전 전문가로써 저의 경험이나 실전 사례를 소개할 경우가 많은데요. 이것들은 단순히 하나의 예시로 소개하는 것이기 때문에 은퇴예정자들은 각자에 맞는 것들을 찾으시면 된다는 것을 다시 한 번 강조 드립니다.

예정자 : 각자에게 맞는 것들을 찾으시라는 말씀, 충분히 공감이 갑니다. 그래도 소장님의 경우를 알아야 많은 참고가 될 것 같습니다.

은준인 : 말씀드리죠. 사실 네 번째 원칙과 관련된 그 첫 번째 저의 아이템으로 책 쓰기를 다시 잠시 언급해 보도록 하

겠습니다. 조금 전 제가 설명 드렸지만 퇴직 후 저는 책을 써야겠다고 처음부터 생각한 것은 아닙니다. 다만 블로그를 진행하는 과정에서 블로그 형식이 책 쓰기에 너무나 적합하고 또한 은퇴준비에 대한 저의 연구와 경험을 은퇴를 준비하는 많은 다른 사람들에게 전달하며 좋겠다고 생각했기에 책을 쓰겠다고 결심을 했고요. 그 시작을 저는 블로그 자체를 아예 책의 목차 형식으로 완전히 바꾸어 쓰기 시작했다는 것입니다. 그게 바로 저에게는 책 쓰기의 구체적 시작이 된 것입니다. 이렇게 완성된 블로그를 카테고리 별로 복사해서 책 형식의 파일로 다시 만들어 출판사에 넘겼던 것입니다. 처음에는 출판사를 일일이 다 조사해서 100여 군데 정도 보낼 작정으로 출판사명과 메일주소 등을 다 조사해 놓았는데 시범으로 보낸 첫 출판사에서 무조건 계약을 맺겠다는 뜻밖에 좋은 반응이 와서 쉽게 출판 계약을 맺었던 것입니다. 처음에는 내가 책을 만들 수 있을까 부터 시작해서 그 많은 원고 분량을 어떻게 만들까 고민도 많이 했지만 블로그라는 구체적 시작이 있었기에 가능한 일이라고 저는 생각 됩니다. 이렇게 탄생한 책이 바로 국내최초의 은퇴준비실전 지침서인 '은준인'이 되었고요. 저에게는 은퇴 생활에 있어서 가장 든든한 버팀목이 되었다고 생각됩니다.

예정자 : 블로그를 카테고리 별로 책의 형식에 맞게 구체적으로

시작한 것이 책 출판을 실현시킬 수 있었던 것 같군요. 정말 멋진 일입니다. 그밖에 또 어떤 것이 있을까요?

왜 아내에게 가요를, 아들에게 랩을 선물했을까?

은준인 : 그 외에 꼭 하고 싶었던 일이 있었는데요. 정년퇴직에 맞춰서 가족들에게 그동안 내조해 주고 응원해준 감사의 의미로써 아내와 아이들을 위해 뭔가 특별한 선물을 하고 싶었는데요. 그 선물을 이 세상에 하나 밖에 없는 노래를 만들어 주고 싶었습니다. 그런데 제가 작곡을 못하니까 작사를 해서 노랫말이라도 만들어 주자. 그래서 나중에 작곡을 붙여서 노래를 만들어야겠다고 생각하고 노래 만들기에 도전을 해보기로 마음먹었습니다. 이것이 바로 저의'실천형 버킷리스트' 21번과 22번 아이템이 되었습니다. 그래서 이를 위한 구체적 시작으로 아내를 위한 노랫말 작사를 위해서는 작사와 관련된 책 2권을 구입해서 작사 공부를 시작했고요. 이어서 쌍둥이 아들 위해서는 뭘 할까 고민하다 랩을 하나 만들어 주기로 결심하고 도전을 시작했죠. 랩을 만들기 위해서는 일단 랩을 좀 알아야 되니까 TV에서 방송했던 랩 프로그램 중 '쇼미더머니'와 '고등래퍼'같은 방송을 집중적으로 보면서 어떤 내용으로 랩을 만들까 고민하다 뭔가 생생

한 리얼 스토리를 한번 만들어 보자 마음먹고 쌍둥이 아이들이 태어날 때 병원에서 아주 힘든 일이 있었는데요. 그때 상황과 연계해서 아버지가 아들에게 전하는 메시지를 담은 랩을 만들어 보려고 생각하고 진행을 시작했던 거죠.

예정자 : 그래서 노래 만들기는 성공하셨습니까?

은준인 : 예, 약 5개월 정도 걸려 완성했습니다. 아내를 위해서는 아내를 처음 만났을 때부터의 모습에서부터 퇴직 할 때까지 살아온 감사한 마음을 가사에 담으려고 노력했고요. 제목은 오랜 고민 끝에 '내안에 있는 내 아내'라고 제목을 정해 작사를 해서 그 후 작곡과 보컬을 의뢰하여 노래를 완성시켜 10월30일이 결혼기념일인데요, 그 날 첫 번째 싱글음반이 나오게 되어 아내에게 선물했습니다. 지금은 유튜브는 물론이고 모든 음원사이트에서 들을 수 있답니다.

예정자 : '내 안에 있는 내 아내', 정말 멋진 제목이군요. 꼭 한번 들어 보고 싶네요. 소장님! 이 노래 한번 듣고 계속하면 안 될까요?

은준인 : 왜 안돼요. 그럽시다. 차도 한잔 마시면서 한번 들어 봅시다.

은준인은 PC에서 유튜브를 켜서 '내 안에 있는 내 아내'를 틀어주었다. '긴 머리 휘날리며 내게 다가와 살짝 고개 떨군 너의 모습에, 세상 모든 것이 신비해 보여 내 안에 파고든 사람 있었죠' 로 시작되는 잔잔한 노래가 한 남자 가수의 목소리로 맑게 전해졌다. 순간, 예정자는 앞에 있는 이 사람이 정말 인생을 제대로 느끼고 실천하며 사는 따뜻한 사람이구나 하는 생각이 들었다. 예정자는 앞으로 전개될 은준인의 많은 얘기가 더욱 궁금하게 느껴졌다.

예정자 : 정말 노래가 너무 좋군요. 사모님이 이 노래를 선물 받고 얼마나 좋아했을까요? 눈에 선합니다. 그럼 또 그 다음 대목이 궁금한데요. 쌍둥이 아드님을 위한 랩은 어떻게 진행되셨나요?

은준인 : 쌍둥이 아들 위한 랩은 정말 가사를 만들기가 어려웠지만 천신만고 끝에 최종 랩을 완성시켜 고등래퍼 출신의 래퍼의 도움을 받아 노래까지 최종 완성시켜 쌍둥이 아들에게 선물하였습니다. 이 랩으로 인해 아이들과 정말 가까워지게 된 결정적 계기가 되었다고 생각됩니다. 만일 저의 이러한 구체적 시작이 없었더라면 나이 60에 랩을 만들어 아들에게 선물한다는 것은 당연히 불가능했겠죠. 이 랩도 영상으로 만들어 제 유튜브에 업로딩했습니다. 이제 이 랩을 가지고 저랑 아이들이 연습해서 함께 노래 불러 음반을 만들고 뮤직 비디오도 직접 만들어 보려고 준비 중에 있어요.

예정자 : 쌍둥이 아들과 함께 노래 불러 음반을 만드신다고요?

정말 끝도삶이십니다. 왜 끝없이 도전하는 삶을 말씀하시는지 이제 알겠습니다. 요즘은 작사가로도 활동하고 계신다는 언론 기사를 보았는데요. 정말입니까?

<u>작사가로의 데뷔는 뜻밖의 보너스</u>

은준인 : 그렇습니다. 이렇게 아내와 아이들을 위해 작사를 한 것이 계기가 되어 코로나 사회적 거리두기 시간을 활용해서 작사가로 데뷔하여 전문 작사가로 활동을 하게 되었습니다. 사실상 제 인생에 있어 뜻밖에 보너스이지요. 그 결과 제가 작사한 노래가 하나하나 음원으로 제작되어 전국 음원 사이트에서 판매되고 있습니다. 첫 번째 곡 「내 안에 있는 내 아내」에 이어 「빵뚫린 저 하늘」, 「경주 아리랑」, 「오드리헵번보다」, 「갈색 마스크」가 음원으로 출시되었고요. 그 외 10여 편의 가사가 세상 밖으로 나오려고 대기 중에 있습니다. 지금 저는 저작권협회에 회원으로 등록도 되어 있고요. 영상 뮤직비디오도 돈 안 들이고 제가 직접 제작하여 음원사이트에 등록하고 있습니다. 음원 발매를 위한 여러 기획업무도 하나하나 배워 직접 진행하고 있습니다.

예정자 : 아! 그러시군요. 그런데 제가 듣기로는 소장님이 작사한 노래 중에 경주를 대표하는 노래가 있다고 들었는데요?

경주를 대표하는 노래로 부상한 '경주아리랑'

은준인 ; 저에 대해 많이 조사하셨나 봅니다. 아직 경주를 대표한다고는 할 수 없지만 분명 경주의 대표 노래로 부상하고 있는 것은 분명합니다. 매년 6월8일이 경주시민의 날인데요. 행사를 아주 크게 합니다. 본 행사 메인 무대에서 이 노래가 불려 졌으니까 경주를 대표하는 노래로 분명 부상하고 있다고 보여 집니다. 많은 사람들이'신라의 달밤'이후에 경주를 대표할 노래가 없었다며'경주 아리랑'을 정말 많이 사랑해 주고 계십니다. 지금은 예술의 전당을 포함하여 많은 큰 무대에서 여러 행사를 통해 이 노래가 불리고 있어 정말 행복하고 기쁩니다.

예정자 : 정말 멋지십니다.'경주 아리랑'이 경주를 대표할 멋진 그 날이 빨리 오기를 저도 바라고 싶네요. 그리고 작사와 관련되어 큰 상을 받으셨다고 들었는데요.

은준인 : 예, 최근 개최된 제1회 정귀문 추모 예술제 전국 작사 공모전에서 제 작품'예기소(藝妓沼)'가 최우수상을 수상하였습니다. 경주 사람들은 애기소라고도 부르는 예기청소(藝妓靑沼)라는 곳이 있는데요. 이 흐르는 물 위에 옛 관리들이 춤과 노래에 끼가 있는 기생들과 유흥을 즐기든 금장대라는 누각이 있는 경주에서 아주 유명한 곳이랍니다. 특히 경주 출신의 소설가이신 김동리 선생의 '무녀도'라는 소설에 마지막 장면으로 이곳이 등장하

는 곳이기도 합니다. 그 곳을 소재로 쓴 제 가사가 상을 받게 되었습니다. 작사가로서 평가를 제대로 받았다는 느낌에 정말 기분이 좋았습니다.

예정자 : 전국 작사 공모전에서 정말 큰 상을 받으셨군요. 정말 축하드립니다. 이제 정말 전문 작사가가 되셨네요. 정말 소장님은 재능이 무궁무진하시군요? 아무나 할 수 있는 일이 아닌 것 같군요? 저 같은 사람은 꿈에도 못 꿀 일이군요.

은준인 : 많은 분들이 그렇게 말씀하십니다. 저도 압니다. 이런 일들 하나하나가 쉽지 않다는 것을요. 하지만 저도 결과만 이렇게 얘기하니 쉬워 보이지만 그 과정은 결코 쉽지 않았습니다. 그런데 중요한 것은 저도 불과 몇 년 전까지만 해도 아무 것도 되어 있지 않았다는 것입니다. 뭘 잘하는지, 뭘 원하는지, 심지어 뭘 좋아하는지 조차도 모르는 상태였다는 것입니다. 매일매일 조금씩 하다보면 누구나 다 가능하다고 생각됩니다.

예정자 : 아! 그렇군요. 잘 새기겠습니다. 그럼 마지막 다섯 번째 원칙에 대한 설명을 해 주시죠.

은준인 : 다섯 번째 원칙은 '도전하고 싶은 영역을 꾸준히 개척해 나가라'라고 말씀드렸습니다. 끝도삶의 원칙이 다 중요하지만 이 다섯 번째 원칙은 실질적으로 은퇴준비 하는 사람의 미래의 방향성과 매우 밀접한 관계가 있고 특히 우리가 은퇴준비 4영역에 대한 얘기를 나눈 후 말

씀드릴 주제인 자기핵심브랜드 개발과 크게 연관이 있는 내용이 되겠습니다.

예정자 : 좀 더 자세히 설명해 주시면 좋겠습니다.

은준인 : 만일 누군가 본인이 도전하고 싶은 어떤 분야가 있다 하더라도 그 어떤 분야도 단 한 번에 또는 단기간에 이루어지는 일은 거의 없을 것입니다. 그래서 중요한 것은 목표 타킷이 결정되고 나면 그 타킷을 향해 꾸준히 연결고리를 찾아 개척해 나가야 한다는 것입니다. 좀 더 쉽게 설명을 드리면, 우리는 은퇴준비 4영역에 대한 세부 설계단계를 거쳐 각자에 의해 선정된 액티비티에 대해 구체적 시행 단계를 맞이하게 되는데요. 그 과정에서 보다 관심 있는 특정분야가 발견되고 그 분야를 차별화시켜 최종적으로 상품화, 전문화, 나아가서 직업화 시켜 나가야 된다는 것입니다. 그것이 최종적으로 인생2막의 핵심 브랜드가 되고 나아가서는 직업으로 연결이 가능하다는 얘기입니다. 그러기 위해서는 무엇보다도 연결고리를 잘 찾는 것이 매우 중요하다고 말씀드릴 수 있습니다. 이것은 누구나 조금만 관심을 갖고 도전하시면 모두 가능한 일이라는 것을 강조 드리고 싶네요.

관심 있는 분야를 전문화시키면 나의 직업이 된다

예정자 : 은퇴준비 과정에서 발견된 관심 있는 특정분야에 대해 연결고리를 잘 활용해서 상품화, 전문화, 직업화의 방향으로 나가야한다는 말씀이신데요. 그럼 소장님의 구체적 사례를 한번 말씀해 주실 수 있나요?

은준인 : 그걸 들으시려고 이 먼 곳까지 오셨는데요, 당연히 말씀드려야죠. 발견된 특정분야를 개발해서 전문화, 직업화 시킨 저의 대표적 케이스를 간략히 말씀드리겠습니다. 대표적 케이스로 강사 되기를 예로 들겠습니다. 저는 은퇴준비를 진행하는 과정에서 여러 가지가 검토되었으나 강사 되기에 크게 관심이 집중되었습니다. 문제는 어떤 내용으로 강의를 하느냐가 중요한데요. 남들이 쉽게 접근하지 못하는 분야를 타킷으로 도전해야겠다고 생각되었고요. 최종적으로 제가 저술한 은준인이라는 책을 기초로 은퇴 분야를 특성화 시켜보자고 마음먹고 계속 그 분야를 공부했습니다. 다른 사람의 책이나 논문은 물론이고요, 관련 내용에 대한 강의를 온라인, 오프라인을 찾아다니면 공부했습니다. 또한 제 책을 기본 내용으로 한 PPT 작성 등 강의 준비 등을 미리 진행시켜왔던 것입니다. 또한 이 분야가 저의 것으로 전문화하기 위해서 관련 코칭 협회로 부터 은퇴준비실전전문가로 타이틀을 부여 받고 명칭을 뭘로 할까 고민하다 처음에

설명 드린 ART 즉 After retirement로 약자로 퇴직 후 은퇴준비를 한다는 의미를 포함시켜 'ART코치 국내 1호'로 정하게 되었습니다. 이러한 준비 과정을 거쳐 기업체나 공무원들을 중심으로 강사로써의 본격적 활동을 시작하게 되었던 것입니다.

예정자 : 구체적으로 전문화되어 가는 과정이 느껴지는군요. 소장님께서는 연결고리를 크게 강조하셨는데요. 그럼 다른 쪽으로도 연결고리를 찾으셨나요?

MBC 캠페인과 교통방송 아침 생방송 출연은 덤

은준인 : 물론입니다. 이렇게 시작된 강의 활동이 지자체나 대학 등에서 하는 평생교육대학. 평생학습센터 등에서 은퇴자들을 위한 강의나 또는 프로그램 개발에 참여하게 되었고요. 또한 은퇴자 전문 교육기관에서도 저와 공조해서 기업체 퇴직예정자 은퇴 프로그램인 Hello! My life 등에 참여하는 단계로 까지 발전하게 되었던 것입니다. 또한 저는 (사)한국중장년고용협회로부터 전문 위원으로 활동하며 1급 직무전문 면접관 자격증을 취득하여 공공기관 면접관으로 활동하게 되었는데요. 그러는 과정에서 우연히 고용노동부 산하기관인 노사발전재단에서 개최된 '신중년 인생3모작 우수사례 공모전'에 이러

한 저의 퇴직 후의 모습을 내용에 담아 '코로나19가 나에게 준 선물'이란 제목의 수기를 공모하였는데 이것이 뜻밖의 큰 상을 수상하게 되었습니다. 이로 인해서 MBC 방송사 라디오 캠페인 프로그램인 <인생2막, 시동을 건다>라는 프로그램에 출연하여 전국방송으로 은퇴를 준비하는 분들을 격려하는 캠페인 응원 메시지를 오랫동안 제 목소리로 들려주게 되었습니다. 그리고 빼놓을 수 없는 게 하나 더 있는데요. 이런 소식을 듣고 TBN 교통방송에서 생방송 출연을 요청 받아 1년 가까이 아침 출근 시간에 생방송으로 은퇴준비와 관련된 제 얘기를 들려드릴 수 있게 된 것은 저에게는 그 무엇보다도 값진 일이라 생각하고 있습니다.

예정자 : 정말 다이나믹하군요. 연결고리의 개념을 나름 잘 이해할 수 있을 것 같습니다. 책을 쓰시고 그 책으로 강의를 하시고 다른 강의로 또 연결하시고 방송까지 하시니 정말 멋진 연결이 아닐 수 없네요. 그리고 아내를 위한 노랫말 만들기에서 작사가로 데뷔하시고 경주의 대표 노래까지 만드시고 음원도 발매하시다니 정말 신기할 다름입니다. 그런데 음원을 팔아서 번 수익은 어떠신가요?

은준인 : 아직 시작한 지 얼마 되지도 않았는데 큰 수익을 기대하기는 어렵고요. 그래도 음원을 판매한 수입이 제 계좌로 돈이 들어온다는 것만으로도 신기할 뿐입니다. 몇

년 전만해도 도저히 상상도 못한 일들 아닙니까? 제가 이 방면에 뛰어나서 그런 건 절대로 아니라고 생각됩니다. 누구나 도전해서 연결고리를 잘 활용해서 조금씩 쌓아간다면 누구나 가능한 일이라는 것을 분명히 말씀드리고 싶습니다.

예정자 : 아무튼 대단하십니다. 어쩌면 소장님은 퇴직 후가 더 바쁘신 것 아니지 모르겠어요. 그런데 궁금한 것은 끝도삶을 진행하시면서 실패한 경우도 있을 수 있다고 보여지는데요. 그런 경우도 있던가요?

이모티콘 도전, 실패했지만 가장 값진 승리였다

은준인 : 당연히 있습니다. 제가 이렇게 도전한 제 사례를 말씀드리니까 많은 분들이 제가 모든 일에 모두 성공한 것으로 생각하실 수도 있으시겠지만 사실 진행과정에서는 나름 어려움도 많았고요. 또 실패한 케이스도 여러 번 있었습니다. 그 중 하나를 잠시 말씀 드리도록 하겠습니다. 저는 당시 휴대폰을 사용할 때마다 카카오톡에 나오는 이모티콘이 왜 젊은 사람들것만 있는지 매우 궁금했습니다. 우리나라 이모티콘 시장은 최소 1,000억 규모로 하루 1,000만 명의 카톡 이용자가 이모티콘으로 대화를 주고받는다고 하는데요. 왜 나이가 좀 들은 사람들

이 쓸 만한 이모티콘은 마땅치 않은지 고민하게 되었습니다. 그 결과 제가 직접 이모티콘을 제작해서 입점에 도전해보기로 결심하게 되었습니다. 쉽지 않은 일이었죠. 중간에 작업상 꼭 필요한 포토샵 공부까지 하면서 마지막 단계인 카카오 이모티콘 스튜디오에 제안하기까지 약 6개월이란 시간이 걸렸습니다. 여기에 소요되는 시간은 모두 새벽 시간을 이용하여 작업을 했습니다. 하지만 최종 심사 결과는 불법 폰트 사용으로 불채택이라는 실패를 맛보았습니다. PC에 있는 폰트는 무료로 아무거나 사용하면 되는 줄 알았는데 그 중에서도 상업용으로 사용해서는 안 되는 것이 있다는 것을 나중에 확인하게 되었습니다. 하지만 저는 비록 이 도전이 실패하였지만 제 도전 중에 가장 기억나는 나이 60에 얻은 가장 값진 승리였다고 자평하고 있습니다. 이렇게 실패를 통해서도 큰 기쁨을 느낄 수 있었습니다.

예정자 : 실패했지만 값진 승리였다. 좋은 말씀이십니다. 그럼 마지막으로 끝도삶에 대해 정리해 주신다면은요?

은준인 : 제 생각은 끝없이 도전하는 끝도삶은 퇴직이나 나이와는 무관하다고 보여 집니다. 제 결론은 제가 어떤 일을 시작 시점에서 할까 말까 망설이기만 하다 보면 결국 자기가 하고 싶은 일들을 하지 못한다는 것입니다. 그래서 전 어떤 목표를 잡고, 어떤 꿈을 갖는 것도 중요하지만, 그리고 또 그 꿈을 실현키 위해 도전심을 키우

는 것도 중요하지만, 결국 도전하겠다고 결심이 섰을 때 과감히 시작 포인트를 잡는 것이 중요하다고 생각됩니다. 결국은 그 시작을 어떤 방식으로 가져가느냐 하는 구체적 시작이 가장 중요하다는 말씀을 드리고 싶습니다. 저기 제 책상위에 붙은 문구가 보이시죠? 'Thinking is not doing.' 즉 생각만으로는 실행될 수 없다는 이 글귀가 제가 가장 좋아하는 생활모토입니다.

예정자 : 정말 멋진 말입니다. 저도 명심하겠습니다. 이렇게 끝도삶에 대한 설명을 들었고요. 이제는 마지막 봉즐삶에 대한 이제 은퇴준비 4영역 중 마지막 영역만 남아 있는데요. 무척 궁금합니다. 자! 그럼 마지막 영역에 대해 말씀해 주시죠?

대화5

퇴직 후 봉사를 즐기는 삶이 곧 품격이다
<봉즐삶>

은준인 : 우리는 지금까지 은퇴준비 4영역 중 혼즐삶, 함즐삶, 끝도삶에 대해 얘기를 나눠 봤는데요. 지금부터는 마지막 단계인 '봉즐삶'에 대해 얘기를 나눠 보도록 하겠습니다. 봉즐삶은 한마디로 봉사를 즐기면서 사는 삶에 대한 준비를 하라는 얘기입니다. 이 봉즐삶은 은퇴생활에 있어서 없어서는 안 될 매우 중요한 역할을 합니다. 저는 은퇴준비를 위한 연구과정에서 퇴직 후 은퇴생활의 가장 바람직한 삶의 모습이 뭔가에 대해 설문조사를 하였는데요. 그 결과 전체 응답자의 약 80%가 퇴직 후 가장 바람직한 삶의 모습을 행복한 삶이라고 대답을 했습니다. 저도 나름 충분히 공감을 했고요. 그래서 행복한 삶이 되려면 구체적으로 어떤 조건을 갖추면 되는지 조사해보았더니 대략 다섯 가지 정도의 F를 갖추면 되지 않을까 생각이 되었고요. 그것이 바로 '행복요소 5(Five) F'입니다. 행복을 위해서는 다섯 가지의 F가 필요하다는 말씀입니다.

예정자 : 행복을 위한 5가지 요소, 5F에는 무엇이 있는 지요 ?

행복을 만드는 5개의 F로는 인생 너무 싱거워!

은준인 : F로 시작하는 다섯 가지 요소 5F 중, 첫 번째 F는 Finance, 즉 돈입니다. 뭐니 뭐니 해도 행복해 질려

면 돈이 있어야 된다는 얘기입니다. 두 번째 F는 Fitness, 즉 건강을 말합니다. 누구나 다 공감할 수 있는 얘기입니다. 세 번째 F는 Field, 즉 일이나 취미 같은 것을 말하는 거고요. 네 번째 F는 뭘까요? Friends, 즉 친구로서 인적 네트워크를 말합니다. 그리고 마지막 F는 Fun으로 재미 또는 흥미로써 행복해 지려면 인생이 보다 재미있고 흥미로운 삶이 되어야 한다는 얘기죠.

예정자 : 행복의 다섯 가지 요소를 5F로 정리해 주셨군요. 돈, 건강, 일, 친구, 재미로 요약해 주셨네요.

은준인 : 그렇습니다. 이 5가지 요소는 모두 다 중요합니다. 그래서 저도 퇴직 후 행복한 삶을 인생의 목표로 살아야겠다고 마음먹었는데 곰곰이 생각해보니 적어도 우리나라에서의 행복의 개념은 대부분 비교에서 오더라는 겁니다. 즉 남과의 비교에 의해 행복의 만족도가 크게 좌우된다는 것을 알고 나서 이건 아닌 것 같다는 생각이 강하게 들었습니다. 남들보다 더 좋은 아파트에 살아야 행복하고, 더 좋은 차에, 더 비싼 명품을 가져야 행복을 느끼고, 남편이 더 좋은 직장에, 더 높은 자리에 있어야 더 행복을 느끼고, 자식 또한 더 좋은 대학에 가야 더 행복하게 느끼게 된다는 것입니다. 소소하고 잔잔한 행복보다는 비교에 의한 행복이 더 강조되는 것 같아서 그럼 행복 말고 내가 추구해야할 이상적인 퇴직

후의 삶의 모습이란 무엇일까 고민하게 되었습니다.

나의 이상적인 삶의 모습을 한번 생각해 보셨나요?

예정자 : 그래서 퇴직 후 이상적인 삶의 모습을 찾으셨나요?

은준인 : 찾았습니다. 처음에는 찾기 어려웠죠. 행복한 삶이 아니면 뭘까 고민을 하다 건강한 삶, 의미 있는 삶, 즐거운 삶, 배려하는 삶, 도전하는 삶 등을 생각하다가 마지막으로 찾아낸 단어가 바로 품격입니다. 품위도 있고 격식도 있는 그런 품격 있는 삶이 가슴에 와 닿더라고요. 그래서 퇴직 후의 가장 이상적인 삶의 모습은 품격 있는 삶이구나라고 확신이 들게 된 것입니다. 그래서 그럼 품격 있는 삶을 살기 위해서는 뭘 해야 할까? 꼭 획기적인 것은 아니더라도 뭔가 있어야 되지 않을까? 즉 행복의 조건 5F도 좋지만 거기에 가미할 다른 무언가가 없을까? 라고 고민하다 보니 바로 봉사라는 것이 떠올랐습니다. 즉 봉사는 평상시에도 늘 관심을 가져야 되지만 특히 퇴직 후에는 꼭 봉사를 즐기면서 사는 삶이 갖추어져야 한다는 것입니다.

예정자 : 그렇군요. 그런데 봉사를 즐기면서 사는 삶에도 몇 가지 원칙을 가지고 계실 거라고 생각되는데요. 원칙이란 게 있나요?

은준인 : 책 '은준인'에 자세히 적어 놓았지만 봉즐삶에도 3가지 원칙이 있습니다. 그 3가지 원칙에 대해 하나하나 설명해 보겠습니다.

예정자 : 봉사에도 3가지 원칙이 있다고요?

퇴직 후 봉사의 시작은 가정에서부터

은준인 : 그렇습니다. 이 세 가지 원칙 정도만 지켜도 좋을 것 같습니다. 봉즐삶의 첫 번째 원칙은 봉사의 시작은 가정에서부터 하라는 것입니다. 저는 현직 때 오랫동안 봉사에 관여된 일을 하다 보니 많은 사람들이 봉사를 밖에서만 하는 일로 인식하고 있다는 것을 알게 되었습니다. 물론, 사회에 나와 봉사활동을 하시는 것은 당연히 중요합니다. 그런데 퇴직 후 봉사의 출발은 가정에서부터 시작 되어야 한다는 것을 말씀드리고 싶습니다. 가화만사성(家和萬事成)이라는 표현을 쓰지 않더라도 충분히 공감하시겠지만, 제가 강조 드리고 싶은 말씀은 특히 퇴직 후에는 가정에서부터 봉사를 시작하시는 게 좋다는 말씀입니다.

예정자 : 그렇군요. 그런데 가정에 대한 봉사를 잘 하면 좋겠지만 왜 퇴직 후에 특히 더 그래야 되는 이유가 무엇인가요?

은준인 : 충분한 이유가 있습니다. 퇴직 후에는 아무래도 부부관

계에도 더 크게 비중을 두어야 하는데요. 최근 들어 50대 이후의 황혼이혼이 매년 10% 이상씩 계속 늘어가고 있는 추세라고 합니다. 그런데 그 이유는 남편의 퇴직이 아내에게 큰 영향을 준다는 것입니다. 즉 남편이 퇴직한 후 삼식이가 되기 십상으로 이러한 삼식이를 둔 아내의 우울증 위험이 그전보다 70%나 높게 나타난다는 것이 자료에 나와 있습니다. 그래서 퇴직한 남편을 둔 아내에게 발생하는 병을 '은퇴남편증후군(Retired husband syndrome)'이라고 한다는 것입니다.

예정인 : 은퇴남편증후군이란 것도 있군요?

은준인 : 예, '은퇴남편증후군'이란게 있습니다. 좀 더 다른 표현으로 설명을 드리면요. 원래 집이라는 공간은 전통적으로 여성의 공간이라는 것입니다. 그런데 다 예정되었다고는 하지만 아내의 입장에서는 퇴직 후의 남편의 복귀는 나의 공간에 누군가 예고 없이 침범하는 불청객으로 인식되어 별로 좋지 않다는 것입니다. 그 타인 아닌 타인이 내 생활공간에서 내가 지금까지 만들어 왔던 수많은 규칙을 무시하고 퇴직과 더불어 은퇴자로써 나도 이제 이 공간을 같이 점유해야겠다고 한다면, 또 나도 이제 가정에 복귀했으니 이 공간에 일정한 주도권을 가지고 생활하겠다고 나오게 되면 아내의 입장에서는 아주 곤란한 것이죠. 가족이 아니라 아무리 더 친밀한 관계라 하더라도 그것은 아내에게 큰 스트레스로 다가오고

서서히 더 큰 병으로 확대되어 갈 수 있다는 것입니다. 퇴직 후 바라보는 부부의 시각 차이가 그만큼 크다는 것을 나타내는 말입니다. 나는 아니겠지 라고 느끼는 것은 남편의 대단한 착각이라는 것입니다.

예정자 : 그렇군요. 남자로써 받아들이기 싫지만 상당히 일리 있는 말로 들이는군요. 그럼 퇴직한 남편은 어떤 마음을 먹어야 할까요?

서로를 독립된 개체로 인정해야 그때가 부부

은준인 : 60세 정년을 맞는 한국 남성에게 한번 물어 봤습니다. 우리가 지금 100세 시대에 살고 있다고 하는데, 퇴직 후 가장 하고 싶은 것을 버킷리스트에 적어보라고 했습니다. 거의 전부가 첫 번째로 나오는 것이 고생한 아내와 단둘이 해외여행을 가는 것을 대부분 쓴다는 것입니다. 저 또한 퇴직 전에 '브라보! 마이 라이프'라는 은퇴준비 프로그램에 참여해 교육을 받을 때 버킷리스트에 세 가지 하고 싶은 일을 적으라는 주문을 받은 적이 있는데요. 저도 첫 번째로 그걸 적었거든요. 그런데 중요한 것은 아내들에게 물어보면 아내들은 남편 없이 친구들이나 자식들과 같이 해외여행을 다니고 싶어 하지 남편과 단둘이 해외여행 가고 싶지 않다는 것입니다. 남자

입장에서 보면 슬픈 얘기이지만, 어째든 세상은 이미 이렇게 변해 있다는 것을 인정해야 합니다. 그래서 한 울타리 내 살고 있는 부부지만 실제로는 각자가 독립된 하나의 개체로 봐야 한다는 것입니다. 너의 세계와 나의 세계를 각자가 서로를 인정해 줄때 노후로 향하는 부부 관계가 원만해 질 수 있다는 것은 아주 분명해 진 것 같습니다.

예정자 : 그렇군요. 그런데 그것이 봉사를 가정에서부터 출발하라는 말과 무슨 관련이 있는지요?

은준인 : 퇴직 후 가정으로 돌아 온 남편은 또 다른 모습의 구성원으로써 노력을 다할 필요가 있다는 말입니다. 그동안 여성이 지켜 온 가정의 틀을 무너트려서는 아주 곤란하다는 것이죠. 내가 이제 임무를 마치고 돌아 왔으니 내 중심으로 다시 새로운 틀을 은연중에 만들려는 시도는 아주 위험하다는 것입니다. 그래서 퇴직한 남편은 가정의 새로운 모습의 참여자로써의 남편 또는 아버지의 모습을 보여 주어야 하고 그것은 바로 가정에 대한 봉사의 형태로 나타내는 것이 아주 자연스럽다는 말씀입니다. 특히 아내에 대한 봉사는 인생2막을 시작하는 입장에서 가정에 대한 매우 의미 있는 약속이 아닐 수 없습니다.

예정자 : 그럼 가정에 대한 봉사는 어떻게 해야 하는 것이 가장 좋다고 생각하십니까?

은준인 : 가정에 대한 봉사 또한 구체적 형태로 나타나는 것이 중요한데요. 구체적으로 봉사할 아이템을 정하고 디클레어(Declare) 즉 선언을 통해서 하는 것이 좋다는 것입니다. 그냥 잘 봉사하겠다는 막연한 선언이 아니고 내가 가정을 위해, 내 가족을 위해, 내 아내를 위해 무엇을 할 것인지 구체적으로 선언을 하고 진행하는 것이 좋다는 것입니다.

예정자 : 봉사도 내용을 구체적으로 정해서 선언을 하고 하라는 말씀이 아주 인상 깊게 들리는 군요. 그래서 소장님은 첫 번째로 어떤 아이템을 선언하시게 되었나요?

은준임 : 저는 봉즐삶의 첫 번째 대상자로 아내를 선택했습니다. 그동안 회사생활을 핑계로 소홀한 점이 많았는데 퇴직 후라도 아내를 위해 조금이라도 봉사하겠다는 마음으로 아내를 위한 아이템을 개발하게 되었습니다. 처음에는 어떤 종류의 봉사를 할까 마땅히 떠오르는 게 없어서 고민을 많이 했는데요. 한 번씩 제가 음식을 만들어 줄 때마다 아주 행복해 하는 것을 보고 바로 이거구나 싶더라고요. 그래서 저의 실천형 버킷리스트 1번 아이템으로 넣고 심층적으로 진행하기로 결심하게 되었죠. 1번이 주는 의미라는 것이 있죠. 그래서 제가 가장 소중하다고 느끼는 부분에 대한 실천 아이템을 1번으로 선정하여 저의 실천형 버킷리스트에 첫 아이템으로 넣게 되었던 것입니다.

나의 실천형 버킷리스트 1번 아이템이 뭘까?

예정자 : 버킷리스트 1번 아이템이라고요?

은준인 : 그런데 저는 그냥 '버킷리스트'가 아니고 '실천형 버킷리스트'라고 칭하고 있습니다. 꼭 실천할 의지를 담은 버킷리스트라는 뜻입니다. 저의 실천형 버킷리스트 1번 아이템은 '죽을 때까지 아내에게 500가지 음식 만들어 주기'로 정했습니다. 500가지가 너무 많지 않을까 고민도 했습니다만 그래도 100세 시대인데 최선을 다해 한 번 도전해 보자 생각했죠.

예정자 : 와우! 죽을 때까지 500가지를요? 놀랍네요. 그래서 구체적으로 어떻게 진행하셨나요?

은준인 : 저는 이것부터 제대로 한번 해보자라고 마음먹고 우선 아내가 좋아하는 양식요리와 빵을 위해 양식조리사와 제빵 국가자격증을 취득하여 본격적으로 아내와 가족을 위해 음식 만들기를 진행하게 되었습니다. 첫 작품이 햄버거 스테이크를 만들기를 시작하였는데요. 그때 아내와 아이들이 맛있다고 햄버거 가게 차리자고 한 모습이 지금도 생생합니다.

예정자 : 정말 맛있었던 모양입니다. 그래서 지금까지 음식을 몇 개나 만들었나요?

은준인 : 현재까지 약 200개 후반부를 달리고 있는데요. 아직까지 500개까지 갈려면 갈 길이 멉니다.

예정자 : 500가지 음식 만들기, 정말 대단하시네요. 저는 라면 끓인 것 외에는 한 게 없는 것 같은데. 그런데 이걸 진행하시다보면 여러 가지 기억 남는 일들이 많으실 것 같은데요. 가장 기억에 남는 일이 있다면 무엇일까요?

은준인 : 가장 기억에 남는 일은 제 환갑 때 제가 직접 혼자서 음식을 만들어 이곳 아지트에 준비해놓고 가족들을 이곳으로 초대해서 조촐한 환갑 파티를 열었던 일인 것 같습니다. 그날 음식은 스테이크를 준비했고요. 빵도 가족 수대로 애플파이를 직접 구워 준비했는데 가족 모두가 감동을 받았던 것 같습니다. 자기 환갑날 자기가 직접 음식과 빵을 만들어 초대한 사람은 이 세상에서 처음 있는 일일 거라고 아내가 크게 감동을 받았던 것 같습니다. 물론 저에게도 무척 의미 있는 자리였습니다.

예정자 : 본인 환갑인데 손수 음식과 빵을 만들어 가족을 초청해서 식사자리를 준비하셨다고요. 정말 대단하십니다. 아무튼 500가지 음식이 잘 이루어지기 바랍니다. 그럼 소장님! 이제 두 번째 원칙으로 가보도록 하겠습니다. 두 번째 원칙은 무엇입니까?

육체적 봉사만이 봉사가 아니다

은준인 : 두 번째 원칙은 지역사회에 대한 봉사방법은 다양하다

는 것입니다. 그래서 각자 자기에 맞는 특색 있는 봉사활동을 찾자는 것입니다. 이 말의 요지는 우리는 통상 봉사라고 하며 꼭 육체적 활동을 통해서 하는 것만을 주로 생각하기 쉬운데요, 육체적 봉사만이 봉사가 아니라는 것입니다. 봉사의 방법은 상상 이상으로 매우 다양하다 볼 수 있습니다. 특히 퇴직 후에는 자기의 능력과 경험 등을 십분 활용한 다양한 방법의 봉사활동을 찾는 것도 매우 의미 있는 일이라 할 수 있습니다. 예를 들면 경찰공무원으로 퇴직했다면 어린이 교통안전과 관련된 봉사활동을 찾는 등 각자의 관심거리, 능력, 취미, 특기, 경험 등과 연관된 참신한 봉사 아이템을 찾아 활동하는 것이 매우 의미 있다는 것입니다.

예정자 : 그렇군요. 각자의 능력이나 경험과 연관된 봉사활동을 찾으라는 말씀인데요. 그럼 소장님도 이런 봉사활동을 하시는 게 있으신가요?

은준인 : 먼저 누구나 다 자기가 가진 취미, 능력, 경험 등을 잘 살린다면 좋은 봉사활동을 할 수 있다는 말씀을 드리면서요. 제 사례를 조심스럽게 말씀드리겠습니다. 저에게도 제 관심거리나 능력을 이용한 봉사 아이템이 몇 개 있는데요. 제가 말씀드린 끝도삶 5가지 원칙 중 2번째 원칙인 퇴직 후 SNS를 이용한 소통공간을 활용하라는 말씀을 드리면서 네이버 밴드에 대한 부분은 나중에 봉즐삶 부분에서 자세히 말씀드리겠다고 했는데요.

그게 바로 지금 이 내용입니다.

예정자 : 네이버 밴드와 봉즐삶, 어떻게 연결될까요?

단일지역 최고의 먹거리 밴드가 이곳에 있다니!

은준인 : 저는 제가 진행하고 있는 여러 가지 많은 일들을 네이버 밴드를 통해서 관리하고 있는데요. 그 중에서 대형 밴드를 만들어 현재 10년 가까이 운영하고 있는 것이 있습니다. 처음에는 가족 네 명이 시작한 조그만 가족 밴드였지만, 지금은 아마도 국내 단일 지역 내 최고의 대형 먹거리 밴드로 자리 잡게 되었습니다. 이 밴드는 경주지역에 있는 음식점만을 소개하는 '경오묵' 이라는 밴드인데요. 경오묵은 '경주에서 오는 뭐 묵노?'를 경주사람들 사투리로 말한 것입니다. 이것을 3자로 줄여서 '경오묵'이라고 부르고 있습니다. 경주에서 음식점을 하시는 분들은 거의 다 아실 테고요. 관심 있는 시민들도 대부분 아실 것이라 생각됩니다. 그런데 그 밴드 운영자가 저라는 사실을 아시는 분들은 제 가족과 가까운 지인 몇 명을 제외하고는 거의 없을 것입니다.

예정자 : 경주에서 오는 뭐 묵노?를 줄여서 '경오묵'이라 한다고요. 단일지역 국내 최고의 대형밴드라 하셨는데 얼마나 많은 사람이 가입되어 있으며 또 어떤 방식으로 운영

되고 있나요?

은준인 : 약 2만 명 정도가 가입되어 있습니다. 처음에는 대부분 경주 시민들 중심이었는데 최근에는 오히려 관광객들의 가입이 훨씬 많아졌습니다. 이 밴드는 오직 경주에 있는 음식점만을 대상으로 고객들이나 또는 회원으로 가입된 직접 운영하시는 사장님들이 홍보 글이나 리뷰를 남기면서 그 정보를 가입된 모든 사람들이 함께 공유하는 밴드입니다. 누군가 글을 올리면 순식간에 1,000여 명 정도는 쉽게 보는 엄청난 홍보 효과가 있는 대형밴드라 할 수 있습니다.

예정자 : 2만 명이요. 정말 홍보효과가 크겠군요. 소장님께서는 어떻게 이러한 밴드를 계속 운영하게 되셨는지 궁금합니다.

은준인 : 말씀드렸듯이 처음에는 저도 가족 4명이 외식을 다녀온 후 음식점 사진 등을 가족 밴드에 올려서 단순히 추억을 남기려는 목적이었죠. 주위에서 사람들이 이걸 보고 재미있다고 자꾸 가입시켜 달라고 해서 한 명 두 명 가입하기 시작한 것이 이렇게 확대가 되었습니다. 제가 이 밴드를 운영하는 일차적 취지는 회원 모두에게 건강한 외식문화 정보를 공유하자는 취지가 가장 컸고요. 다음은 어려운 지역경제 상황 하에서 어렵게 장사를 하시는 요식업 소상인분들에게 조금이라도 도움을 드리고자 하는 취지입니다. 나아가 이 경오묵 밴드를 통해 관

광도시 경주의 관광 활성화에도 기여하고자 하는 바람으로 계속 진행하게 된 것 같습니다. 요즘 젊은 관광객들 사이에는 경주 갈 때는 경오묵만 보면 먹는 것은 걱정 안 해도 된다는 말이 나온다고 합니다. 저는 이러한 활동을 위해서 하루에도 상당한 시간을 밴드관리를 위해 할애해야하지만 이런 활동이 저에게는 얼굴 없는 하나의 중요한 봉사 활동이라고 생각합니다.

예정자 : 경주의 관광에도 기여하는 정말 멋진 봉사활동이군요. 저도 밴드에 가입해 다음에 가족과 경주에 올 때 활용해야겠어요. 그럼 마지막 세 번째 원칙은 무엇입니까?

은준인 : 봉즐삶의 3번째 마지막 원칙은 퇴직 후 지역사회에 대한 지역봉사는 정기적이고 규칙적으로 참여하라는 얘기입니다. 제가 현직에 있을 때는 회사의 스케줄에 따라 주기적으로 봉사활동 참여가 그리 어렵지 않았는데요. 퇴직 후에는 이러한 주기적 지역봉사 참여가 크게 마음을 먹지 않으면 쉽지 않다는 얘기입니다. 퇴직 후에 하는 지역봉사 활동이 얼마나 큰 의미가 있겠느냐는 생각이 드시겠지만 퇴직 후의 삶이 보다 품격 있고 건강하게 느껴지기 위해서는 이러한 주기적이고 규칙적인 봉사활동은 너무도 중요한 역할을 한다는 것입니다.

예정자 : 퇴직 후의 삶이 보다 품격 있고 건강한 삶으로 느껴지기 위해서는 지역사회에 대한 봉사를 주기적으로 참여

해야 한다는 얘긴데요. 소장님이 생각하시는 퇴직 후의 지역봉사활동은 어떤 것들이 좋을까요?

은준인 : 글쎄요. 이런 것들은 딱 정해진 게 아닙니다. 제가 아까 말씀드렸지만 자기의 경력이나 특기 또는 선호하는 취미활동 등을 고려하여 선택하시는 것이 좋다고 생각이 되는데요. 사실상 이러한 지역봉사 활동 방법은 주위에 얼마든지 찾을 수 있습니다. 예를 들면 집에서 가까운 지체장애자 시설이나 노인요양센터, 아동센터, 무료급식소 등에서 하는 노력봉사나 공연연주, 마술지도 등의 재능 봉사, 지역에서 거행되는 각종행사 등에 자원하여 활동하는 자원봉사 등 자기의 취향과 시간 등을 고려하여 결정하시면 되겠습니다. 그래도 결정하기가 어려운 사람들은 각 지역의 자원봉사센터에 문의하시면 충분한 잘 안내해 주시리라 생각이 됩니다. 그리고 이러한 봉사활동은 가급적 단독으로 활동하시는 것보다는 관심 있는 봉사단체에 가입하여 회원들과 함께 활동하시는 것이 지속적으로 진행될 수 있는 좋은 방법이라 생각됩니다.

예정자 : 정말 다양한 활동이 가능하겠습니다. 그런데 퇴직 후에 이러한 사회봉사 활동에 참여하는 것이 왜 중요할까요?

은준인 : 좋은 질문입니다. 사실 저도 퇴직 후에 점점 나이도 들어가는데 이러한 봉사활동을 꼭 해야 하는지 생각을 많

이 해 봤습니다만 이러한 봉사활동은 퇴직자들에게는 절대적으로 필요하다는 것을 제 경험을 통해 너무도 크게 느꼈습니다. 저는 여기에는 두 가지 목적이 있다고 생각이 듭니다.

예정자 : 퇴직 후 봉사활동에 두 가지 목적이 있다고요?

은준인 : 그렇습니다. 첫 번째는 우리들의 퇴직 후의 삶의 모습입니다. 일전에 말씀드렸듯이 저는 퇴직 후 저의 가장 이상적인 삶의 모습을 최종적으로 품격 있는 삶의 모습을 추구하며 살아가야겠다고 마음을 먹었는데요. 품격 있는 삶을 이루려면 꼭 필요한 것이 바로 타인에 대한 봉사가 뒷받침되지 않으면 안 된다는 생각이 들었습니다. 그것은 가정에서 부터 출발하여 지역사회에 까지 확대하여 규칙적이고 정기적으로 참여하는 것이 필요하다고 생각이 됩니다. 그러면 본인의 삶이 상당히 훈훈해질 것입니다. 그게 삶의 품격이 아니겠습니까?

예정자 : 그렇군요. 품격 있는 삶을 위한 봉사 활동, 정말 멋있습니다. 그럼 퇴직 후에 사회봉사 활동에 참여해야하는 두 번째 이유는요?

은준인 : 두 번째 이유는 제가 봉사 활동을 통해서 느낀 점입니다. 사실상 저는 퇴직하고 나서 60이 넘었으니까 이제는 제법 나이를 많이 먹었다고 생각을 했습니다. 물론 육체적으로나 정신적으로는 그리 늙었다고는 생각되지는 않았지만 그래도 나이는 이제 나도 제법 많이 먹었

다고 생각을 한 거죠. 그런데 사회봉사활동을 진행하고 나서 이런 생각이 싹 사라져 버렸습니다. 이러한 봉사 활동을 통해 제가 얼마나 젊은지를 새삼 알게 되었다는 것입니다. 또한 더 중요한 것은 내가 해야 할 일들이 아직도 많구나 하는 생각 또한 크게 느끼게 되었다는 것입니다.

예정자 : 봉사활동을 통해 나이도 싹 잊고 또 해야 할 일도 많다고 느끼셨다는데, 소장님은 어떤 봉사활동을 하는지 궁금합니다.

<u>메인 설거지가 내 봉사의 완내스!</u>

은준인 : 또 제 경우를 말씀드리지 않을 수 없군요. 실제로 더 열심히 하시는 분들이 너무나 많으셔서 제 사례를 말씀드릴 때마다 항상 조심스러운 부분이 있습니다. 하지만 강의 목적 상 말씀드리겠습니다. 저는 퇴직 후 지역사회에 나가서 제가 직접 할 수 있는 정기적인 봉사활동을 찾다가 과거 현직 때 참여한 경험이 있는 경주 시내권에 있는 '이웃집'이라는 무료급식소를 선택했습니다. 정년퇴직을 하면 꼭 정기적으로 나와서 봉사를 하겠다고 약속을 한 적이 있었는데요. 그 약속을 스스로 지키고 싶어 퇴임식 그 다음날 등록하여 당장 봉사를 시작

했죠.

예정자 : 스스로 약속을 지키시기 위해 퇴직한 다음날 등록하셨다니 대단합니다. 무료급식소에선 어떤 활동을 하시는지, 또 요즘 무료급식소 상황은 어떻습니까?

은준인 : 제가 봉사하는 그곳은 경주지역의 불우한 이웃들에게 점심을 제공하는 무료급식소인데요. 매일 이백여명 정도 분들이 다녀가시는 곳입니다. 저는 코로나 이전에는 매주 토요일 날 하는 국수 봉사활동에 참여하였는데요. 모두들 아침 일찍 나와 각종 재료를 준비하고 육수도 끓이고 그리고 시간에 맞춰서 국수를 삶아 제공을 해야 하는 활동이었습니다. 그 무료급식소는 코로나로 잠시 중단되었다가 다시 운영되고 있는데요. 요즘은 토요일에 하는 국수 봉사가 없어지고 평일에만 운영되고 있습니다. 매일 약 스무 분 정도의 봉사자들이 나오셔서 봉사를 함께 하고 계십니다. 점심 때 제공할 음식을 만들고 설거지와 정리를 마치고 오후에 복귀하는 스케줄입니다. 사회적 거리두기 해제 이후에는 전 매주 금요일에 날을 잡아 나가고 있는데요. 그곳에서의 제 보직은 메인 설거지입니다.

예정자 : 메인 설거지라고요? 대량 설거지라 일이 많을 텐데.

은준인 : 예, 메인 설거지가 그곳에서 하는 제 역할인데요. 설거지는 통상 3인이 1조가 되어 하고 있는데 그 중에서도 핵심은 바로 메인 설거지입니다. 뜨거운 물로 식기를 1

차로 세척하는 보직이죠. 겨울에는 그나마 낫지만 여름철에는 땀이 비 오듯 합니다. 다 마치고 나면 온몸이 항상 땀으로 흠뻑 젖습니다. 짧은 시간에 많은 양의 설거지를 소화해야 하기 때문에 엄청난 힘과 스피드가 요구되는 보직이지만 전 처음부터 그 보직을 사수하고 있습니다. 다 마치고 나면 너무도 행복합니다. 처음에는 다소 어색함도 있었지만 매주 빼먹지 않고 꾸준히 하다 보니 하나의 삶으로 완전 자리가 잡히고 봉사하는 날이 기다려지기까지 하게 되었습니다. 중간에 코로나19로 인해 전면 중단이 되어 버린 상황이 있었는데 그때 오시던 분들이 식사를 거르지 않고 잘 하고 계실지 걱정이 많이 되었습니다. 다시 재개되어 정상적으로 돌아가게 되어 정말 다행입니다.

예정자 : 코로나 19가 봉사활동도 금지시킨 상황이었군요. 다시 재개 되었다니 정말 다행입니다. 큰 보람을 느끼시겠어요?

은준인 : 예. 저도 퇴직을 하고 인생2막을 살고 있지만 그곳에 가서 어르신들을 뵈면 제가 아직도 얼마나 젊고 또 해야 할 일들이 얼마나 많은지 느끼게 됩니다. 이렇게 봉사활동을 할 수 있다는 것 자체가 큰 행복이라는 삶의 소중함도 배웁니다.

예정자 : 그러시군요. 정말 다양하고 의미 있는 활동으로 꽉 찬 인생이십니다. 지금까지 봉즐삶까지 은퇴준비 4영역에

대한 이야기를 잘 들었습니다. 종합하는 의미에서 은퇴 준비 4영역을 다시 한 번 정리해주시죠.

은준인 : 예, 저는 지금까지 취준생과 마찬가지로 성공적인 은퇴 시기를 위해서는 은퇴를 잘 준비하는 사람 즉 은준인이 되어야 한다고 말씀드렸는데요. 이러한 은퇴준비는 네 개의 영역에서 각각 균형 있게 먼저 갖추어져야 된다고 말씀 드렸습니다. 그 첫 번째가 혼자서도 잘 즐기는 삶에 대한 준비, 즉 '혼즐삶'이고요. 두 번째는 함께 잘 즐길 수 있는 삶에 대한 준비, '함즐삶'이고요. 세 번째는 끝없이 도전하는 삶에 대한 준비 즉 '끝도삶'을 설명했고요. 마지막으로 봉사를 즐기면서 사는 삶에 대한 준비, 즉 '봉즐삶'이 되겠습니다. 우리는 이 네 가지 삶에 대해 각각의 원칙을 부끄럽지만 제 사례를 중심으로 설명을 드렸습니다. 이러한 인생준비가 꼭 퇴직자들에게만 해당 되는 일이 아니라는 것을 이제는 많은 분들이 아시고 따라하고 계십니다.

예정자 : 정말 그렇군요. 퇴직자가 아니더라도 누구나 이 방법에 따라 진행하면 삶의 질이 완전 달라질 것 같군요.

은준임 : 맞습니다. 이 원칙은 퇴직자만이 해야 되는 내용이 아닙니다. 누구나 다 실천 가능한 삶의 질을 바꾸는 실전 가이드라인이 된다는 것을 아셨으면 합니다. 자! 그럼 이제 이렇게 준비된 틀 위에 자기의 핵심 미래가 될 자기 핵심브랜드, 즉 셀프 코아 브랜드(Self-core brand)를

어떻게 구축하는지에 대해 설명 드리도록 하겠습니다.

예정자 : 지금부터는 자기핵심브랜드에 대해 말씀해 주신다고요. 무척 궁금합니다.

은준인 : 궁금하시죠? 제 강의의 엑기스 중 엑기스입니다.

대 화 6

자기핵심브랜드를 창출하라

<Self-core brand>

은준인 : 지금부터는 자기핵심브랜드, 즉 셀프 코어 브랜드(Self-core brand)에 대해 얘기해 볼 건데요. 제 저서 은준인의 내용 중 가장 핵심적인 부분이 되겠습니다. 그래서 우리는 우선 자기핵심브랜드가 뭔지, 그 개념부터 잘 이해하는 게 필요합니다.

예정자 : 그렇죠. 그럼 자기핵심브랜드라는 것은 어떻게 정의할 수 있을까요?

은준인 : 자기핵심브랜드는 퇴직 후 맞이하게 되는 은퇴시기에 대비하여 각자가 가장 추구하고 싶어 하는 핵심적인 일을 새롭게 만들어내어 이것을 자기 브랜드화 시키는 것이라고 정의할 수 있습니다. 그런데 여기에서 중요한 개념은 핵심적인 일을 그냥 찾아내는 것이 아니라 새롭게 만들어 낸다는 개념이 중요한데요. 한자로 된 우리 단어 중에 창출(創出)이라는 단어, 즉 영어로는 크리에이션(Creation)라는 개념이 가장 적합할 것 같습니다.

예정자 : 조금은 어렵게 들리는데요. 좀 더 쉽게 설명해 주시면 좋겠습니다.

은준인 : 좀 더 쉽게 설명해 보겠습니다. 퇴직 후 우리가 맞이하는 인생 2막을 위해, 자기에게 적합한 자기 일을 찾아 이것이 자기의 핵심적인 일이 되도록 새롭게 만들어 간다는 말씀입니다. 즉 2단계로 나눠보면요. 첫 번째는 자기에게 맞는 적합한 자기 일을 찾는 과정이 필요하고요. 두 번째는 이것을 자기의 핵심적인 일이 되도록 새

롭게 만들어 가는 과정이 필요하다는 얘기입니다. 그런데 우리의 대부분은 지금까지 은퇴를 준비한다고 하면서 이런 과정을 전혀 거치지 않고 은퇴시기를 맞이했다는 얘기입니다. 그러니까 당연히 퇴직자들이 퇴직 후 은퇴시기에 방향을 못 잡고 방황하게 되는 것입니다. 만일 이 두 과정을 거친다면 누구나 자기의 핵심브랜드를 쉽게 찾아내어 인생 2막을 더 멋지고 품격 있게 살아갈 수 있다는 것입니다.

예정자 : 자기핵심브랜드를 만들기 위해 두 단계가 필요하다는 말씀이군요.

취준생은 하는데 은준인은 안하는 것?

은준인 : 그렇습니다. 한번 상상해 보십시오. 그런 과정을 거쳐 준비를 한 사람과 그러지 않은 사람을 한번 비교해 보십시오. 아마도 아주 큰 차이가 있을 것입니다. 그런데 우리는 굉장히 큰 착각 속에 살고 있다고 생각되는데요. 그렇게 과정을 거쳐서 준비한 사람이 아주 뛰어나고 특별난 사람이라고 생각하는데 전 그렇게 생각하지 않습니다. 어쩌면 그건 아주 당연하게 되어야 되는 것이고요. 반대로 그런 과정을 거치지 않고 퇴직 후 방향성 없이 방황하는 분들이 오히려 바람직하지 않다는 말

씀을 드리고 싶습니다. 다시 말씀드리면 그것은 마치 취준생, 즉 취업준비생이 취업을 위해 학교나 전공, 학점은 물론이고. 인턴, 자격증, 공모전, 해외연수, 봉사활동 심지어 성형수술까지 해서 취업에 대한 도전장을 내밀게 되는데 이러한 준비가 전혀 되어 있지 않은 사람이 그냥 좋은 직장만 구하겠다는 것과 별로 다를 것이 없다고 생각합니다. 이렇듯 은준인도 기본적인 은퇴준비 과정을 갖추려고 노력하는 것은 우리의 은퇴생활을 위해서는 꼭 필요한 일이라는 것입니다.

예정자 : 취준생처럼 은준인도 은퇴시기에 대비한 자기 일을 찾고 새롭게 만들어 가는 준비 과정을 거쳐야 된다는 얘기이군요. 그럼 왜 우리는 이러한 핵심브랜드를 갖는 것이 필요한가요?

은준인 : 우리는 우리 모두에게 닥칠 노후를 몹시 불안해하고 있습니다. 그 원인을 분석해 보면 3가지 요소가 있는데요. 첫 번째가 돈이고 두 번째가 건강, 그리고 마지막 세 번째는 외로움입니다. 많은 사람들이 충분히 공감할 수 있는 말이라 생각이 됩니다. 그럼 이에 대한 대응책이 필요한데 이에 대비한 최선의 방법은 과연 무엇일까요? 그 정답은 바로 일이라는 것입니다. 그런데 대부분 퇴직자들이 반평생을 쭉 일을 해 왔는데 퇴직 후에 그냥 아무 일이나 매달려 할 수는 없지 않습니까? 그리고 더 이상 단순히 보이기 위한 일을 찾아서도 안 되고

요. 적어도 내 자아를 그나마 충만하게 충족시켜 줄 수 있는 그러한 일을 찾아야 한다는 것입니다. 그래서 자기에게 적합한 일을 찾는 과정이 필요한 것이고 그것이 자기의 핵심적 일이 되도록 새롭게 만들어 가는 과정도 필요하다는 것입니다. 결국 그것이 바로 자기 은퇴시기를 책임질 인생 2막의 새로운 직업도 될 수 있고 직업이 아니더라도 자기가 추구하는 소중한 일이 될 수 있다는 것입니다.

예정자 : 그러면 왜 퇴직자들은 이러한 은퇴준비, 그중에서도 특히 자기핵심브랜드를 만드는 일에 소홀하게 되는 걸까요? 모든 퇴직 예정자들이 자기만의 핵심브랜드를 잘 만들어 가기를 바랄 것 같은데요.

은퇴준비 실전 지침서를 쓰게 된 이유는?

은준인 : **아주 중요한 질문입니다.** 제 생각에는 지금까지 그럴 여건이 안 갖춰졌다는 것과 또 어떻게 준비해야 하는지에 대한 방법을 잘 몰랐던 거라 생각합니다. 즉 사회구조적으로 우리에게 은퇴준비에 대한 여유 시간을 주지 않았던 것입니다. 우리 바로 위의 선배들만 보더라도 그냥 퇴직하기 전날까지 일하다가 회식 한번하고 그 다음날 정년퇴임식 행사 마치고 집으로 가야 하니까요. 준

비할 틈도 없었고 또 하려고 해도 어떻게 준비해야 되는 줄도 몰랐다는 것입니다. 왜냐하면 준비하려고 해도 뭘 어떻게 준비해야 하는지에 대한 가이드라인을 제시한 마땅한 실전 지침서가 없었기 때문입니다. 그것이 바로 제가 은퇴준비 실전 지침서라 할 수 있는 '은준인(隱準人)'이란 책을 쓰게 된 이유입니다.

예정자 : **그렇군요. 공감합니다. 저도 그걸 느꼈습니다. 그러니까 누군가 은퇴준비를 하려고해도 여건이 마련되지 않았고, 또 실질적인 마땅한 가이드라인이 없다는 얘기군요. 그럼 소장님! 과거에는 퇴직자들이 어떻게 은퇴준비를 했을까요?**

은준인 : 준비는 무슨 준비! 특별난 사람 일부를 제외하고는 모두 한마디로 백수가 된 거죠. 기업이나 공무원, 공기업에 다니다가 하루아침에 백수가 되어, 동남아 신세가 되는 경우를 많이 봤습니다. 동남아 즉 동네에 남아있는 아이들이랑 노는 신세가 된다는 거죠. 그래서 그러지 않기 위해 어떻게 하느냐? 제일 쉬운 방법으로 재취업을 선호하게 되는 것입니다. 최근 통계에 의하면 퇴직 후 가장 선호하는 구직방법은 재취업이 81.4%이고요. 창업이 16.6%, 무급가족봉사가 2%로 나타나듯이 퇴직자는 당연히 재취업을 선호하고 있습니다. 그런데 주로 전문성이 있는 직종들이 같은 업종에 재취업을 하게 될 확률이 가장 크다고 볼 수 있습니다.

예정자 : 그렇군요. 충분히 일할 나이이니까 재취업을 선호하게 되고 특히 전문성이 있는 직종의 경우 그 분야로 재취업하면 좋지 않습니까?

은준인 : 재취업하는 것이 잘못되었다는 말씀을 드리려는 게 아니고요. 재취업을 하실 수 있는 분들은 당연히 재취업을 하셔야죠. 그런데 중요한 것은 재취업 할 자리가 그리 많지 않기 때문에 대부분의 사람들이 재취업 하는 것이 무척 어렵다는 것입니다. 특히 저처럼 사무직에 종사한 사람들은 거의 불가능하죠. 그런데 또 중요한 부분이 있습니다. 설사 재취업을 하더라도 그 기간이 대부분 2~3년간 정도로 한정적이라는 것입니다. 그런데 제가 연구 과정에서 파악해 본 결과, 재취업의 이유가 경제적 이유보다 더 중요한 이유가 있다는 것을 알게 되었습니다.

예정자 : 재취업이 경제적 이유보다 더 중요한 이유가 있다고요?

퇴직자가 재취업하려 애쓰는 진짜 속 뜻 알고 보니!

은준인 : 그렇습니다. 물론 퇴직 후라도 재취업을 해서 누구나 돈을 더 벌고 싶어 하겠죠. 그런데 사실은 그것보다 더 중요한 이유는 바로 은퇴준비가 제대로 안되어 있기 때문이라는 것입니다. 은퇴준비가 안되어 있으니 퇴직 후

당장 뭘 어떻게 해야 되는지 모르기 때문에 퇴직이 다가오면서 점차 두려운 거죠. 특히 가족으로부터 지금까지 노력해서 지켜온 가정에 대해 자기 위상이 무너질까 두려움이 생기게 되죠. 그런데 여전히 가족으로 부터 인정을 받고 싶은 마음을 누구나 가지고 있습니다. 내가 30년 이상 이렇게 가족을 위해 열심히 살아 왔는데 퇴직 후에도 재취업하여 더 열심히 살지 않느냐! 나는 아직도 건재하다! 대충 이런 메시지를 주고 싶은 것입니다. 그래서 더욱 더 재취업을 희망하는 것입니다. 물론 거기에는 나쁜 의도가 전혀 없습니다. 그런데 그 기간이 그리 오래 가지 않기 때문에 재취업을 해서 현역기간이 다소 연장되더라도 결국은 곧 퇴직을 해야 하고 은퇴를 맞이해야 한다는 것입니다. 결국 은퇴 준비는 언젠가 필요한 것이고 그 준비 시기는 빠르면 빠를수록 좋다는 말씀을 드리고 싶습니다.

예정자 : 그렇군요. 그럼 소장님! 자기핵심브랜드는 어떻게 만들어져야 하나요?

은준인 : 가장 중요한 문제입니다. 결론부터 간단히 말씀 드리면 우선, 우리가 알아야 될 것은 자기핵심브랜드를 찾기가 쉽지 않다는 것입니다. 그냥 어느 날 갑자기 하늘에서 떨어지는 것이 아닙니다. 그것은 균형 있는 삶의 준비 과정에서 탄생될 수 있고 그 균형 있는 삶의 준비 과정은 바로 은퇴준비 4영역에 대한 준비가 잘 갖춰져야 한

다는 것입니다. 이를 통해서 자기핵심브랜드가 만들어 질 수 있는 것입니다.

예정자 : 그렇군요. 은퇴준비 4영역과 자기핵심브랜드가 연결되는 군요.

은준인 : 그렇습니다. 혼즐삶, 함즐삶, 끝도삶, 봉즐삶에 대한 준비를 통해 보다 안정되고 균형감 있는 삶의 바탕 하에서 자기가 추구해야 할 방향을 찾고, 그것을 자기 것으로 새롭게 만들어 창출해 나갈 때 자기핵심브랜드가 형성되고 이것이 제2의 직업으로도 확대해 나갈 수 있다는 것입니다. 결국 자기가 좋아하고 잘 할 수 있는 일을 찾아 오랫동안 지속하게 하자는 말인데 이것이 창업이나 재취업과는 결을 달리하는 방향입니다.

예정자 : 그렇군요. 이해가 많이 되네요. 그럼 이제는 본격적으로 이러한 자기핵심브랜드를 어떻게 만들어 가는 지에 대한 설명이 필요할 것 같은데 절차 같은 것이 있나요?

자기핵심 브랜드 구축 방법 5단계, 모르면 어때!

은준인 : 물론 있습니다. 저는 일반인들이 자기핵심 브랜드를 구축하는 방법을 5단계로 나누어 설명하고 있습니다. 그 첫 번째 단계가 은퇴준비 4영역에 대한 세부 설계단계이고요. 두 번째 단계는 각 영역에 대한 구체적 시행단

계, 세 번째는 관심 있는 분야에 초점을 맞추는 집중화 단계, 네 번째 단계는 선택된 분야의 차별화 전략 구상 단계이며 마지막 다섯 번째는 이를 사업화, 상품화, 전문화시키는 자기핵심브랜드의 구축 단계로 구분 할 수 있다는 것입니다. 이제 그 단계별로 하나하나 설명해 보겠습니다.

예정자 : 첫 번째 단계를 은퇴준비 4영역에 대한 세부 설계단계라고 표현하셨는데 설명해 주시죠?

은준인 : 예, 1단계는 은퇴준비 4영역에 대한 세부 설계 단계입니다. 쉽게 말씀드리면 은퇴 후 자기가 진행할 4영역의 아이템을 찾는 초기단계라 할 수 있습니다. 퇴직 후 뭘 하고 싶고, 또 뭘 해야 하는지? 각 영역별로 얼마만큼의 구성 비율을 가져가면 되는지? 각 영역별 아이템인 액티비티를 실현 시키려면 어떻게 해야 하는지? 그 실행 기간은 얼마나 잡아야 하는지? 등 각 액티비티에 대해 구체적으로 어떻게 진행할지에 대해 구상을 하는 단계라 할 수 있습니다.

예정자 : 실행 방법은 이해가 되는데요. 그래도 구체적으로 어떻게 시작되어야 하는지에 대해서는 아직도 감이 잘 안 잡히네요.

은준인 : 그러시겠죠. 한 번도 그런 접근들을 해 본 경험이 없기 때문에 충분히 그럴 수 있습니다. 제가 많은 분들을 코칭하는 과정에서 그런 상황을 많이 접하게 되는데요.

그래서 저는 가급적 제가 실제로 진행한 구체적 방법을 전달하려고 노력하고 있습니다. 이 부분도 제가 사용한 툴(tool)을 말씀드려 보겠습니다. 우선 4영역의 자기 액티비티를 찾기 위해서는 큰 종이 위에 열십자 모양을 그려서 4등분으로 나눕니다. 그래서 네 등분된 것 중 왼쪽 위를 혼즐삶, 오른쪽 위를 함즐삶, 왼쪽 밑을 끝도삶, 오른쪽 밑을 봉즐삶이라 적으시고 각 영역 별로 액티비티를 하나씩 찾아나가면 됩니다.

예정자 : 그렇군요. 네 등분을 해서 각 영역별로 아이템을 찾아 적으라는 얘기군요.

은준인 : 그렇습니다. 그런데 처음에는 그게 쉽지가 않습니다. 그래서 이 작업은 며칠이 걸릴 수도 있습니다. 급하게 할 일이 아니고요. 천천히 신중하게 해야 합니다. 급하게 아무거나 선정하면 거기에 대한 시간과 경제적 손실을 잃을 수도 있습니다. 저는 처음에는 며칠 동안 두서너 개도 찾기 힘들었거든요. 한쪽 영역만 집중하지 마시고 각 영역을 골고루 보시고 2-3씩이라도 알찬 아이템을 고르시도록 노력해야 합니다. 그리고 이것은 한번으로 끝나는 작업이 아니고 앞으로 퇴직 후에도 계속해서 작업을 진행할 사항입니다. 그리고 이것은 중간에 언제든지 수정되기도 하고 중단되기도 하는 것입니다. 여기까지만 진행해도 아무런 계획 없이 은퇴를 맞이하는 사람과는 확연히 삶의 질이 차이가 날것입니다.

예정자 : 그럼 그렇게 4등분해서 각 아이템을 적기만 하면 될까요?

은준인 : 아닙니다. 자기가 각 영역별로 추구해야 할 액티비티를 생각해 보는 것만 해도 많이 달라질 거라 말씀드렸지만 그래서는 완성이 된 것은 아닙니다. 그래서 각 영역별 아이템에 대한 구체적 실행 방법을 간단히 기록할 노트를 준비해서 각 액티비티를 어떻게 진행시킬 것인가에 대한 검토내용을 기록해야 합니다.

예정자 : 실행계획을 간단히 기록할 노트가 필요하다는 말씀은 좋은데요. 뭘 어떻게 연구해서 뭘 기록해야 되는지 또 궁금해지군요?

액티비티 개발은 WILD하게!

은준인 : 그렇습니다. 굉장히 중요한 포인트입니다. 구체적 실행 방법으로 제가 즐겨 쓰는 팁을 소개해 드리겠습니다. 그것을 저는 은퇴준비 4영역 액티비티 발굴을 위해서는 '와일드(WILD) 법칙'을 사용하라고 말씀드리는데요. 와일드 법칙은 와일드의 영어 이니셜 네 자를 따서 진행하는 방식입니다.

예정자 : 실행방법을 와일드(WILD)법칙에 따라 하라는 말씀인데요. 그럼 구체적으로 어떻게 하라는 말씀인가요?

은준인 : 와일드 법칙은 무엇인가 도전할 때 제가 가장 용이하게 쓰는 방법인데요. 나중에 자세히 설명할 기회를 별도로 한 번 가져 보도록 하고요. 오늘은 간단히 하는 방법만 설명 드리겠습니다.

예정자 : 별도로 설명해 주신다고요. 그럼 와일드 법칙은 무엇입니까?

은준인 : 와일드는 영어 WILD의 합성어인데요. WILD의 첫 글자 W는 가장 먼저 해야 할 행동으로 Want 즉 원해야 한다는 것입니다. 무엇이든 간절히 원하는 일을 찾으라는 것입니다. 즉 자기가 뭘 원하는 지를 정확히 알아야 합니다. 자기가 뭘 원하는지 조차 대부분의 사람들이 잘 모른다는 것입니다. 저도 처음에는 그게 쉽지 않더라고요. 아무리 노력해도 도통 감이 잡히지 않았어요.

예정자 : 그래서 찾은 것이 무엇입니까?

은준인 : 제가 퇴직 후 가장 간절하게 원하는 것이 뭔지 고민하다 나중에 알게 된 것이 다름 아닌 퇴직 후 가족에게 음식 만들어 주기였습니다.

예정자 : 가족들에게 음식 만들어 주기가 가장 원하는 일이었군요. 그럼 2번째 I(아이)는 무엇입니까?

은준인 : I는 Imagine, 즉 상상하는 것입니다. 이때, 두 가지 것을 상상해야 합니다. 첫 번째는 자기가 원하는 일이 실현되었을 때의 기쁜 모습을 상상 해야 합니다. 다른 하나는 그 일을 이루기 위해서는 어떤 준비를 해야 하는

지를 상상해야 합니다. 제 경우 퇴직 후 가족들에게 음식 만들어 주기였으니까 그것이 완성되었을 때의 모습을 상상해 보니 정말 기분이 좋더라고요. 멋지게 요리도 해 주고 또 가족들에게 폼도 좀 잡고 칭찬도 좀 받고 싶었던 거죠. 그 다음 두 번째로 상상해야 될 일은 그 일을 하기 위해서는 어떻게 해야 할지를 상상해야 된다는 것입니다. 제 경우를 보면, 가족을 위해 음식을 만들어 주려면 요리를 배워야겠죠. 배우는 방법도 여러 가지가 있을 수 있습니다. 독학으로 배울 수도 있지만 학원을 다닐 수도 있고 지역에 있는 평생학습관 같은 곳에서 배울 수도 있겠죠. 제 경우는 국가자격증을 따서 확실히 배워 보겠다고 생각했습니다. 그럼 국가자격증을 따기 위해서는 어떻게 하지? 아! 학원을 다녀야겠구나! 그럼 어느 학원을 언제, 어떻게 다니지? 비용은 얼마나 들지? 등을 세밀히 알아보는 단계입니다. 이렇게 방향을 정한 후 실현 가능성이나 시기 등을 확정하여 세부 내용을 노트에 기록하고 한 가지 아이템으로 최종 결심을 하게 되면 실행 액티비티를 등재해야 하는데 등재하는 곳이 바로 '실천형 버킷리스트'가 되는 것입니다.

예정자 : 이런 단계를 거쳐 실천형 버킷리스트에 등재되는 군요.

은준인 : 그렇습니다. 저에게는 이 실천형 버킷리스트는 매우 의미 있는 툴로 활용되고 있는데요. 이것도 별도로 한번

설명을 드릴 예정입니다.

예정자 : 그럼 WILD의 세 번째 글자인 L은 무엇입니까?

은준인 : L은 Learn으로 배우기입니다. I의 Imagine에서 상상해서 나온 방법대로 실제 학습을 진행하는 것입니다. 이 학습은 모든 액티비티가 실현 가능토록 되기 위해 필수적으로 요구되는 중요한 사항입니다. 제가 실행에 옮긴 대부분의 액티비티가 길게는 몇 년, 짧아도 2-3개월은 모두 걸리기 때문에 이 부분을 소홀히 해서는 절대 안 됩니다. 사실상 이 단계를 통해 예상치 못한 여러 곳에서 자기핵심브랜드가 창출 되어 진다고 볼 수 있습니다. 은퇴준비가 왜 이렇게 많은 시간을 요하는지 한번 진행해보시면 쉽게 느끼게 되실 겁니다.

예정자 : 그럼 마지막 D는 무엇입니까?

은준인 : 마지막 D는 Declare 즉 선언하기입니다. 이 단계는 사실은 3번째 단계인 Learn 즉 배우기 단계와 거의 동시에 이루어진다고 볼 수 있습니다. 선언은 동기부여에 있어 매우 중요한 요소입니다. 사실상 선언의 방법은 여러 가지가 있을 수 있습니다만 자기가 선언하는 자기의 방법을 찾으시면 됩니다. 일기장에 적는다던지, 가족 밴드에 올린다던지, 구두로 약속한다던지 등등 자기 방식대로 하시면 되지만 저는 아까 말씀드린 실천형 버킷리스트에 기록해서 누구나 쉽게 볼 수 있는 가장 잘 보이는 곳에 부착해서 실천하고 있습니다. 제 경우 이것보다 더

좋은 방법은 없다 보여 집니다. 자! 여기까지 자기핵심 브랜드를 개발하는 방법 중 1단계인 은퇴준비 4영역에 대한 세부 설계 단계에 대한 설명을 마치고 이어서 2단계로 구체적 시행단계에 대해 설명 드리겠습니다.

예정자 : 계획을 잡으시고 실천하시는 모습이 모두 체계적이고 정말 구체적이시군요. 그럼 이어서 2단계를 설명해 주시죠.

은준인 : 2단계를 하기 전에 다시 1단계를 간단히 리뷰하면요. 1단계는 은퇴준비 4영역에 대한 세부 설계단계로 큰 백지 위에 열십자를 그려서 혼즐삶, 함즐삶, 끝도삶, 봉즐삶으로 나누어 거기에 해당되는 각자의 액티비티를 찾아 적으시고 그 액티비티를 구체적으로 실현시키기 위한 방법으로 WILD법칙을 제시 한바 있습니다. 즉 WILD 의 W는 want로 간절히 원하는 것을 찾고, I는 Imagine 상상하라 있데요. 원하는 바가 성취되었을 때의 모습을 상상하고 또 그것을 어떻게 실현할지를 상상하라는 것이었습니다. 셋째 L은 Learn 배우기로 즉 목표한 바를 성취하기 위해 실제 학습을 통해 배워야 한다는 것이며, 마지막 D는 Declare로 그 이행을 각자의 방식대로 선언을 하라는 것이었습니다. 이를 바탕으로 2단계에서는 각 영역별로 설계된 이것들을 구체적으로 시행하는 단계라 할 수 있습니다.

예정자 : 그렇군요. 1단계 설계단계를 거쳐 이제는 본격적으로

시행하라는 말씀이군요.

은준인 : 그렇습니다. 그런데 여기서 가장 중요한 핵심은 제가 실제 대면 강의 시 가장 중요하게 강조하는 부분인데요. 바로 아라비아 숫자 '9'자입니다. 아라비아 숫자 9가 무엇을 의미할까요?

예정자 : 9자요? 글쎄요!

아라비아 숫자 9에 담긴 의미

은준인 : 여기서 9자가 의미하는 것은 구체적이라는 의미입니다. 은퇴준비를 함에 있어 저는 가장 중요하게 생각하는 것이 바로 구체적으로 하라는 것입니다. 책만 읽고 그렇게 하면 되겠다고 머릿속에 그냥 두면 이것은 구체적 이행이 될 수가 없고 반드시 이행단계에서는 실질적이고 구체적으로 실행되어야 한다는 것입니다.

예정자 : 그럼 2단계에서는 소장님 경우를 예를 들면 어떤 것이 있을까요?

은준인 : 제가 이루어 놓은 대부분이 이 단계를 거쳐서 만들어진 것입니다. 예를 들면 은퇴준비에 대한 책을 쓰기를 간절히 원했고 그래서 그것을 블로그를 이용한 책 쓰기 법을 상상해서 실제 블로그를 이용해 책 쓰기를 시작했고요. 약 3개월간 책 쓰기를 시행 하여 최종 책을 완성

하였던 거죠. 또 다른 예로는 내가 간절히 원했던 중년을 위한 이모티콘을 개발하기 위해 이모티콘 관련 책을 구입하여 학습을 시작했고요. 실제 이모티콘 컷을 하나하나 그리기 위해 포토샵을 공부하여 이모티콘 초안 드로잉 작업부터 시작하여 실제 포토샵에서 최종 제출할 작품을 완성하기까지 약 4개월을 준비하여 출품하였던 것이 바로 2단계의 구체적 이행 단계가 된다는 것입니다. 또 다른 예를 들면 제가 하고 싶었던 POP를 배우기 위해 POP 서적을 구입하여 기초부터 배우기 시작해서 지도자 과정을 거쳐 나중에 자격증을 땄고요. 아들을 위한 랩을 만들기 위해서는 랩 방송인 <쇼미더머니>와 <고등래퍼> 프로그램을 시청하는 것부터 시작을 해서 약 5개월의 준비과정을 거쳐 랩 가사를 만들어서 여기에 전문 래퍼의 도움을 받아 비트를 넣고 최종 랩을 완성하게 되었던 것입니다. 이렇듯 2단계에서는 어떤 일을 성취하기 위한 이행단계인데요. 공통된 점은 모두 구체적 시작을 통해서 이루어 졌다는 것입니다.

예정자 : 아! 그러시군요. 설명을 들어보니 이 단계가 매우 중요할 것이라는 생각이 드네요. 그럼 소장님! 3단계로 이어가 볼까요?

은준인 : 예, 이런 과정을 거쳐 3단계로 넘어 가게 되는데요. 3단계는 관심 있는 분야에 대한 집중화하는 단계라 할 수 있는데요. 이것은 쉽게 말씀드리면 은퇴준비 4영역

의 준비 단계와 실제 자기핵심브랜드 구축 단계의 교두보 역할을 하는 중간단계라 볼 수 있는데요. 지금까지 제가 설명 드렸듯이 은퇴준비 4영역의 아이템을 개발하여 세부 구체적 액티비티로 진행해 나가는 과정에서 반드시 매우 관심이 가는 부분이 생긴다는 것입니다. 그런 부분들은 점점 더 집중하게 되는데요. 바로 이 단계를 말하는 것입니다. 예를 들면 아까 설명 드렸던 이모티콘 개발 도전 과정에서 아! 이것을 더 연구해서 집중화시켜 나간다면 젊은 사람들 중심으로 도전하는 이 이모티콘 작가 세계에 내가 뛰어 들어 앞으로 계속 작품활동을 해나가면, 나는 이모티콘 작가로써 활동할 수 있을 것이고 이것이 나의 제2의 직업으로도 가능 하겠다고 생각하는 집중화 단계가 바로 이 단계인 것입니다. 비록 제가 오랜 시간과 노력을 들여 시도 했음에도 불구하고 카카오톡의 이모티콘 스튜디오 입점에는 실패했지만 정말 이모티콘 작가가 되려고 노력했던 저의 실화이기도 하고 또 지금까지 제가 했던 여러 도전 중에 가장 뿌듯한 저의 도전기이기도 합니다. 시간 관계상 이외에 여러 예시가 많지만 일일이 다 설명드릴 순 없고요. 5단계 설명을 모두 마치고 제가 집중화시켰던 분야를 일괄 설명 드릴까 합니다.

예정자 : 좋습니다. 그럼 4단계로 넘어가 보도록 하죠. 4단계는 선택된 분야의 차별화 전략 구상단계라 하셨는데요. 어

떻게 설명이 가능할까요?

은준인 : 4단계는 말 그대로 3단계를 거쳐 선택된 분야를 단순한 준비 단계를 뛰어 넘어 차별화 시켜 나갈 수 있을지 구상하는 단계입니다. 쉽게 제 경우를 가지고 설명을 다시 드리면 제가 준비 과정에서 아주 차별화 시켜 본 액티비티가 있는데요. 바로 무인비행장치라 불리는 드론이었습니다. 드론이 4차 산업혁명의 핵심 아이템 중 하나라는 것은 잘 아실 테고요. 저도 한때 이 분야에 필(feel)이 꽂혔습니다. 4차 산업혁명에 관련된 교양서적을 읽던 중 드론을 공부하게 되었고 바로 이거구나 싶더라고요. 간절히 배우기를 원했던 거죠. 그래서 우선 현실적으로 향후 어떻게 활용 가능한지에 대해 공부하기 시작했습니다. 이러한 검토는 매우 중요하다는 것입니다. 아무리 자기가 좋아하는 분야라 하더라도 현실적으로 실현 가능성이 없다든지 너무 과도한 투자를 요구한다면 함부로 시작할 수는 없는 것입니다. 책과 인터넷을 더 집중해서 보고 실제 드론 박람회에 까지 몇 차례 찾아가서 참관도 해 보는 등 구체적으로 검토를 하였습니다.

예정자 : 아! 그러시군요. 새로운 분야에 대한 도전이시네요. 그럼 검토 결과는 어떠했는지요?

은퇴준비도 길이 아니면 절대 가지를 마라

은준인 : 검토결과 제 판단으로는 일차적으로 도전해 볼 가치가 있다 판단되어 구체적 실행 단계로 옮기기로 했습니다. 우선 목표를 자격증을 취득하는 것으로 결심하고 우선 필기시험을 위해 책을 구입해서 1개월에 거쳐 공부를 마쳤습니다. 중요한 것은 실기시험인데요. 이것을 위해서는 전문기관에서 일정의 교육시간을 이수해야 하고 실제로 실기 시험도 봐야 하는 입장이었습니다. 당시 비용도 적지 않게 들고 가까이에서 배울 수 없었기 때문에 어떤 학원이나 대학교에 가서 배워야 했습니다. 그리고 이 분야가 저의 제2의 직업으로 갈수 있는지 검토하는 과정에서 저는 드론을 농사 방재 분야에 활용할 것을 집중 검토하였는데요. 우리나라 경우 활용도가 어느 정도인지에 대한 의구심이 생겼습니다. 특히 자격증 취득 후 그 용도에 맞는 드론을 구입해야 하는데 그 비용이 만만치 않다는 사실을 확인하였습니다. 결국 나의 핵심 브랜드로는 적합하지 않다는 결론에 도달하게 되어 최종 접기로 하였습니다. 하지만 저에게는 아직도 약간의 미련이 남아 있는 분야이기도 합니다. 이러한 검토가 바로 4단계인 차별화 전략 구상단계라 할 수 있습니다. 선택된 분야가 차별화 할 수 있는지 검토하는 것인데요. 시작했다고 모든 것을 다 계속해서 진행

시킬 필요는 당연히 없습니다. 길이 아니면 가지 말라고 했듯이 어느 시점에서 발을 떼는 현명함이 요구되는 단계라 할 수 있습니다.

예정자 : 그렇군요. 이제는 마지막 단계인 5단계만 남았네요.

은준인 : 5단계는 자기핵심브랜드가 창출되는 단계라 할 수 있습니다. 4단계의 차별화 구상이 완료되어 보다 확실히 추진할 것을 결심하게 되면 이 분야를 사업화, 상품화, 전문화 시켜 나가는 자기핵심브랜드의 최종 구축단계라 할 수 있습니다. 즉 이 단계에서는 실제 자기가 하고자 하는 일들을 구체화시키는 단계이고 직업으로 발전시키기를 원하면 제2의 직업으로 나갈 수 있는 단계로 심지어 그 분야에서 재취업을 한다든지 본인이 직접 창업도 가능한 단계까지도 발전할 수 있는 단계가 되는 것입니다.

예정자 : 이런 단계를 거쳐서 해당 분야에 재취업을 하거나 창업을 할 수 있다고요?

은준인 : 그렇습니다. 이 단계를 거쳐 추진하는 재취업과 창업은 퇴직 후 적당한 곳에 잠시 재취업을 하거나 세심한 준비 없이 어떤 분야에 창업에 뛰어 드는 경우와는 결이 다르다는 말씀을 드린 이유가 바로 여기에 있는 것입니다. 이제 충분히 이해하시리라 믿습니다.

예정자 : 그렇군요. 이렇게 자기핵심브랜드 구축 5단계에 대해 설명해 주셨는데요. 한 번 더 간단히 요약해 주시면 좋

겠습니다.

은준인 : 요약해 보겠습니다. 결론적으로 자기핵심브랜드를 구축한다는 것은 5단계 과정을 거쳐 만들어 진다는 것인데요. 먼저, 1단계는 은퇴준비 4영역에 대한 각자의 액티비티를 찾는 단계이고, 2단계는 이것을 구체적으로 시행하는 단계이며, 3단계는 이를 더욱 관심 있는 분야에 집중화하는 단계이고, 4단계는 이것을 차별화할 수 있을지 구상하는 단계이며, 마지막 5단계는 이를 상품화, 사업화, 전문화시켜 미래에 자기가 중점 추진 할 수 있는 일로 연결시켜 제2의 직업으로 이어 지도록 만드는 단계입니다. 이것이 바로 자기핵심 브랜드인 셀프 코어 브랜드(Self-core brand)가 되는 것입니다. 이렇게 선택된 일이야 말로 더욱 보람된 일이 될 것이고 일시적인 일이 아닌 오랫동안 지속할 수 있는 소중한 인생2막을 책임질 수 있는 미래가 된다는 말씀을 드리고 싶습니다.

예정자 : 소장님! 정말 잘 들었습니다. 그런데 소장의 경우는 어떻게 자기핵심브랜드를 구축해 왔는지에 대해 몹시 궁금하군요. 한 번 말씀해 주실 수 있나요?

은준인 : 그러겠습니다. 아무래도 저의 자기핵심브랜드 구축과 관련된 얘기를 전반적으로 드려야 이해가 빠르실 것 같습니다. 구체적 설명에 앞서 퇴직 후 자기가 추구하는 목표를 왜 브랜드라는 개념을 사용했는지 궁금하지 않으

신가요?

예정자 : 안 그래도 왜 최종목표를 자기핵심브랜드라는 용어를 사용하는지가 몹시 궁금했습니다. 설명해 주시죠.

나이 팍팍 들수록 자기핵심브랜드가 더 필요하다

은준인 : 우선, 브랜드의 사전적 의미를 살펴보면요. 브랜드는 제품의 생산자 또는 판매자가 제품이나 서비스를 경쟁자 제품과 차별화하기 위해 사용하는 독특한 이름이나 상징물의 결합체라고 되어 있습니다. 이것을 다시 현대적 의미로 해석해 보면 브랜드는 자신의 상품이나 서비스를 다른 판매자의 것들과 분명하게 구별 짓기 위한 여러 가지 요소를 말하는 것입니다. 이렇게 제품이나 서비스에도 다른 것들과 구별되는 브랜드가 필요하듯이 우리의 인생에도 좀 더 품격 있는 자기만의 색깔 있는 브랜드가 필요하다는 것입니다. 특히 퇴직 후에는 자기를 타인과 구별하여 차별화시킬 수 있는 자기핵심브랜드 구축이야 말로 인생2막을 멋지게 설계하는 매우 중요한 하나의 키워드가 되어야 한다는 것입니다.

예정자 : 그렇군요. 퇴직 후 자기를 타인과 차별화 할 수 있는 자기핵심브랜드가 필요하다는 말씀이신데 어떤 종류의 자기 핵심브랜드를 갖도록 해야 될까요?

은준인 : 사실 퇴직 전에는 전혀 불가능한 것은 아니지만 사실상 현역시절에는 자기핵심브랜드를 구축하는 데는 한계가 있을 수밖에 없습니다. 왜냐하면 조직의 목표가 우선시 되어야 하기 때문입니다. 하지만 퇴직 후에는 각자의 특성에 맞는 은퇴준비를 해 나가는 과정에서 각자가 추구하고 싶은 것 또는 추구해야 할 부분에 대해 남의 간섭과 참견 없이 자기만의 순수한 자기핵심브랜드를 찾을 수 있다는 것입니다. 그런데 여기서 유념해야 할 가장 중요한 부분이 한 가지 있는데요. 그것은 바로 자기 특성에 맞는 것을 찾으라는 것입니다. 자기의 특성에 맞지 않는 경우, 마치 자기에게 맞지 않는 옷, 즉 너무 크거나, 또는 너무 적거나 또는 색깔이나 모양이 잘 어울리지 않는 옷을 입는 거와 같은 거죠. 이런 옷을 오래 입지 못하듯이 자기특성에 맞지 않는 브랜드는 지속성이 없어지고 결코 진정한 자기핵심브랜드가 될 수 없다는 것입니다. 결국 쌈박한 자기핵심브랜드를 구축하기 위해서는 자기 특성을 잘 파악하는 것이 무엇보다 중요하고 이것은 결국 자기 자신의 몫이 된다는 것입니다.

예정자 : 자기 특성을 잘 파악해야 된다는 것이 매우 중요 하군요. 그러면 소장님은 어떻게 자기 핵심브랜드를 구축하게 되었는지요?

은준인 : 저도 처음에는 이런 절차나 방법이 정해져 있었던 것이 아니었기 때문에 많은 시행착오가 있었습니다. 우선 저

또한 제가 설명 드린 은퇴준비 4영역에 대한 액티비티 준비를 철저하게 하는 것부터 출발했습니다. 아까 말씀드렸듯이 처음에는 각 영역별로 액티비티를 찾는 게 쉽지는 않았습니다. 최종 정리해보면요, 혼즐삶 부분에서는 나의 생활공간인 아트스페이스19 (ARTSPACE19) 마련부터 시작하여 양식조리사와 제빵기능사 자격증 취득 등 8개의 액티비티를 선정해 추진해 나갔고요. 함즐삶은 친구, 가족, 아내로 구분해서 가족 정기바비큐파티인 '별들에게 물어봐' 등 7개의 아이템을 개발해서 진행했고요. 끝없이 도전하는 끝도삶의 경우 내 블로그 만들기, 이모티콘 도전하기 등 10여개의 액티비티를 선정하여 진행했습니다. 그리고 마지막으로 봉즐삶의 경우 가족과 지역사회로 나눠 아내에게 죽을 때까지 500가지 음식 만들어 주기, 경오묵 밴드, 무료급식소 봉사 등 3개의 봉사과제를 중점 추진해 나가게 되었던 거죠.

예정자 : 그렇습니다. 참 많은 것을 준비해서 진행하셨군요.

은준인 : 이것만 잘 진행해도 엄청나게 차별화된 은퇴생활이 될 것입니다. 아주 뿌리가 튼튼한, 나름 짜임새가 있는 은퇴 생활이 되겠구나 싶었습니다. 이러한 아이템은 얼마든지 변경가능하고 새로운 추가 또한 당연히 가능했기 때문에 점점 새로운 것들이 채워졌습니다. 그런데 이 과정에서 중점으로 관심이 가는 부분이 당연히 생기게 되더라고요. 이를 모아보니 갈등관리 전문 강사, 드론

방재 전문가, 천연발효 전문 제빵사, 음식점 창업과 업종변경 카운셀러, 이모티콘 작가 등 총 7개 정도가 일차적으로 검토되었습니다.

예정자 : 정말 다양한 부분이 검토 되었군요. 그래서 자기핵심브랜드로 최종 결정되었나요?

은준인 : 아닙니다. 당시 초창기에는 모든 것에 의욕이 너무 앞서 많은 것을 검토하게 되었는데요. 검토 결과 실현 가능성이 없거나 또는 사업화, 전문화 시켜 나가기 어려운 부분들이 많았습니다. 조금 전 설명 드린 드론 방재 전문가 되기 부분을 다시 한 번 자세히 설명하면요. 처음에는 이 분야의 검토결과 제 판단으로는 일차적으로 도전해 볼 가치가 있다 판단되어 구체적 실행 단계로 옮기게 되었고요. 그리고 이 분야가 저의 제2의 직업으로 갈수 있는지 검토하는 과정에서 저는 드론을 농사 방재 분야에 활용할 것을 집중 검토하였는데요. 우리나라 경우 활용도가 어느 정도인지에 대한 의구심이 생겼고 특히 자격증 취득 후 그 용도에 맞는 드론을 구입해야 하는데 그 비용이 만만치 않다는 사실을 확인하고 저의 Self-core brand로는 적합하지 않다는 결론에 도달하게 되어 최종 접기로 하였던 것입니다. 이렇듯 시작했다고 모든 것을 다 계속해서 진행시킬 필요는 없습니다. 어느 시점에서 중단시키는 것도 정말 필요합니다. 이 얘기를 다시 한 번 말씀드리는 이유는 본인이 아니라고

판단되었을 시는 과감하게 포기할 줄 알아야 한다는 것입니다. 지금까지 들어간 시간과 비용이 아까워 중단하지 못한다면 더 멋진 일들을 맞이하지 못한다는 것입니다.

예정자 : 그렇군요. 그럼 소장님은 최종 어떻게 자기핵심브랜드가 구축되었나요?

우연히 만든 책이 나의 핵심브랜드가 될 줄이야!

은준인 : 제 경우 나의 Self-core brand는 아주 우연히 구축되게 되었습니다. 참으로 신기한 일입니다. 제가 아까 설명 드렸던 끝도삶 부분에서 정말 하고 싶었던 '나이 60에 내 블로그 만들기'를 추진하는 과정에서 블로그를 만들어 여러 내용을 집어넣다가 갑자기 이렇게 아무 기준 없이 넣기 보다는 뭔가 체계적으로 넣을 필요가 있다 생각되어 각 카테고리 별로 틀을 만드는 과정에서 내가 지금까지 은퇴준비를 한 내용을 모두 모아보자 라고 생각되더라고요. 이렇게 모으다 보니 점차 이것들이 책의 목차 형식이 되었고 아예 책이라고 생각하고 내용을 채워보자 라는 생각이 갑자기 들더라고요. 그래서 지금까지 은퇴를 위해 준비한 내용을 모두 집어넣으니까 정말 책이 되어 버렸죠. 그래서 은퇴준비 전문작가

가 되기로 결심하고 책을 내기 위한 절차를 밟았죠. 책 제목을 '은퇴를 준비하는 사람들'이라 정하고 나중에 책을 내는 시점에서 축약어로 '은준인'이라는 이름을 붙여 책을 발간하니 정말 은퇴준비 전문작가가 되어 버렸습니다. 이것이 바로 저의 첫 번째 자기핵심브랜드가 된 것입니다.

예정자 : 은준인이란 책을 쓰셔서 은퇴준비전문작가 되셨군요. 이것이 첫 번째 자기핵심브랜드가 되었다면 그럼 다른 자기핵심브랜드가 있으신가요?

은준인 : 설명드리죠. 이렇게 정말 전혀 생각하지 못한 아주 우연찮게 자기핵심브랜드 하나를 구축하게 되었는데요. 책을 쓴 이후 이에 대한 강의 요청이 들어오기 시작하더라고요. 그래서 바로 이거구나 싶더라고요. 그래서 이를 전문 직업으로 발전시켜 나가야겠구나 생각되어 자기핵심브랜드 만들기 절차에 따라 하나하나 전문화, 구체화시키는 작업을 했죠. 우선 강의안을 만들고 저와 상황이 비슷한 공기업 중심으로 강의 안내 팜프렛을 만들어 여러 군데 보냈습니다. 그러니 또 여러 곳에서 강의 요청이 들어오더라고요. 그 후 생각지도 않았던 기업체나 공무원, 일반시민들 대상으로도 강의 요청이 들어와 나의 제2의 직업으로 자리 잡게 되었던 것입니다. 은퇴준비전문작가와 은퇴 전문 강사가 나의 자기핵심브랜드가 되었던 거죠.

예정자 : 아! 그러셨군요. 그런데 소장님께서는 은퇴 분야 말고도 여러 분야에서도 강의를 하신다고 들었는데요.

은준인 : 그렇습니다. 처음에는 은퇴와 관련된 분야만 강의를 하다가 이 분야가 그래도 내 특성에 정말 맞는구나 싶더라고요. 그래서 자기핵심브랜드 역량을 강화하기로 마음먹고 다른 분야로 진출하게 되었습니다. 평소 관심이 많았던 안전 분야에 대한 자격증을 취득하기로 결심하고 도전장을 또 내밀었죠. 행정안전부의 허가를 받은 (사)국민다안전교육협회에서 주관하는 안전관리지도사 자격증 과정에 도전했습니다. 연이어 몇 과정을 거치는 동안 안전관리지도사, 재난안전지도사, 어린이안전지도사, 실버안전지도사와 우리나라 최초로 만들어진 과정인 심리안전지도사 과정까지 모두 5개의 안전 자격증을 취득하여 지금은 안전 전문 강사로 활동하게 되었습니다. 이를 토대로 지자체에서 주관하는 민방위 강사 모집에 응모하여 대구와 경주의 민방위 교육전문 강사가 되어 나의 두 번째 자기핵심브랜드인 강사 되기 프로젝트가 점점 자리 잡게 되었던 거죠. 대면강의가 코로나로 일시 중단되었지만 다시 재개되어 활발한 강의 활동을 하게 되었습니다.

예정자 : 아! 그러시군요. 정말 놀랍습니다. 끝이 없이 연결이 되네요. 혹시 이 분야 말고 또 다른 강의도 하시는 건가요?

은준인 : 예, 이렇게 강의를 진행하다보니 예상외로 다른 여러 분야에서 강의를 하게 되었는데요. 평생학습관이나 시니어 평생교육대학, 노인대학 등에서 강의를 하게 되었고요. 심지어 경주의 최부자아카데미에도 전임교수로 위촉이 되어 경주 최부자집의 '힘(HIM) 경영' 즉 Harmonized Integration Management라 해서 경주 최부잣집을 '조화로운 통합경영'이라는 새로운 관점에서 보는 강의 내용을 개발하여 대학생 등 젊은이들을 중심으로 강의도 하게 되었고요. 또한 (사)한국중장년고용협회로 부터 직무전문 면접관 1급 자격증을 취득하여 공공기관의 면접관으로 활동하며 공기업 취업을 원하는 취준생들을 대상으로 취업 특강도 하게 되었고요. 유튜브로 영상 만들어 올리니 요즘 1:1 면접 멘토로서 활동하게 되었습니다. 이 많은 준비에도 불구하고 예상치 못한 복병인 코로나19로 인해 수많은 강의나 일정이 취소되는 아픔을 중간에 겪은 적도 있지만요 저에게는 강사라는 브랜드는 든든한 나만의 '자기핵심브랜드'로 자리 잡게 되었던 거죠.

예정자 : 그렇군요. 지금까지 저는 소장님으로부터 퇴직 후 자기핵심 브랜드를 구축해 오는 과정에 대해 여러 가지 얘기를 들을 수 있었는데요. 정말 제시하는 방법이 실전툴로서 활용하면 정말 효과가 매우 클 것으로 보여 집니다. 그런데 이러한 툴을 처음부터 만들어 놓고 진행

한 것이라 아니라서 초기에는 어려움이 많으셨겠죠?

아직도 시작일 뿐, 5년 후의 내 모습 나도 궁금해!

은준인 : 맞습니다. 어려움이 많았죠. 제가 말씀드렸듯이 저는 처음부터 은퇴준비 4영역과 자기핵심브랜드 구축에 대한 툴을 가지고 시작 한 것이 아니라 은퇴준비를 하는 과정에서 이러한 툴을 개발을 하면서 동시에 저도 거기에 맞춰서 진행하여야 했기 때문에 나름 어려움도 많았고 시행착오도 아주 많았습니다. 지금 시점에서 자신 있게 말씀드릴 수 있지만 제가 개발한 이 실전 툴을 가지고 은퇴준비를 하신다면 누구나 성공적인 은퇴준비가 가능하다 저는 생각됩니다. 심지어 꼭 은퇴준비가 아니더라도 보다 나은 삶을 사시기를 정말로 원하신다면 이 방식에 따라 하나하나 진행해 나가신다면 기존과는 완전히 달라진 삶을 사실 수 있다는 확신을 저는 가지고 있습니다. 이렇게 말씀드릴 수 있는 이유가 있습니다. 그것은 바로 제가 직접 해본 당사자이기 때문입니다. 정말로 은퇴 후 아무 계획이 없었던 제가 퇴직 후 불과 몇 년 만에 퇴직 전에는 전혀 예상치 못했던 새로운 모습의 은퇴생활을 만족스럽게 즐기고 있기 때문입니다. 그리고 더 중요한 것은 지금 이 시점이 완성된 상태가

아니고 아직도 시작일 뿐이라는 것입니다. 사실 저 자신도 몹시 궁금합니다. 앞으로 1년 후의 제 모습이, 5년 후의 제 모습이, 10년 후의 제 모습이, 아니 20년 후의 제 모습까지도 저는 궁금합니다. 이 방법에 의한 저의 도전은 계속될 것입니다. 왜냐하면 도전은 무조건 남는 장사이기 때문입니다.

예정자 : 그러시군요. 소장께서는 정말로 퇴직 후 만족스러운 은퇴생활을 하고 계시는군요. 오늘 여기 와서 직접 뵙고 그 과정을 직접 들으니 정말 더욱 실감하게 됩니다. 그런데 아까 말씀하셨듯이 이런 진행 과정에서 여러 가지 어려움이 많으셨을 거라 생각 되는데요? 이번에는 그 얘기를 중심으로 한번 나눠 보고 싶네요. 어떤 어려움이 있으셨나요?

대화7

도전은 무조건 남는 장사다

은준인 : 아까 설명 드렸듯이 은퇴준비 과정에서 나이 60에 나만의 블로그 갖기 아이템을 진행하는 과정에서 은준인이라는 책을 썼고 이를 바탕으로 아트코치 국내1호의 타이틀로 은퇴전문 강사가 되었고, 여기에 한걸음 나아가 안전 분야의 자격증을 취득해서 안전전문 강사가 되었고 이를 바탕으로 민방위 강사를 포함한 여러 분야의 강사가 되었다고 말씀드렸는데요. 이렇게만 하면 정말 나름대로 다양한 분야에서 강의를 하면서 살면 정말 앞으로 나의 인생2모작이 제대로 된 모범적인 인생2막의 삶을 살 수 있겠다고 생각했죠. 그런데 뜻하지 않는 복병을 만나게 되었던 것입니다.

예정자 : 나름 많은 준비를 잘 해 오셨는데 뜻밖의 복병이란 게 뭐죠?

뜻밖의 복병 출연으로 초장부터 초토화되다

은준인 : 정말 예상치 못한 일이었습니다. 그것은 바로 코로나19의 출연이었습니다. 곧 끝나겠지 라고 막연하게 생각했던 이 바이러스는 장기간 계속되었고 많은 사람들에게 큰 어려움을 주었지만 저에게도 큰 상처를 주었습니다. 퇴직 다음해 상반기에만 예정된 70여개의 강의가 모두 취소되어 빈 사무실만을 지켜야하는 저 또한 몸도 마음

도 서서히 지쳐가고 있었던 것이죠.

예정자 : 소장님도 코로나 19로 인해 큰 어려움을 겪으셨군요. 그래서 어떻게 극복하게 되셨나요?

은준인 : 처음에는 정말로 힘든 시간을 보냈습니다. 저보다 더 어려운 분들이 많으셔서 아무 말로 못하고 묵묵히 버텨야 하는 저로서는 정말 감당하기 쉽지 않았죠. 나름 준비도 많이 하고 기대도 정말 컸거든요. 하지만 이 시간을 정말 이렇게 무의미하게 보내서는 안 되겠다는 생각이 갑자기 들었죠. 그래서 무엇인가 새로운 것에 대한 도전이 내 마음 속에서 꿈틀거리기 시작했습니다. 새로운 영역에 도전하기로 마음먹었습니다. 저의 이러한 도전을 통해서 코로나19는 저에게 뜻밖의 2개의 새로운 선물을 주었습니다.

예정자 : 코로나 19가 뜻밖의 새로운 선물을 주었다고요?

200만뷰 떡상 영상을 가진 60+ 1인 유튜버

은준인 ; 예, 코로나가 저에게 선물을 주었습니다. 그것도 두 개나요. 그 첫 번째 선물은 바로 1인 유튜버 되기입니다.

예정자 : 1인 유튜버가 코로나가 준 선물이라고요?

은준인 : 맞습니다. 코로나가 없었더라면 못할 뻔한 일입니다. 60이 넘은 나이에 유튜브를 독학으로 공부한다는 것이 그

리 쉽지는 않았지만 코로나의 사회적 거리두기 시간을 이용하여 4~5개월을 진행하다보니 개념이 완전히 잡히고 그리 어려운 것이 아니라는 사실을 알게 되었습니다. 그래서 필요한 장비도 구입하고 실제 동영상을 제작하여 업로드하는 과정을 겪으면서 저처럼 중장년들이 쉽게 유튜브를 배울 수 있도록 핵심만을 뽑아 17강의 유튜브 영상강의까지 찍어 업로드 했고요. 특히 누구나 한눈에 유튜브의 전 과정을 쉽게 이해 할 수 있도록 국내 최초로 유튜브맵이라는 것을 만들어 강의 영상을 올리기도 했습니다. 이러한 과정을 통해 유튜브 강사가 되어 누구나 1인 유튜브 될 수 있다는 유튜브 강의도 진행하게 되었습니다.

예정자 : 코로나 19로 인해 강의가 취소된 여유 시간을 이용하여 1인 유튜버가 되셨고 강의까지 하시게 되었다는 얘기네요.

은준인 : 그렇습니다. 1인 유튜버 되기는 제가 관리하고 있는 실천형 버킷리스트 28번 아이템으로 등록되어 있지만 제가 사실상 실천하기 가장 어려운 일로 생각되어 아마도 이 아이템은 내가 죽을 때까지 못할 것이라고 생각했던 목표였습니다. 그런데 코로나19가 저에게 여유로운 시간과 도전할 용기를 주었던 거죠.

예정자 : 와우! 그렇게 코로나로 인해 소장님은 1인 유튜버가 되셨군요. 대단하시군요. 60이 넘은 나이에 도전하시기가

쉽지 않으실 텐데요. 그럼 지금 소장님이 운영하고 있는 유튜브 채널은 어떤가요?

은준인 : 제 유튜브 채널은 제 책이름을 따서 <은준인 TV>라는 채널명으로 운영되고 있는데요. 현재 10개의 재생목록에 200여개의 동영상이 업로딩되어 있습니다. 꾸준하게 몇 년 진행하다보니 지금은 전체 구독자가 1만 명이 넘었고요. 아직 상위 단계의 유튜버는 아니지만 [은준인TV-무엇이든 도전한다]라는 타이틀로 저의 퇴직 후 이런 저런 도전하는 모습을 영상에 담아 올리고 있습니다. 한 영상은 조회수가 약 200만뷰을 뛰어 넘는 소이떡상이라 불리는 동영상도 보유하고 있고요. 매달 정도의 차이는 있지만 구글로부터 광고 수익금을 달러로 입금 받고 있어요. 정말 신기하더라고요. 처음 제 외환통장에 달러가 입금되었을 시 그때 그 기쁨은 정말로 컸습니다. 외화를 벌어들이니 꼭 애국자 같은 느낌이 들더라고요. 이렇게 이제는 1인 유튜버가 확실한 저의 자기핵심브랜드로 자리 잡게 되었다고 말씀드릴 수 있습니다. 코로나가 저에게 정말로 소중한 선물을 주었다고 생각합니다.

예정자 : 그러시군요. 퇴직 후 코로나로 인한 어려움을 극복하고 1인 유튜버를 자기핵심브랜드로 만드셨군요. 쉽지 않은 나이인데 대단하십니다. 그런데 아까 코로나가 두 개의 큰 선물을 주었다고 했는데 그럼 나머지 하나의 선물은

또 무엇입니까?

은준인 : 예, 코로나가 준 또 다른 큰 선물은 바로 전문 작사가 되기입니다. 코로나로 인해 책상에 앉아 있는 시간이 길어지게 된 틈을 이용하여 정말 해보고 싶었던 전문 작사가의 길에 도전장을 내밀었죠.

코로나19의 두 번째 선물, 작사가로 데뷔

예정자 : 작사가의 길! 전문 작사가 분야도 쉽지 않은 선택인 것 같은데요. 특별한 동기라도 있으신가요?

은준인 : 저는 공기업에서 35년간 근무를 마치고 퇴직 후 경주에 살게 되었습니다. 태어난 곳은 아니지만 고향처럼 느끼는 곳이 바로 경주입니다. 제가 오랫동안 근무한 곳이기도 하고요. 또 제 아내의 고향이기도 한 곳이죠. 퇴직 후 경주를 위해 가장 보람된 일이 무엇인가 찾던 중 경주시민 누구나 쉽게 부를 수 있는 경주를 대표할 노래가 없다는 사실을 알게 되었습니다. 그래서 꼭 경주를 대표할 노래를 하나 만들겠다고 결심하였고 오랜 준비 끝에 <경주아리랑> 이라는 국악가요를 작사를 해서 경주지역의 숨은 작곡가와 보컬을 찾아 노래를 완성시키게 되었습니다. 기획을 하고 최종 싱글 음원이 나오기까지 약 1년 정도가 걸렸는데요. 이제는 벌써 이 노

래가 경주를 대표하는 노래로 서서히 자리 잡게 되었습니다. 경주 예술의 전당 등에서 여러 행사와 공연에서 불려지고 있고요. 특히 매년 6월 8일이 경주 시민의 날인데요. 경주 시민이 모두 모인 '경주시민의 날' 메인 행사에서 대표 노래로 불리게 되어 이제는 정말 경주 대표 노래가 되었다는 생각이 듭니다. 이것이 바로 제가 작사가로 데뷔한 가장 큰 동기가 아닐까 생각됩니다.

예정자 : **저도 지난 번 가족과 같이 경주에 놀러 갔다가 어떤 행사에서 '경주아리랑'이라는 노래를 들은 적이 있는데 그 노래를 기획하시고 작사를 하셨군요. 그럼 소장님은 전문 작사가 또한 자기핵심브랜드로 자리 잡으셨나요?**

은준인 : 그렇습니다. 전문 작사가로 이제 본격적인 작사 활동을 시작하게 되었는데요. 현재까지 5개의 싱글 음원이 발매되었습니다. 국악가요 '경주아리랑' 외에 제 아내를 위해 만든 저의 최초의 작사 곡 '내안에 있는 내 아내'와 이별의 아픔을 표현한 '뻥 뚫린 저하늘' 그리고 항상 어린 시절부터 동경해온 오드리헵번를 소재로 한 '오드리헵번보다' 와 코로나 시기의 답답함 속에서도 아름다운 여인과의 만남을 갈구한 노래 '갈색마스크'와 같은 음원이 나왔고요. 그 외에도 '사랑은 피타고라스 정리'등 10여곡이 지금 세상에 고개를 내밀기 위해 준비 중에 있습니다.

예정자 : 벌써 작사하신 곡이 5곡이나 음원이 발표되셨다고요. 정말 너무 멋진 일인 것 같아요. 이제 본격적인 전문 작사가의 길을 가시는군요. 그런데 얼마 전에 작사 공모전에서 상을 받으셨다는 언론 보도를 인터넷에서 봤는데요. 어떤 내용이죠?

작사 공모 최우수작 예기소(藝妓沼)를 기억해줘요

은준인 : 아! 언론사에서 주관한 제1회 정귀문 추모 예술제 작사 공모전 전국대회에서 최우수상을 받았습니다. 제 작품의 제목은 예기소(藝妓沼)인데요. 경주 분들은 애기소 또는 애기청소라고도 불리는 곳으로써 김동리 선생의 '무녀도'라는 소설의 마지막 장면에 등장하는 '예기청소'에 대한 느낌을 표현했습니다. 정귀문 선생님은 가수 조미미의 대표곡 '바다가 육지라면'과 가수 배호의 유작인 '마지막 잎새'등 대중가요 약 1,000곡의 가사를 쓰신 원로 작사가이시죠. 이 상은 작사가로 데뷔한 저에게는 아주 의미가 크다고 할 수 있습니다. '예기소'가 곧 좋은 작곡가와 가수를 만나 좋은 음악으로 세상에 나오기를 바라고 있습니다.

예정자 : 정말 의미 있는 상이네요. 축하드립니다. 그런데 음원을 판 수익금은 좀 들어옵니까? 그리고 소장님은 음악을

참 좋아 하시는 것 같은데 음악과 관련하여 작사 외에는 다른 일은 하지 않으신가요?

은준인 : 저는 지금 한국저작권협회 회원으로 등록 되어 있고요. 아직 적은 금액이지만 매달 음원 발매 수익이 차곡차곡 입금되고 있습니다. 금액이 문제가 아니라 음악으로 수익이 생긴다는 게 신기할 뿐입니다. 작사 외에는 음원 발매와 관련되어 음원 유통사를 섭외하고 음반의 앨범 자켓도 직접 제가 만들고 음원의 뮤직비디오 제작 등도 다른데 의뢰하지 않고 직접 하고 있습니다. 또한 기회가 주어진다면 지역 출신의 가수 발굴 오디션 대회를 한번 열어 제작된 노래를 직접 제공하여 지역의 젊은 음악인들을 발굴하고 싶은 꿈도 가지고 있습니다.

예정자 : 참으로 끝없는 도전이군요. 코로나도 선물로 받아들이시는 모습에 존경을 표합니다. 정말 말씀하신 끝도삶을 그대로 실천하는 모습을 보여 주고 계시는군요. 그러면 이거 외에도 앞으로 추구하고 싶으신 자기핵심브랜드가 또 있으신가요?

은준인 : 자꾸 제 자랑을 늘어놓는 것 같아 부끄럽습니다만 저는 최근에 시집을 하나 발간했습니다. 오래 전부터 생각한 꿈이었는데 이번에 결실을 맺게 되어 지금 인터넷을 통해 교보문고 등 여러 서점에서 열심히 팔리고 있습니다.

이때 소장은 자리에서 일어나 책장으로 다가가더니 46판 크기의 시집을 한 권 가지고 와서 내지에 간단한 문구와 함께 자필 사인을 하고 예정자에게 건넸다. 그곳에는 'To :예정자님! 마음을 모아 이 책을 드립니다. 은준인으로서 곧 성공하셔서 품격 있는 인생2막이 되시기 바랍니다. 은준인 드림'이라고 적혀 있었다.

예정자 : 시집까지 내셨다고요. 이제 시인이 되셨군요?

은준인 : 시인은 아니고요. 이제 조심스럽게 시작해 봅니다. 퇴직 후 지나간 시간을 되돌아보니까 세월이 엄청 빨리 지나감을 느끼게 되더라고요. 그래서 퇴직 후 틈틈이 노트에 짧은 글을 남기기 시작했습니다. 그런데 우연찮게 제 노트를 본 분이 이것을 시집으로 만들면 좋겠다고 제안을 하시는 거예요. 그래서 망설이다 그 중에 아내와 관련된 글 100여개를 골라 이번에 아내를 위해 시집을 내게 되었습니다.

아내를 위해 발간한 첫 시집'인생쇼츠(아내편)'

예정자 : 아내에 대한 글이군요. 그런데 제목이 <인생쇼츠>라고 되어 있는데요. 특별한 의미가 있으신가요?

은준인 : 특별한 의미라기보다 짧은 인생이잖아요. 짧은 인생인 만큼 글도 짧아야 한다는 의미에서 우리 인생을 짧게

표현해 보자는 의미에서 [인생쇼츠]라고 표현했죠. 그리고 동영상에도 쇼츠가 있듯이 시에도 이런 짧은 시가 많아야 시를 가까이 할 수 있다고 생각되어서 그렇게 지었는데요. 요즘 트랜드를 조금 반영한 타이틀이죠. 저는 이런 부류의 시를 '생활쇼츠 詩(시)'라고 분류하여 부를 것을 권하고 있습니다.

예정자 : 그럼, 소장님이 이 시집에 부여한 특별한 의도가 있으신가요?

은준인 : 의도라기보다는 전체적으로 제 아내와의 에피소드를 적은 글인데요. 굳이 의미를 부여한다면 제 또래의 세대가 전형적인 베이비붐 세대잖아요. 이런 베이비붐 세대의 남편이 처한 애매한 삶의 모습을 아내를 통해 묘사했다고 볼 수 있습니다. 그런데 한 가지 더 말씀드릴 부분은 이번 시집이 일반 출판사를 통해 출간된 것이 아니라 출판업계의 스타트업이라 할 수 있는 자가 출판 플랫폼인 [부크크(BOOKK)]라는 곳을 이용해 돈 한 푼 들이지 않는 POD(Print on demand) 주문출판 방식을 이용해서 제가 손수 책을 제작하였다는 점입니다. 정말 멋지지 않나요?

예정자 : POD 주문출판방식이라고요?

은준인 : 그렇습니다. 주어진 양식에 원고를 손수 다 입력하고 편집하여 제출하면 그 플랫폼에서 승인을 해주고 대기하고 있다가 누군가 주문이 들어오면 그 때 인쇄를 해서

납품을 하는 방식이 되는 거죠. 그래서 누구나 원고만 있으면 보다 쉽게 자기 책을 가질 수 있는 거죠. 정말 좋은 아이디어 아닌가요?

예정자 : 정말 좋은 아이디어군요. 저도 갑자기 책을 쓰고 싶어지네요. 소장님께서 정말 좋은 정보를 주셨습니다.

은준인 : 누구나 다 할 수 있어요. 제 유튜브에 제가 시집 만들 때 진행했던 방법을 영상에 담아 자세히 설명해 놓았으니 참고하시면 아주 쉽게 따라 하실 수 있어요.

예정자 : 오늘 정말 많이 배우고 좋은 정보도 얻습니다. 그럼 소장님! 전체적으로 소장님의 자기핵심브랜드를 한번 정리해 주시죠.

은준인 : 그럴까요? 제가 이제 퇴직한지 얼마 안 되었지만 지금 저는 과거 현직 때 제 타이틀은 아무런 의미가 없다고 생각합니다. 퇴직 후 제가 만든 현재의 타이틀이 바로 저의 '자기핵심브랜드'가 되는 것이고요. 또 이것이 결국 제 삶 속에서 오랫동안 지속할 수 있는 저의 제2의 직업이 된다는 것입니다. 은퇴전문작가로 출발한 제가 은퇴, 안전, 민방위, 시니어 분야에서 전문 강사로 활동하고 있고요. 그리고 공공기관 1급 전문 면접관과 취업 준비생을 위한 면접 멘토로서의 역할도 하고 있고요. 또 1인 유튜버로 활동하고 있습니다. 이제는 전문 작사가로 데뷔도 했고요. 그리고 최근에 발을 디딘 시인의 길을 차분히 걷고 있습니다. 그리고 시간을 쪼개

어 책을 계속 쓰고 있습니다. 이렇게 현재 제가 진행하고 있는 이 모든 것들이 바로 저의 현재의 타이틀이자 자기핵심브랜드인 것입니다. 불가 수년 전만해도 전혀 생각해 보지 못한 분야에서 얻은 값진 선물이라고 생각합니다. 저는 제가 그랬듯이 누구나 자기핵심브랜드를 차곡차곡 만들어 가신다면 성공적인 인생 2모작을 만들어 갈수 있다고 생각합니다. 그것을 도와 드리고 싶은 것이 제 역할이고 저의 바람입니다.

예정자 : 정말 좋은 말씀입니다. 지금까지 소장님께서 은퇴준비의 4영역과 자기핵심브랜드 창출에 대해 실례까지 일일이 들어 설명해 주셨는데 몇 년 만에 이걸 다 이루셨다니 경이롭습니다. 저도 소장님의 이러한 도전심과 실천력을 배우고 싶습니다. 제가 듣기로는 소장님께서 '하마터면 퇴직 후 난 백수로 살 뻔했다'라는 타이틀로 특강을 하신다고 들었는데요. 주로 어떤 내용인지 설명해 주시면 전체 내용을 이해하는데 더욱 더 도움이 될 것 같습니다.

하마터면 퇴직 후 난 백수로 살 뻔했다

은준인 : 저는 은퇴준비와 관련하여 특강 형식의 강의일 경우에는 주로 ' 하마터면 퇴직 후 난 백수로 살 뻔했다'라는

타이틀로 강의를 진행하는데요. 그 이유는 은퇴준비의 실전 방안을 얘기 하려면 제 사례를 들려 드려야 하기 때문입니다. 또한 실제 제가 그 방법에 따라 준비하지 않았더라면 정말 그렇게 백수가 되었을 것이라 생각하기 때문입니다. 그래서 제가 그 제목으로 강의를 할 때는 통상 4부로 나누어 설명하고 있습니다.

예정자 : 4부로 나눠서 설명을 하신다고요. 어떻게 4부로 나누어 설명하는지 궁금하네요.

은준인 : 먼저, 1부 도입부에서는 은준인(隱準人)이 될 것인가? 은둔인(隱遁人)이 될 것인가? 라는 소타이틀로 은퇴가 우리에게 어떠한 의미로 다가 오는가에 대한 설명을 먼저 드립니다. 그리고 2부에서는 은퇴준비 4영역에 대한 내용인데요. 4영역에 대한 개념 설명과 각각의 영역을 구체적 사례 소개로 풀어가고요. 3부는 우리의 최종 지향점인 자기핵심브랜드 창출에 대한 내용을 말씀드리고 마지막 4부에서는 도전은 무조건 남는 장사다라는 타이틀로 동기부여와 관련된 내용을 전달합니다.

예정자 : 언제 기회가 될 때 꼭 한번 듣고 싶습니다. 강의 내용을 한번 간단히 집어 주시면 안 될까요?

은준인 : 간단히 한번 맥만 집어 보겠습니다. 저는 우선 퇴직과 은퇴에 대한 개념 정의부터 다시 시작하는데요. 우린 통상 두 개념을 혼용해서 쓰던가, 아니면 은퇴 개념을 보다 포괄적으로 쓰는 경우가 많은데 조금 분명히 해둘

필요가 있다 보여 집니다.

예정자 : 약간의 차이는 있어 보이는데요. 어떻게 구별하시는지요?

퇴직과 은퇴의 미묘하지만 큰 차이

은준인 : 우선 한자의 의미를 잘 살펴보면 그 의미를 구별할 수 있겠는데요. 퇴직이란 물러난 퇴(退)에 직책 직(職)자입니다. 즉 직책이나 직위에서 물러난다는 것입니다. 이것은 어떤 일을 마치는 것 즉 종결의 의미가 포함되어 있습니다. 반면 은퇴는 숨을 은(隱)자에 물러날 퇴(退)로, 은퇴를 과거에는 퇴은(退隱)이라고도 불렀는데요. 이것은 물러나서 좀 뒤에 숨어 있으라는 의미로서, 숨어 있는 다는 것은 곧 쉰다는 의미가 포함되어 있습니다. 그런데 이 은퇴라는 단어에는 퇴직과는 달리 또 다른 시작의 의미가 포함되어 있다는 것입니다. 즉 퇴직을 하면 새로운 영역인 은퇴 생활로 들어가게 되는 것이고 둘은 별개의 의미로 봐야 한다는 것입니다. 그런데 우리는 크게 구별 짓지 않고 쓰고 있는데요. 그 이유는 어차피 영어로는 모두 retirement를 쓰니 크게 구분 없이 쓰게 되는 것이 아닌가 하는 생각도 듭니다.

예정자 : 그럴 수 있겠군요. 그런데 소장님께서는 이 은퇴에 대한 개념 정의에 대해 어떤 의미를 부여하실 수 있을까요?

은준인 : 은퇴를 가지고 얘기를 풀어가는 과정에서 은퇴에 대한 제 나름의 해석으로 그 의미를 새롭게 부여하고 있습니다. 여기서 우리는 은퇴의 개념을 국어사전에는 찾아보면 '직임에서 물러나거나 사회 활동에서 손을 떼고 한가히 지냄'이라 되어 있는데요. 이것은 은퇴의 한자의 의미로 일에서 물러나 이젠 좀 숨어서 쉬라는 의미와 서로 통한다고 볼 수 있습니다. 과거 우리 아버지, 할아버지 세대에서의 퇴직 후에 모습이 바로 이러한 모습이었죠.

예정자 : 그렇죠. 저도 어렸을 때 그런 장면을 많이 보았습니다. 지금은 과거와는 많이 달라진 것 같은데요. 말씀 계속 이어 가시죠.

영어의 Retirement는 다시 피곤해지기

은준인 : 맞습니다. 저도 어린 시절 50세만 조금 넘으면 퇴직을 하여 동네에 이리저리 돌아다니시는 어르신들을 본 기억이 있습니다. 그런데 저는 여기서 은퇴를 영어로 해석해 보도록 하겠습니다. 은퇴는 아까 말씀드렸듯이 통상 영어로 Retirement라고 표기하지 않습니까? 여기서

'리 타이어'는 다시 타이어를 갈아 끼워서 씽씽 달려보자 라는 긍정적 의미로 해석 하시는 분들도 계시지만요. 저는 오늘 조금 다르게 해석해 보도록 하겠습니다. Retirement에서 뒤에 있는 ment는 앞에 있는 동사를 명사로 바꿔주는 접미사로 ment 앞에 단어는 반듯이 동사라는 얘기가 되겠습니다. 그렇다면 ment 앞에 있는 단어 tire의 동사의 의미로는 지치다. 다 소모하다. 피곤해 지다라는 의미를 가지고 있는데 결국 Retirement는 '다시 지치기, 다시 다 소모하기, 다시 피곤해지기'라는 의미를 갖게 된다는 것입니다. 그럼 한문의 의미인 물러나 휴식을 취한다는 의미와 영어의 의미인 다시 지치기, 다시 다 소모하기, 다시 피곤해지기 중 현실적으로 어떤 것이 더 와 닿을까요? 저는 후자가 더 저에게는 와 닿는다는 것을 느끼는데요. 많은 분들이 현실적으로 제 의견에 공감 할 것이라고 생각합니다. 그래서 제가 드리는 말씀은 우리는 퇴직 후에 다시 피곤해지지 않기 위해서는, 또는 다시 지치지 않기 위해서는 우리는 뭘 해야 될지 심각하게 고민을 해 볼 필요가 있다는 것입니다.

예정자 : 그래서 소장님께서는 퇴직 후 은퇴생활이 피곤해 지지 않기 위해서는 뭘 해야 된다고 생각하십니까?

은준인 : 대답은 아주 간단하죠. 바로 지금까지 제가 강조한 은퇴준비를 하라는 것입니다. 은퇴준비만이 우리의 은퇴생활

을 피곤하지 않고, 다시 지치지 않고 보다 의미 있게 보낼 수 있다는 것입니다. 여기까지는 공감하실 거고요. 그럼 결국 남는 것은 은퇴준비를 어떻게 하느냐 하는 방법론적인 문제만 남게 되는 것이라는 것입니다.

예정자 : 그렇군요. 그 준비하는 방법으로서 우리가 지금까지 배운 은퇴준비 4영역을 통해 자기핵심브랜드를 구축하라는 얘기로 연결이 되겠네요.

은준인 : 그렇습니다. 그래서 제가 실제 강의 시 서론 부분에서는 그동안 제가 연구한 통계 자료를 중심으로 다각적으로 접근을 하는데요. 특히 우리나라의 경우 은퇴를 얼마만큼 잘 준비하는지를 나타내는 은퇴준비지수가 다른 나라에 비교해 매우 낮은데요. 그 원인이 재무나 건강의 문제가 아니라 개인의 활동과 인간관계에 기인한다는 통계 결과가 나와 있습니다. 그래서 결국 이 두 분야를 높일 수 있는 접근이 필요하다는 얘기입니다. 결국 이를 해결하는 방법이 바로 은퇴준비 4영역에 대한 준비, 즉 '은준인'이 되라는 말씀을 드리게 되는 것입니다.

예정자 : 그렇군요. 모든 것이 나름 서로 이제 연결되는군요. 그래서 은준인이란 단어가 탄생하게 되었군요.

은준인 : 그렇습니다. 우리는 요즘 통상 100세 시대에 살고 있다고 표현하는데요. 사실 아직 100세 시대는 우리에게는 좀 더 기다려야 될 일이라 생각이 듭니다. 최근에 발표한 우리나라 기대수명을 살펴보면요. 여성의 경우 86.1

세, 남성의 경우 80.3세인데요. 2067년 정도에 가면 여성의 경우 90세가 넘어 91.7세, 남성의 경우 88.5세 정도가 된다고 하니 아직은 100세 시대라 보긴 좀 어렵다고 보여 집니다. 그래서 전 100세 시대 대신에 '트리플 서티 (Trifle 30) 시대'즉 30년이 3번 반복되는 트리플 서티 시대에 살고 있다고 표현 합니다. 즉 트리플서티는 30년을 3단계로 나눠서 처음 30년은 독립준비기, 다음 30년인 60세까지는 경제활동기, 마지막 30년인 90세까지는 제2의 인생기로 나누는 것입니다. 여기서 최고 핵심 시기인 2단계 경제활동기를 성공하기 위해 1단계 독립준비기에서 잘 준비된 취준생이 되어야 하듯, 제2의 인생기인 우리의 3단계를 위해서도 2단계에서 잘 준비된 은준인이 되어야 한다는 것이 은퇴준비 실전 지침서인 '은준인'의 핵심 요지인 것입니다.

예정자 : 그러시군요. 이렇게 준비하는 과정이 바로 은퇴준비 4영역이 된다는 것이죠?

은둔인과 은준인은 한 끗 차이

은준인 : 맞습니다. 결국 은퇴를 잘 준비하면 은준인이 되는 것이고. 잘 준비되지 않으면 점차 은둔인으로 변해 버린다는 것입니다. 즉 은둔인과 은준인은 한 끗 차이라는 것입니

다. 그래서 이를 위해서는 준비하는 구체적 방법이 필요한 것이고 그것을 위해 제가 그동안 실행을 통해 개발한 내용들을 소개해 드리는 것입니다. 제가 개발한 이 방법은 하나의 예시에 불가한 것이며 이 방법 외에 더 구체적 방법이 있으시다면 그것을 따라 하시면 될 것입니다. 다만 제가 은퇴준비 4영역을 매우 강조하는 이유는 '균형'입니다. 퇴직 후 자기가 좋아하는 일을 금방 선택해서 하실 수가 있습니다. 하지만 중요한 것은 퇴직 후 삶은 제2의 직업을 빨리 갖는 것만이 중요한 것이 아니라는 것입니다. 퇴직 후 삶은 균형이 있어야 한다는 것인데요. 우리나라의 은퇴지수가 형편없이 낮은 이유가 개인의 활동과 인간관계가 낮기 때문이라 하지 않았습니까? 이런 부분에 대한 삶의 균형이 없으면 설사 퇴직 후 제2의 직업을 금방 갖춘다하더라도 결국 만족한 삶을 살수가 없다는 것입니다. 그래서 혼자서도 잘 즐길 수 있는 혼즐삶 분야도 개발해야 되고, 아내, 가족, 친구 등과도 잘 지낼 수 있는 함즐삶, 배움의 끈을 놓지 않고 계속 도전하는 끝도삶. 그리고 보다 품격 있는 삶의 뿌리가 될 수 있는 봉즐삶의 영역에 대한 준비가 구체적으로 갖추어져야 한다는 것입니다.

예정자 : 그렇게 균형 잡힌 삶 속에서 자기핵심브랜드를 개발하라는 말씀이 되겠군요.

퇴직 후 삶의 균형을 잡는 것이 가장 먼저다

은준인 : 맞습니다. 이젠 제 대신에 강의를 하셔도 되겠습니다. 정확히 맞습니다. 그냥 대충 재취업이나 창업이 아니고, 완벽하지는 않다 하더라도 뭔가 삶을 균형 있게 잡으려고 노력하는 과정을 거치면서 진짜 자기에게 맞는 진짜 자기가 하고 싶은 그러한 일들을 진지하게 고민하고 개발해 나가서 자기의 핵심브랜드인 '셀프 코아 브랜드(Self-core brand)'를 만들어 보자는 것입니다. 그것이 바로 오랫동안 지속할 수 있는 제2의 직업이 되는 것이고 설사 직업이 아니더라도 자기가 추구하고 싶은 자기 핵심브랜드 즉 Self-core brand가 될 수 있다는 것입니다.

예정자 : 이제 많은 부분이 이해가 되는군요. 그럼 이어서 어떤 얘기를 해주시겠습니까?

은준인 : 제 저서 '은준인'의 마지막 부분에 나와 있는 내용으로 도전을 위한 실질적 동기부여와 관련된 내용을 중심으로 얘기를 풀어볼까 합니다.

예정자 : 도전을 위한 동기부여와 관련된 내용을 중심으로 말씀해 주신다고요.

은준인 : 그렇습니다. 지금까지 우리의 더 나은 삶을 위해 많은 시간을 할애하여 은퇴준비 4영역과 자기핵심브랜드 개발에 대해 얘기를 나눴는데요. 이러한 새로운 도전을 보

다 확실하게 쟁취하기 위해서는 누구에게나 동기부여라는 것이 필요합니다. 그래서 이 부분에 대해 얘기하려고 합니다.

예정자 : 새로운 도전을 위해서 동기부여가 필요하시다는 말씀인데요. 그럼 동기부여 주는 요인은 어떻게 설명이 가능할까요?

은준인 : 통상 동기부여라는 것은 각자의 기대수준과 현실여건의 차이에서 야기되는 욕구불만이나 결핍 등을 해소하는 하나의 방안으로 매우 필요한 부분인데요. 이러한 동기부여가 실제 일어나는 형태를 분석해 보면 2가지 요인이 있습니다. 즉 본질적 요인과 외부적 요인으로 구분될 수 있는데요. 그중 외부적 요인의 대표적인 것은 신분, 경쟁, 실패에 대한 두려움, 수상이나 금전적 보상 등과 같은 것이 있고요. 반면 본질적 요인으로는 자율성, 속성, 호기심, 사랑 등이 그 대표적 요인이라 할 수 있습니다. 전문가들의 분석에 의하면 이 요인 중에 가장 효과적인 요인이 자율성이라는 것입니다.

예정자 : 그럼 도전에 대한 동기부여를 주려면 자율성을 키워야 한다는 얘기인데요. 소장님께서는 어떤 방법으로 자율성을 키우고 있습니까?

동기부여는 슬프게 'SAD법칙'으로 시작

은준인 : 저는 동기부여의 자율성을 확보하기 위한 방안으로 동기부여 스스로 시스템(Motivation self-system)을 강조하고 있습니다. 그 진행 방법은 슬프게 즉 새드하게 하라고 말씀드리고 있는데요. 새드는 영어로 Sad로 이것을 저는 'SAD법칙'이라 부르고 있습니다.

예정자 : 스스로에게 동기부여를 주는 방법을 SAD법칙이라 말씀하셨는데 영어의 이니셜을 이용한 법칙인 것 같은데요. 이것은 자세히 무엇을 의미합니까?

은준인 : SAD법칙은 각자의 의미를 가진 영어 이니셜 S, A, D를 순서대로 나타내는 것인데요. 이것은 외부에 의한 동기부여를 크게 기대하지 말고 스스로 자율적으로 동기부여를 불러일으키게 하는 실행 툴(tool)과 같은 것입니다.

예정자 : 그렇군요. 그럼 SAD법칙은 구체적으로 어떻게 정의할 수 있을까요? 영어가 나오니까 괜히 어렵게 느껴집니다.

은준인 : 영어가 나온다고 모두 다 어려운 법칙은 아니고요. 제가 지금까지 설명한 내용을 요약한 것이라 할 수가 있습니다. 먼저 여기의 S는 자기가 추구하고자 하는 목표를 'Specialized' 즉 보다 전문화하라는 것입니다. 예를 들면 악기를 배우고 싶다면 구체적으로 어떤 악기를, 어

느 정도의 수준으로, 또한 어떤 방식으로 습득할지에 대한 구체적 방법 등을 전문화하라는 것입니다.

예정자 : 먼저 S는 Specialized로 전문화하라는 말씀이구요. 그럼 SAD의 두 번째 A는 뭔가요?

은준인 : 두 번째 A는 Activity입니다. 즉 추구하고자 하는 목표를 하나의 활동 내용으로 만들어 내라는 것입니다. 즉 악기 배우기를 예를 들면 S는 Specialized에서는 구체적으로 특정 악기를 선정하여 어떻게 배울 건가를 결정하게 하였다면, A는 하나의 구체적 행동 목표치인 액티비티 (Activity)로 만들어 내는 것은 말합니다. 이해를 돕기 위해 제 경우를 예를 들면, 저는 악기 배우기를 위해 먼저, 1단계 SAD의 S단계에서는 악기는 숄더 키보드라는 악기를 선택했고요. 연습 방법은 하루 30분씩 꾸준히 독학으로 연습하는 방법을 선택했습니다. 다음 2단계 액티비티 단계에서는 나의 활동 목표를 '숄더 키보드 10곡 연마하여 가족들에게 작은 음악회 열기'가 되는 것입니다. 이렇게 구체적 목표치를 선정하는 것이 액티비티 선정단계입니다.

예정자 : 아! 이제야 이해가 가는군요. 그러니까, A의 Activity는 도전할 구체적 목표치 같은 것이군요. 소장님께서는 아주 생소한 숄더키보드라는 악기를 하시는 군요. 10곡을 연마해서 가족들에게 음악회를 여시는 꿈을 가지고 계신다니 아주 멋지십니다. 자! 그럼 마지막 SAD의 D는

무엇입니까?

은준인 : D는 이미 설명 드린 내용인데요. Declare 즉 선언을 하시라는 얘기입니다. 이것은 어떤 목표를 이행하는데 매우 중요한 단계이고 또한 동기부여를 자율적으로 이끌어 내는 비법과 같은 단계라 할 수 있습니다.

예정자 : 그렇군요. D는 디클레어(Declare) 즉, 선언을 하라는 말씀인데요. 그럼, 어떤 방법으로 선언을 하면 될까요? 소장님이 하시는 방법은 무엇인지요?

은준인 : 선언의 방법에 대해서도 이미 제가 언급한 바가 있는데요. 선언은 어떠한 형식이든 상관없습니다. 본인이 원하는 방법대로 진행하시면 됩니다. 직접 말로 하셔도 되고요. 자기 일기장에 적으셔도 되고 가족 밴드에 올리셔도 됩니다. 본인이 판단하셔서 가장 효과적인 방법을 선택하시면 되는 것입니다. 다만 제 경우를 말씀드리면 제가 아까 자세히 별도로 설명을 드리겠다는 부분이 있었는데요. 바로 제가 지금부터 설명할 실천형 버킷리스트의 운영과 관련된 내용입니다.

선언의 최고의 방법, 실천형 버킷리스트

예정자 : 그렇군요. 소장님께서 몇 번이고 강조하신 부분이군요. 실천형 버킷리스트에 대해 좀 더 자세히 설명해주시죠.

은준인 : 일반적으로 우리가 버킷리스트라고 하면 죽기 전에 자기가 간절히 하고 싶은 내용을 적어 두는 것인데 이것을 저는 메모형 버킷리스트라고 정의하고 있습니다. 저도 퇴직 전에 회사에서 제공하는 퇴직 프로그램 과정에서 단골 메뉴로 나와 몇 번 따라해 봤는데 별로 적을 것도 없고 또 금방 다 잊어버리게 되더라고요. 제가 말씀드리는 것은 그런 일회성 버킷리스트가 아닌 본인이 직접 실천할 수 있는 '실천형 버킷리스트'가 필요하다는 것입니다. 사실상 이러한 실천형 버킷리스트는 저에게는 매우 중요한 부분입니다. 왜냐하면 이것은 우리가 지금까지 추진해 온 은퇴준비 4영역과 최종목표인 자기핵심브랜드 개발의 중간 교두보와 같은 역할을 하기 때문입니다. 즉 은퇴준비 4영역의 준비 과정에서 개발된 핵심 액티비티를 이 실천형 버킷리스트에 기록하여 관리하면서 그 과정에서 자기 핵심브랜드를 찾아내는 것입니다.

예정자 : 그렇군요. 그럼 소장께서는 이 실천형 버킷리스트에 무엇을 적고 또 어떻게 운영하고 계십니까?

은준인 : 저는 제 실천형 버킷리스트에 제가 소망하는 것, 추진하고자 하는 것, 꼭 달성해야 할 일들 등을 모두 액티비티로 만들어 달력 크기의 종이 위에 일련번호를 적고 계속 기록해 두는데요. 누구나 쉽게 볼 수 있도록 제가 생활하는 공간에서 가장 눈에 잘 띄는 벽에 부착해서

운영해 오고 있습니다. 저는 이 방법이 매우 효과적이라 생각하여 퇴직 후 계속 운영해오고 있습니다.

예정인 : 그러시군요. 그럼 소장님의 버킷리스트에는 어떤 목표가 적혀 있는지가 궁금하군요. 말씀해 주실 수 있는지요?

은준인 : 예, 당연히 말씀해 드려야지요.

은준인은 갑자기 자리에서 일어나 책상 있는 곳으로 가더니 P.C 위 벽면에 부착된 달력 크기의 종이를 떼어서 가지고 와서 예정자에게 보여 주었다. 거기에는 양분된 중앙선을 기준으로 많은 칸이 있었으며, 수기로 칸칸이 뭔가 적여 있었고 어느 곳은 네모난 도장이 찍혀 있었다. 그의 설명은 계속 되었다.

은준인 : 이것이 바로 제가 말씀드린 실천형 버킷리스트입니다. 여기 약 60여 가지의 아이템이 적여 있는데요. 앞장이 다 차서 뒷장까지 계속 이어 지고 있습니다. 퇴직 후부터 적기 시작하였는데 벌써 60여개가 되었네요. 그 중 1번 아이템을 한번 보실래요? 제 실천형 버킷리스트 1번 아이템이 바로 '죽을때까지 아내에게 음식 500가지 만들어 주기'입니다. 이것을 시작으로 해서 오늘 날짜 기준으로 60여개의 액티비티가 기록되어 있습니다. 그 안에는 쌍둥이 아들 위한 랩 만들기, 제빵 국가자격증 취득하여 홈베이커리 만들기, 퇴직 후 나만의 생활공간 만들기, 국내 최초 은퇴전문 실천지침서 책 쓰기, 전문

작사가 되어 음반 10곡 발매하기. 1인 유튜버되어 수익 창출시점 도달하기 등등이 기록되어 있잖아요. 오늘 기준으로 총 62개의 목표 액티비티 중 37개는 완성되었고 25개는 현재 계속 진행 중에 있습니다.

예정자 : 와우! 대단하십니다. 벌써 37개가 완성되었고 여전이 25개는 계속 진행 중이시네요.

은준인 : 그렇습니다. 그런데 이중에는 진행하다가 실현 불가능한 것도 있을 수 있고 계획이 수정되거나 변경될 수도 있으며 또한 앞으로 새로운 것들이 생기면 계속해서 추가될 것입니다. 결국 이 실천형 버킷리스트를 하나하나 추진하는 과정에서 나의핵심브랜드 즉 나의 셀프 코아 브랜드(Self-core brand)가 개발되는 것입니다. 결국 이것은 나의 은퇴 후 삶을 끊임없이 발전시켜가는 하나의 이정표가 되는 것입니다.

예정인 : 이제 모든 것이 눈에 들어오는군요. 실천형 버킷리스트가 자기핵심브랜드를 개발하는데 매우 중요한 매개체가 될 수 있다는 생각이 드는군요.

은준인 : 자! 지금까지 은준인 책에 기술된 내용을 중심으로 설명을 해 드렸는데 오늘 1일차 강의는 여기까지 하겠습니다. 부족한 제 말씀을 듣기 위해 끝까지 집중해 주셔서 감사드립니다. 멀리까지 오셔서 많이 힘드실 텐데 끝까지 열심히 들어 주셔서 다시 한 번 감사드립니다.

예정자 : 무슨 말씀을요. 제가 더 감사드려야죠. 이렇게 열정적으

로 설명해 주셔서 너무 감동입니다. 오늘 정말 너무 많은 것을 느껴 지금 가슴이 벅찹니다. 정말 은퇴준비 4영역과 자기핵심브랜드를 개발하는 과정은 정말 우리 모두에게 필요한 과정으로 느껴집니다.

은준인 : 제가 한 가지 더 남기고 싶은 말은 은준인이라는 책에 언급된 은퇴준비 4영역과 자기핵심브랜드 개발은 꼭 은퇴준비를 하셔야 되는 퇴직 예정자 분들만을 위해 것이 아니고 누구에게나 다 적용될 수 있다는 것입니다. 누구든지 관심 있는 분들은 이 단순한 방법을 잘 적용하셔서 보다 나은 품격 있는 삶을 만들어 가시라는 말씀을 드리고 싶습니다.

예정자 : 충분히 공감이 됩니다. 저도 많은 분들에게 이 내용을 전파하고 싶습니다. 그런데 소장님! 내일은 어떤 내용으로 강의해 주실 건가요? 물어봐도 되겠습니까?

은준인 : 내일은 조금 다른 내용의 강의를 할 건데요, 퇴직 후에는 이런 방법론적인 부분도 중요하겠지만 마음을 어떻게 쓰는 것이 좋은지에 대해 질의문답을 통해 대화 형식으로 진행하려고 합니다. 오늘 누추하지만 푹 쉬시고 내일 아침 뵙도록 하겠습니다. 저는 매일 아침 걷기 운동을 하는데 원하시면 함께 하셔도 됩니다.

예정자 : 저도 아침 운동을 하는데 같이 하도록 허락해 주시면 같이하고 싶습니다.

은준인 : 그럼, 아침 7시에 뵙도록 하겠습니다. 잘 주무시고 내일

뵙겠습니다.

예정자 : 예, 소장님도 잘 주무십시오. 오늘 정말 감사합니다. 너무나 많은 것을 배웠습니다. 저에게는 너무도 소중한 시간이었습니다.

대화 8

백수가 추구해야 할 최고의 단계는 탈백

아침 운동을 위해 은준인이 예정자를 데려 간 곳은 보문 호수였다 호수 주변에 차를 세우고 가벼운 스트레칭을 마친 후 두 사람은 보문호 둘레를 한 바퀴 빠른 걸음으로 걸었다. 예정자는 사실 보문호수를 걷는 것은 처음이다. 호수 주변에는 이른 시간인데도 제법 많은 사람들이 운동을 하기 위해 나와 있었다. 예정자는 매일 아파트 내 헬스장에서 러닝머신을 이용하여 운동을 하고 있는데 정말 바보 같은 짓을 하고 있다는 생각을 했다. 자연과 함께 걷고 자연과 함께 숨 쉬는 운동이 진짜 운동이라는 생각이 묘하게 들었다. 두 사람이 운동을 마치고 간 곳은 한 대중 호텔의 부속 건물에 있는 스파 사우나였다. 그리 비싸지 않은 가격이었지만 내부는 웅장했다. 수영해도 될 만큼 큰 욕조와 야외욕실까지 갖춘 곳에 머물며 두 사람은 도란도란 얘기를 나눴다. 예정자는 왜 이렇게 바삐 살아 왔는지 모르겠다고 탄식했고 은준인은 자기도 별반 다를 게 없다고 맞장구를 쳤다. 사우나를 마치고 두 사람은 순두부집으로 향했다. 은준인은 순두부집을 안내하며 보문하면 순두부라고 했다. 다양한 반찬과 함께 먹는 별미 중에 별미 식당은 예정자의 인생에서 가장 최고의 맛집으로 기억된 듯 연상 엄지척을 날렸다. 식사를 마친 후 두 사람은 다시 'ARTSPACE19'가 적힌 아지트로 돌아 왔다.

예정자 : 어제는 저에게 너무나 많은 가르침을 주셨는데 오늘 아침에는 운동과 사우나 그리고 순두부 식사로 큰 추억까지 한보따리 선물을 주시네요. 소중한 시간을 만들어 주셔서 크게 감사드립니다. 그리고 어제 만들어 주신 갈릭 스테이크의 맛 또한 잊을 수가 없습니다. 영원히 스승으로 모시며 보답하겠습니다.

은준인 : 스승이라니요! 제가 조금 먼저 시작해서 만든 것을 함께 나눌 뿐입니다. 우리는 '은준인'이라는 배에 함께 탄 동반자입니다. 제 꿈은 퇴직한 많은 분들이 이제 은퇴를 두려워 마시고 은퇴준비 4영역을 잘 준비하시고 또 멋진 자기핵심브랜드를 만들어 정말 제2의 인생을 멋지게 사는 은준인이 되시기를 바랄 뿐입니다.

예정자 : 아무튼 너무나 감사합니다. 소장님! 그럼 오늘은 어떤 수업을 진행하시나요?

은준인 : 오늘은 퇴직 후의 마음가짐이나 또는 태도에 대한 얘기를 나눠 볼까 합니다. 다시 말씀드리면 어제는 은퇴생활을 어떻게 하면 좋은지에 대한 기술적인 측면을 말씀드렸다면 오늘은 그 툴을 가지고 잘 운영할 수 있는 정신적인 측면에 대해 얘기해 보고자 합니다. 아무리 좋은 툴을 우리가 가지고 있다 하더라도 그것을 운영하는 사람들의 마음가짐에 따라 은퇴생활을 어떻게 가져갈 수 있을지가 결정된다고 봅니다. 또한 어제 제시한 방법들을 막상 진행하다 보면 시간도 많이 걸리고 장애요

인도 얼마든지 발생될 수 있으므로 이러한 마음가짐과 태도는 매우 중요하다고 할 수 있습니다.

예정자 : 은퇴생활을 함에 있어서 정신적인 측면이나 태도와 마음가짐이 매우 중요하다는 말씀이시군요.

은준인 : 그렇습니다. 축구를 한 번 생각해 보십시오. 축구에서 가장 필요한 것은 우선 개인적 기술일 것이며 그 다음은 이를 포지션 별로 조화롭게 만들기 위한 팀 전술일 것입니다. 그런데 아무리 좋은 개개인의 기술과 팀 전술이 있다 하더라도 선수 개개인의 정신 상태가 정립되어 있지 않으면 그 팀은 승리할 수도 없고, 또 좋은 팀이 될 수도 없을 것입니다. 똑 같습니다. 은퇴생활도 은퇴생활을 잘 할 수 있는 좋은 툴이 있다하더라도 우리 개개인의 생활 방식이나 태도 등을 바꾸지 않는다면 좋은 결실을 맺지 못할 것입니다. 그래서 오늘 저와의 대화도 어제 못지않게 중요란 것이죠.

예정자 : 그렇군요. 잘 알겠습니다. 오늘도 무척 흥미로운 시간이 될 것 같군요. 첫 번째 주제를 다루기 전에 제가 궁금한 것이 있는데요. 소장님의 강의 제목 중에 어제 말씀하신 '하마터면 퇴직 후 난 백수로 살 뻔했다'라는 제목의 특강이 있잖아요? 그런데 왜 백수라는 표현을 사용하셨는지 특별한 이유가 있는지 궁금하군요.

은준인 : 아! 백수요. 그 특강이 가장 인기가 많습니다. 왜냐하면 백수라는 단어가 서서히 현실로 다가오기 때문이죠. 은

퇴에 대한 아무 준비도 하지 않는다면 당연히 백수가 되고 나아가 은둔인이 되지 않겠습니까? 이미 일본에서는 오래 전부터 문제가 된 부분이지요. 일본에서는 그런 부류를 은둔형 외톨이를 뜻하는 '히키꼬무리'라고 하는데 우리나라도 이미 10여전부터 은퇴자를 중심으로 계속 늘고 있다는 얘기입니다. 심각한 문제가 아닐 수 없습니다. 이런 의미에서 백수에 대한 언급은 너무나 당연한 것이고 은퇴자들의 최종 목적이 백수를 탈출하는 것이라고도 볼 수 있습니다.

예정자 : 백수 탈출이 은퇴자들의 최종 목표라고요?

은준인 : 그렇습니다. 저는 은퇴자들을 위한 특강 시 백수에 대해 반듯이 언급합니다. 은퇴자들의 최종 목표가 백수 탈출이라는 얘기를 제가 먼저 메인 주제로 들어가기 전에 몸 풀기용으로 쓰는데요. 재미있게 한 번 들려 드릴 테니 한번 들어 보시죠.

예정자 : 아주 흥미롭군요. 정말 궁금합니다.

백수의 유형 중 화백을 조심하라

은준인 : 저는 백수(白手)를 다섯 가지 유형으로 나누고 있는데요. 그 중 정년퇴직 후 절대 따르지 말아야 하는 백수의 유형 3가지와 목표로 삼아야 하는 백수의 유형 1가

지에 대한 내용을 가지고 정년퇴직 후 삶의 방향에 대해 얘기를 해볼까 합니다. 우선 가장 궁금한 백수의 다섯 가지 유형에 대해 살펴보겠습니다. 시중에는 백수에 대해 여러 가지 구분이 있지만 오늘 저는 보다 명확히 백수의 유형을 구분해 볼까 합니다. 백수의 유형은 우선 급수로 나눌 수 있는데요. 전체를 다섯 등급의 레벨로 구분할 수 있습니다. 그중 가장 일반적인 백수로 칭하는 중간 등급인 레벨 3에 해당하는 백수를 통상 동백이라 하죠. 동백의 동자는 동네를 뜻하는 골동(洞)자를 쓰는데요. 동백이라 하면 쉽게 동네 백수라 보시면 됩니다. 즉 자기가 사는 동네에서 주로 노는 백수를 말하는 것입니다. 옛날에는 집을 찾을 때 어느 동에 사는지를 물어 봤지만 요즘은 도로명으로 찾아야하기 때문에 동백을 '도로백'이라고도 합니다. 동백은 주로 노는 곳이 자기가 사는 동네이기 때문에 대부분 모든 것을 동네에서 해결합니다. 동네 식당, 동네 슈퍼, 동네 이발소를 주로 이용하고 심심하면 동네 공원 같은 곳에 가서 좀 걷다가 들어옵니다. 동백의 중요한 하루 일과죠. 동백은 동남아를 아주 좋아합니다.

예정자 : 동백은 동남아를 좋아하는군요?

은준인 : 그렇습니다. 동남아는 동네에 남아 있는 아이들이랑 논다는 뜻입니다. 그런데 그것도 요즘 쉽지가 않습니다. 요즘 같이 놀아 줄 아이들이 없다는 것입니다. 아이들

이 대부분 학원이나 태권도 도장, 피아노 배우러 가서 같이 놀 아이들이 점점 없어져 동백은 요즘 더 외롭습니다. 동백이 주로 부르는 노래는 이미자의 '동백아가씨'입니다. 자기 심정을 가장 잘 이해해 주는 노래라 생각되어 가사를 안보고 2절까지 다 외우는 유일한 노래입니다. 동백보다 급수가 낮은 2단계인 레벨 2는 가백입니다. 가백의 가자는 집가(家)자입니다. 즉, '집백수'로써 가장 전형적인 백수 스타일입니다. 하루 세끼를 집에서 해결하는 삼식이의 전형적인 스타일로 도통 밖으로 나가지 않습니다. 가장 좋아하는 취미는 TV보기입니다. 눈을 뜨자마자 TV를 켜서 아침드라마를 포함하여 하루 통상 15시간 이상 TV를 시청하여 종편은 물론이고 100여개의 자체 채널 프로그램을 다 외울 정도입니다. 아내가 보기에 불쌍해서 가백을 불쌍한 백반을 뜻하는 '불백'이라고도 부릅니다. 당연히 가백이 가방 좋아하는 음식은 불고기 백반이겠죠. 이러한 불백은 그래도 마누라가 아슬아슬하게라도 생각해 주지만 아예 마누라가 포기한 백수도 있습니다.

예정자 : 마누라가 포기한 백수가 있다고요?

은준인 : 그렇습니다. 하루 종일 씻지도 않고 허구한 날 술이나 마시고 뻗어 있기 일쑤입니다. 도저히 아내가 봐줄 수는 없는 상태의 백수가 있는데 이를 '마포불백'이라 합니다. 즉 마누라도 포기한 불쌍한 백수라는 뜻입니다. 이

마포불백은 백수의 최하 등급인 레벨1단계라 할 수 있습니다. 황혼이혼의 제1의 대상자라 볼 수 있죠. 마포불백은 1년에 딱 한번 외출하는데 자기 생일날 마포에 가서 혼자서 불고기백반을 먹고 온다는 전설이 마포를 중심으로 전해오고 있습니다. 마포불백은 정말 구제불능의 상태로 가는 것인데 우리가 생각하는 것보다 주위에 제법 많다는 것입니다. 가백이나 마포불백을 우리는 은둔인으로 구분할 수 있는데요. 사회생활과 단절하여 숨어지내는 사람으로 아까 말씀드렸듯이 이런 부류의 사람들을 일본에서는 '히키꼬무리'라 부릅니다. 히끼꼬무리는 폐세적 은둔형 또는 은둔형 외톨이로 표현되는데요. 일본은 1990년대부터 유행되기 시작하여 사회적으로 큰 문제가 되어 왔다는 사실은 아까 말씀드렸죠. 자꾸 강조하는 이유는 현실적으로 주위에 많다는 사실입니다. 누구나 그렇게 쉽게 될 수 있다는 것입니다. 자! 이렇게 백수의 레벨 1,2,3 단계를 알아보았는데요. 이번에는 백수 중에 조금 결을 달리하는 백수로 레벨 4를 설명하겠습니다.

예정자 : 결을 달리하는 백수가 있다는 말씀인가요?

은준인 : 예. 레벨 4에 해당하는 백수는'화백'입니다. 화려한 백수를 줄여 화백이라 하는 거죠. 화백은 주로 일주일에 3~4일은 골프를 치고요. 평일 날에는 매일 사우나를 다니고 또 옷이나 구두도 항상 명품으로 빼입고 최소

한 달에 한 두 번은 해외 골프 여행도 다니며 세상 정말 화려하게 즐기면서 삽니다. 같이 퇴직을 해도 유독 그런 친구들이 주위에 몇 명 있습니다. 화백을 다른 말로 '좌백'이라 부릅니다. 골프를 하도 자주 쳐서 왼손이 하얗게 변해 왼쪽 좌(左)자를 써서 좌백이라 부르는 것입니다. 화백은 어쩌면 우리 모든 퇴직자의 우상이라 할 수도 있겠죠. 대부분의 퇴직자들은 퇴직 후에는 누구나 비슷하게 화백을 흉내 내어 봅니다. 얼마나 오래 갈 수 있을지는 각자의 능력에 따라 다르겠지만 이러한 생활도 그리 오래가지 않는 다는 것입니다. 주위를 유심히 지켜본 결과 마포불백으로 전개될 확률이 가장 많은 유형이 바로 이 화백 그룹입니다. 그동안은 현직 때 모은 돈이랑 퇴직 때 받은 퇴직금이나 연금 등으로 흥청망청 몇 년 하다 보니 몇 년도 안 되어 거지 신세가 되어 동백으로 잠시 변신했다가 동백에서 다시 가백으로 옮겨 탔다가 가백에서 자기가 잘 나가던 시절만 생각하고 비관만하다가 결국은 마포불백으로 변질되기 쉽다는 것입니다. 그동안 아내를 안 챙기고 혼자서 유독 잘 나가던 시절 생각하면 어쩌면 당연한 귀결이 아닌가 싶습니다. 자! 이제 마지막 백수 하나만 남았네요.

예정자 : 정말 재미있네요. 그럼 마지막 백수는 무엇입니까?

백수의 마지막 단계는 탈백!

은준인 : 백수의 마지막 단계는 바로 '탈백'입니다. 백수를 탈출한 그룹을 뜻하며 이 탈백을 백수의 세계에서는 백수의 이단자 또는 반란의 백수라 하여 '반백'이라고도 합니다. 기존의 백수의 틀에서 탈피하여 새로운 신선한 활동을 통해 인생 2막을 멋지게 사는 분을 얘기하고 있는데요. 우리는 그 대표적인 인물을 미국의 대통령을 지낸 '지미 카터'를 꼽고 있습니다. 그 분은 퇴임 후 700여명에 불과한 고향 마을에 내려가 가난한 사람들을 위한 사랑의 집짓기 사업인 '해비타트'사업이나 미개한 나라의 선거참관인 봉사 등 여러 가지 멋진 삶을 추구하며 살고 계십니다. 우리는 이러한 삶에는 못 미치더라도 적어도 자기의 인생을 자기가 관리하고 책임질 수 있는 은퇴 후의 삶을 만들어야 되지 않을까요?

예정자 : 마지막 백수는 탈백인데 우리가 추구해야 할 목표가 바로 탈백의 세계가 되겠군요. 어떻게 보면 백수를 탈출해서 백수가 아니라는 얘기이네요.

은준인 : 맞습니다. 제가 지금까지 다섯 가지 유형의 백수에 대해 설명을 드렸는데요. 여기서 중요한 것은 자기가 처한 백수의 유형을 퇴직 후 금방 정해지는 것은 아니고요. 이리저리 이동하다 퇴직 후 5년차가 되었을 때의 모습을 봐야 정확히 어떤 유형의 백수인지를 판가름할 수 있다

는 것입니다.

예정인 : 퇴직 후 5년차 때 대충 그 모습이 결정된다는 말씀은 퇴직 후 그 사람의 성공과 실패의 모습이 대충 결정 된다는 그런 의미인가요?.

<u>은퇴의 성공여부는 퇴직 5년차에 결정된다</u>

은준인 : 그렇습니다. 퇴직 후 5년차가 되었을 때 그 비율을 살펴보니 동백과 가백이 각각 30%, 50%로 전체 80%를 차지하고 심지어 마포불백이 10%를 차지해 10명 중 한명은 아주 심각한 상태에 놓여 있다는 것입니다. 그리고 퇴직 후 30~40%를 차지했던 화백은 세월이 지나면서 점차 줄어들어 5년차가 되는 시점에서는 약 5%를 지키고 어렵고, 그리고 우리의 목표인 백수를 탈출하는 탈백 또한 5%를 유지하기 어렵다는 것입니다.

예정자 : 탈백은 5%를 유지하기 어렵군요.

은준인 : 근거가 분명치 않아 수치야 조금 차이가 있을 수 있겠지만 어째든 충분히 공감되는 애기로서 정말 심각한 문제가 아닐 수 없습니다. 아무튼 우리는 백수를 탈출하는 탈백이 되어야 하는데 그럼 우리가 백수를 탈출하기 위해서는 어떻게 해야 할까요?

예정자 : 글쎄요? 백수를 탈출하기 위해서 무엇을 해야 할까요?

은둔인 : 간단합니다. 백수를 탈출하는 탈백이 되기 위해서는 미리 은퇴에 대한 준비를 철저히 하며 되는 것입니다. 그게 바로 어제 제가 말씀드린 은퇴준비 4영역에 대한 준비와 이를 통해 자기핵심브랜드인 Self-core brand를 창출해 내야 한다는 얘기입니다. 즉 다시 한 번 더 정리해 드리면 은퇴준비 4영역인 혼자서도 잘 즐길 수 있는 삶에 대한 준비인 혼즐삶, 함께 잘 즐길 수 있는 삶에 대한 준비인 함즐삶, 끝없이 도전하고 배우는 삶에 대한 준비인 끝도삶, 그리고 봉사를 즐기면서 사는 삶에 대한 준비인 봉즐삶에 대한 준비를 잘 갖추고 이 과정에서 발견된 핵심 과제를 개발하여 자기 것으로 만드는 자기핵심브랜드를 창출 나갈 것을 제안 드린 것입니다. 이것이 바로 백수를 탈출하여 새로운 인생2막을 만드는 탈백의 길인 것입니다. 이 탈백의 길을 통해 저는 지금 여섯 개의 나의 제2의 직업을 갖고 만족스러운 인생2막을 살고 있다고 설명드릴 수 있습니다. 그런데 중요한 것은 누구나 다 이것을 할 수 있다는 것입니다. 이것을 저는 퇴직 후 백수로 성공하기라고 표현하고 있습니다. 누구나 퇴직 후에는 백수가 됩니다. 그 상태에서 하나하나 만들어 가는 것입니다. 그것이 결국 탈백이고 백수로 성공하기가 되는 것입니다.

예정자 : 그렇군요. 퇴직 후 백수로 성공하기! 정말 멋지네요. 저도 정말 그러고 싶습니다. 이번에 소장님에게 배운 방

법대로 진행해서 꼭 탈백을 하고 백수로 성공하기에 동참하도록 하겠습니다. 정말 좋은 말씀입니다. 그럼, 소장님! 그럼 본격적으로 말씀해 주실 토픽은 무엇입니까?

은준인 : 이번 내용은 매우 흥미로운 얘기인데요. 먼저 모든 퇴직자들에게 꼭 전해 드리고 싶은 중요한 단어 하나를 제시하고자 합니다.

예정자 : 퇴직자에게 중요한 단어라고요? 무엇입니까?

은준인 : 바로 '고독력'이라는 단어인데요. 이 고독력에 대해 말씀드려 보겠습니다.

고독력의 숨겨진 3가지 기막힌 힘을 아시나요?

예정자 : 고독력이란 외롭고 쓸쓸하게 혼자서 지내는 것을 말하지 않나요? 그렇게 하지 말라는 얘기인가요?

은준인 : 한번 들어 보시죠. 고독력은 외로움과는 아주 다른 단어입니다. 정말로 퇴직 후에는 이 고독력이 매우 중요합니다. 결론부터 말씀드리면 퇴직 후에는 이 고독력을 키우셔야 합니다.

예정자 : 고독력을 키우라고요! 정말 궁금하군요.

은준인 : 그렇습니다. 고독력을 키우셔야 합니다. 특히 퇴직 후 나이 들어 갈수록 빨리 고독력을 더욱 키우셔야 합니

다. 왜냐하면 고독력은 우리에게 놀라운 세 가지 힘을 주기 때문입니다.

예정자 : 세 가지 놀라운 힘을 준다고요? 그것이 무엇입니까?

은준인 : 급하시군요. 천천히 얘기를 한번 풀어 보겠습니다. 저는 한 퇴직남편의 리얼 스토리부터 시작해 보겠습니다. 한 퇴직한 남편이 있었는데요. 이 남편은 정년퇴직을 하고 그동안 소홀했던 아내를 돕기 위해 집안일을 시작했다고 합니다. 아내가 힘들까봐 그동안 도와주지 못한 빨래는 물론이고 밥도 짓고, 시장을 보아 반찬도 직접 만들고, 이른 아침부터 먼지하나 없을 정도로 집안 청소를 깔끔하게 해 놓는 것이 아닌가요? 심지어 식사 후 설거지도 도맡아 했다고 합니다. 정말 멋진 남편이 된 것입니다. 아내는 너무나도 행복했고 대한민국 최고의 남편이라고 친구들에게 막 자랑하고 다니기도 했답니다. 그런데 6개월 정도 지나서부터 무언가를 송두리째 남편에게 빼앗겼다는 상실감이 들기 시작하더니 급기야 집에만 있는 남편만 생각하면 식은땀이 줄줄 나면서 가슴이 답답해지고 삶이 무기력해지면서 소화까지 잘 되지 않았다고 합니다. 심지어 나를 잃어버렸다는 생각에 우울증까지 찾아왔고, 급기야 같이 살 수 없다고 생각하여 이혼까지 결심하게 되었다는 것입니다.

예정자 : 이혼까지 생각하게 되었다고요? 말도 안 돼요.

은준인 : 이것을 의학적으로 '남편 재택 스트레스 증후군'이라는

것인데요. 이 증상은 우리나라의 경우 일반적으로 퇴직한 남편으로 인해 나타나게 된다는 것입니다. 중요한 것은 이것이 하나의 엄연한 질병이라는 사실입니다. 남편 입장에서는 좀처럼 납득이 가지 않았을 것입니다. 남편이나 아내 어느 쪽도 잘못된 것은 아니지만, 오랫동안 남편이 집에 없는 전제하에 자신의 생활을 구축해온 아내로서는 남편의 정년으로 갑자기 자유를 빼앗기게 되어 참기 어려운 상황으로 전개되었다는 것입니다. 바로 이 부분에서 우리는 아주 중요한 포인트를 발견할 수 있습니다. 즉 나이가 들어갈수록 부부는 각자의 자유를 지켜주는 것을 기본으로 하여 더불어 사는 법을 배워야 한다는 것입니다. 여기에서 각자의 자유를 지켜준다는 의미는 각자가 홀로 지내는 삶을 잘 지탱하고 유지시켜 나가야 하는 것을 기본으로 하고 있습니다. 반복되는 얘기지만 저는 은퇴준비 4영역 중에서 가장 먼저 준비해야 할 첫 번째 영역으로 '혼즐삶'을 강조하였는데요. 이것이 바로 혼자서도 잘 즐길 수 있는 삶에 대한 준비를 탄탄히 해 놓아야 모든 것이 완성될 수 있다는 의미입니다. 즉, 나이가 들수록 혼자서도 잘 즐길 수 있는 혼즐삶을 위해 고독력을 키워야 한다는 것입니다. 이것은 아주 중요한 개념이라 할 수 있습니다.

예정자 : 소장님! 그럼 고독력이란 구체적으로 무엇입니까?

은준인 : 결론적으로 말해 고독력(孤獨力)이란 고독이 가지고 있

는 강점을 최대한 활용한 숨겨진 힘을 말합니다. 여기에서 고독이란 외로움과는 확연히 다른 개념으로 봐야 됩니다. 결코 고독이란 다른 사람과의 접점을 피하거나 누구에게 무시당하고 고립되는 개념이 아닙니다. 어쩌면 혼자서 자신이 믿는 길을 걸어가는 초연함에 더 가까운 개념으로 봐야 할 것입니다. 즉 고독에 내재된 강점만을 추출하여 엑기스로 만든 힘이 바로 고독력이 되는 것입니다.

예정인 : 고독에 내재된 강점만을 추출한 엑기스로 만든 힘이라고요. 그 힘이 무엇입니까?

은준인 : 말씀드리죠. 고독력 안에는 우리가 전혀 예상하지 못한 아주 강한 힘이 숨겨져 있습니다. 어쩌면 우리의 인생 2막을 통째로 바꾸어 줄 수도 있는 아주 강한 힘입니다. 정말로 고독력에 숨어 있는 힘은 과연 무엇일까요? 저는 일본에서 고독력의 대가(大家)로 통하고 있는 <고도 토기오>라는 작가가 쓴 '혼자서도 강한 사람'이란 책 내용을 바탕으로 제 나름대로 정리한 내용를 전하고자 합니다.

예정자 : 고독력이란 단어를 쓰신 일본 작가가 있으시군요?

은준인 : 그렇습니다. 저도 처음에 그 책을 통해 고독력이란 단어를 처음 알게 되어 나름 공부하게 되었던 것입니다. 그래서 제가 정리한 결론이 3가지의 놀라운 힘을 우리에게 줄 수 있다는 확신을 갖게 되었습니다.

예정자 : 3가지 놀라운 힘이 도대체 뭐지요?

은준인 : 첫 번째, 고독력은 우리에게 구체적 '성숙함'을 준다는 것입니다. 좀 어렵게 들릴지 모르겠지만 우리의 지금까지의 갈팡질팡한 삶에서 벗어나 제대로 된 자기주도의 삶을 살아가게 만들어준다는 뜻으로 해석하면 될 것입니다. 다시 말씀드리면 고독력은 우리를 아주 성숙하게 만들어 준다는 것이죠. 그래서 우리는 소이 고독이라 불리는 혼자만의 시간을 적극적으로 늘려 고독력을 키워가야 한다는 것입니다. 그 시간을 이용하여 먼저 자기 스스로를 파악해 보는 시간을 가지라는 것입니다. 자신이 추구하는 목표가 무엇이고, 어떤 성격의 사람이고, 자신이 무엇을 좋아하고 싫어하는지, 또 무엇을 잘하고 못하는지 등 그동안 구체적으로 가져보지 못한 자신에 대한 냉정한 성찰의 시간을 가져보는 것입니다. 이것이 바로 우리가 구체적인 성숙한 삶을 살아가는 뿌리가 된다는 것입니다. 어쩌면 고독력만이 줄 수 있는 힘일지도 모르겠습니다. 이를 바탕으로 해서 우리는 자기 주도적인 삶을 살아갈 수 있게 되는 것입니다. 고독력이 우리에게 주는 첫 번째 힘, 그것은 바로 구체적 성숙함입니다.

예정자 : 고독력은 우리를 성숙하게 만들어 주도적인 우리의 삶을 살 수 있게 한다는 그런 말씀이시군요. 100% 공감합니다. 그럼 다음 두 번째 힘은요?

은준인 : 두 번째, 고독력은 우리에게 자유로운 '독립심'을 심어 준다는 것입니다. 고독력이란 본연적으로 독립적인 힘이지 않습니까? 그래서 고독력을 키우면 인관관계에서 불필요한 감정을 소모하지 않게 되어 스트레스도 덜 받게 만듭니다. 자연스럽게 배우자, 가족, 연인, 친구들을 속박하지도 않게 되고, 또 무엇보다 좋은 점은 자기 자신을 제대로 파악하여 자신의 삶의 방향을 명확히 정할 수 있다는 것입니다. 결론적으로 확고한 독립심이 생겨나게 할 수 있다는 것입니다. 대부분의 우리는 지금까지 끊임없이 타인의 관심을 갈구하며 살아오지 않았습니까? 때때로 삐걱거리는 인간관계에서 감당하기 힘든 스트레스도 받으며 버텨왔습니다. 이 모든 것들이 독립심이 자리 잡지 못한 상태에서는 항상 겪을 수 있는 아픔이라고 할 수 있는데요. 고독력을 키우면 이런 상태에서 탈출하여 확고한 독립심이 생겨나게 되는 거죠. 이것은 주체적이고 독자적인 삶을 살고 싶어 하는 사람들에게 진정한 내면의 힘을 기르는 길로 안내할 수 있다는 것입니다. 그런데 이러한 독립심이 우리를 더 자유롭게 만든다는 사실을 알고 계신가요?

예정자 : 독립심이 우리를 더 자유롭게 만든다고요? 그게 무슨 의미이죠?

은준인 : 독립심이란 녀석은 항상 자유로움을 동반합니다. 그래서 독립심이 크면 클수록 더 자유롭게 되는 것입니다. 고독

력이 우리에게 주는 두 번째 힘, 그것은 바로 확고하면서도 자유로운 독립심이라 할 수 있습니다.

예정자 ; 그러니까 고독력은 독립심을 키우고 독립심은 자유로움을 준다. 그런 의미이군요. 놀랍습니다. 그럼 세 번째 힘은 무엇입니까?

은준인 : 세 번째는 정말 중요합니다. 제가 은퇴준비 4영역과 자기핵심브랜드를 창출하는데 있어서 고독력의 바로 이 힘이 오늘날의 저를 이끌어 주었다고 생각하는 부분입니다. 즉 고독력은 내안에 잠든 '창의성'을 깨워준다는 것입니다. 너무나 멋지지 않습니까? 우리는 지금까지 개인의 창의성을 발휘할 특별한 이유나 시간조차 확보하지 못하고 많은 부분을 놓치며 살아왔습니다. 우리의 많은 창의성이 내안에 숨겨진 채로 잠들고 있었던 거죠. 그런데 고독력은 우리에게 지금까지 이렇게 잠들어 있던 창의성을 깨워 준다는 것입니다. 많은 창의적 작품이 고독한 분위기 속에서 탄생하게 됨을 우리는 많이 보와 왔습니다. 우리도 고독력을 키워간다면 보다 더 창의적이고 창조적인 삶을 살아갈 수 있다는 것입니다. 나이가 들어갈수록 이러한 창의성은 우리에게 더 큰 에너지로 다가올 것입니다. 창의성에는 나이가 문제될 수 없습니다. 고독력을 키워간다면 나이에 상관없이 분명 내안에 잠든 창의성을 깨워줄 수 있을 것입니다.

예정자 : 그럼 소장님은 고독력으로 내 안에 잠든 창의성을 깨웠

나요?

은준인 : 물론이죠. 퇴직 후 꾸준히 키워 온 나만의 고독력으로 짧은 시간에 많은 것을 만들어냈습니다. 은퇴 전문 작가가 되었고, 은퇴준비, 안전, 민방위, 시니어 등 다양한 분야에 전문강사가 되었고요. 구독자 1만명의 1인 유튜버가 되었고 또한 작사가로 데뷔하여 작사가의 길을 걷고 있습니다. 또한 공공기관 1급 면접관과 최근 시집 발간 등 여러 가지 새로운 타이틀을 쥐게 되었죠. 그 외 드럼과 숄더키보드의 악기 연주, 요리, 제빵, 수많은 자격증 취득 등 다양한 활동에 대한 도전심을 저에게 직접 선물해 주었던 것입니다.

예정자 : 그 모든 것이 고독력의 힘이라는 것이지요?

나이가 들수록 고독력을 키워야 큰다

은준인 : 그렇습니다. 고독력의 힘입니다. 고독력의 힘이 아니고는 절대로 이룰 수 없다는 것입니다. 이렇게 고독에 내재된 긍정적인 힘인 고독력을 이해하는 것은 이제 크게 어렵지 않을 것입니다. 그런데 중요한 것은 고독력을 어떻게 키우느냐가 매우 중요할 것입니다.

예정자 : 맞아요! 고독력을 키우려해도 어떻게 키워야 하는지 모르잖아요. 고독력은 어떻게 키워야 합니까?

은준인 : 우선, 고독을 두려워말고 고독에 포함된 최고의 강점인 성숙함, 독립심, 창의성을 마음껏 누리십시오. 좀 더 쉽게 말씀드리면 외로움 속에 파묻혀 신음하고, 몸부림치고, 쩔쩔매기보다는 외로움과 정면 승부하고 그 속에서 성취와 창조의 기쁨을 발견하고 느껴야 하는 것입니다. 바로 외로움을 고독력(Solitude)으로 승화시키셔야 하는 것입니다. 외로울 시간이 어디 있습니까? 그런 외로움은 지나가는 개나 갖다 줘 버리세요. 요점은 바로 조그마한 하나하나의 도전에서 성취와 창조의 기쁨을 느끼시라는 것입니다. 매일 매일 그런 성취와 창조의 기쁨을 조금씩 만들어 가는 것입니다. 이것은 결국 의지의 문제인데요. 자꾸 그러한 의지를 갖고 시도한다면 쉽게 고독과 친해질 수 있습니다. 제가 그렇게 실천했으니까요. 분명한 것은 고독력이 우리의 노년의 행복을 책임질 수 있는 하나의 중요한 소스가 된다는 것입니다. 고독력이 강한 사람일수록 어울려 사는 방법도 훨씬 더 잘 알 수 있는 것입니다. 어울려 사는 소중함을 훨씬 더 잘 느끼기 때문입니다. 고독력은 백세 시대를 살고 있는 우리의 노후에 가장 필요한 필수 덕목임이 틀림없다고 저는 생각합니다.

예정자 : 고독력! 정말 중요하군요. 혼자서 외롭게 지내라는 느낌이 아니군요. 혼자 있는 시간을 외로워 말고 그 시간을 통해 더욱 성숙해지고 자기 인생을 독립적으로 살아가

는 힘을 키우고, 그 과정에서 창의력을 발휘하여 많은 것을 이루내야 된다는 말씀이시군요. 그런 사람들이 더욱 사람들을 소중히 여기고 인간관계도 더욱 잘 할 수 있다는 말씀으로 요약하면 될까요?

은준인 : 정확히 이해하셨습니다. 우리의 인생에서 많은 것들이 이러한 혼자서 사색하고 고민하고 연구하여 마지막 실행하는 과정을 통해 만들어지는 것이고 특히 퇴직 후에는 그 시간들이 더욱 필요하게 된다는 것입니다. 고독에서 나오는 힘, 그 엄청난 코어의 힘을 찾아 자기 것으로 만드는 것이 바로 고독력의 힘인 것입니다.

예정자 : 소장님의 말씀 하나하나가 가슴에 와 닿습니다. 모든 것을 소장님이 직접 경험한 내용을 전달해 주시니 더욱 쉽게 받아들일 수 있는 것 같군요. 저는 지금까지 무엇이든 계획한 일이 안되면 운이 없다고 생각했는데 소장님의 말씀을 듣고 보니 운이 없어 그런 게 아니라 이러한 창의적인 노력이 부족해서 목표를 완성시키기가 어려웠던 것이군요. 소장님의 말씀 정말 가슴에 와 닿습니다. 감동입니다.

은준인 : 정말 잘 받아 주셔서 감사합니다. 운 얘기가 나와서 말인데요. 저는 운이라는 것도 이러한 창의적인 노력의 과정에서 파생되는 하나의 결과물이라고 생각됩니다. 결국 운이 있으려면 운을 깨워야 운이 따르게 되는 것이지 그냥 어느 날 갑자기 운이 하늘에서 뚝 떨어지는

것은 절대 아니라고 저는 봅니다.

예정자 : 운을 깨워야 한다고요? 그게 무슨 의미인가요?

은준인 : 제 말씀은 운은 있고 없고요 문제가 아니라 깨우고 안 깨우고 문제라는 것입니다. 운이 없다는 것은 자기의 운을 아직 안 깨웠기 때문인 것입니다. 그럼 지금부터 운을 깨우는 방법에 대해 말씀드려 보겠습니다.

예정자 : 이 주제도 정말 기대됩니다.

운은 있고 없고가 아닌 깨우고 안 깨우고의 문제

은준인 : 우선 운(運)에 대해 조금 아셔야 되는데요. 결국 운이라는 것은 누구에게나 존재하고 있다는 것입니다. 나는 못 배워서 운이 없고, 나는 부자라 운이 있고, 나는 흙수저라 운이 없고 나는 금수저라 운이 있는 것이 아닙니다. 운은 누구에게나 공평하게 다 나눠 주었다는 것입니다. 그런데 그 운의 최고의 단점은 잠꾸러기라는 것입니다. 그래서 이 잠꾸러기는 자기 내면에서 항상 잠자고 있다는 것이죠. 그래서 운이 있으려면 잠자고 있는 자기운(自己運)을 깨워야 한다는 것입니다.

예정자 : 자기운을 깨워야 한다고요? 그럼 그 운을 어떻게 깨우나요?

은준인 : 제가 그 방법을 가르쳐 드리려고 해요. 이 방법은 제가

몇 년 전 운에 대해 공부를 할 때 감동 있게 읽은 책이 있는데요<김도윤/럭키>. 그 책에서 얻은 내용을 기초로 제 나름의 법칙을 조합시켜 퇴직 후에 실제 활용하고 있는 실전 방법을 소개해 드리려고 합니다. 저는 이 방법을 염두에 두고 항상 행동하는데요. 그런 후부터는 정말 운이 많이 따른다는 것을 피부로 느끼며 살고 있습니다. 전 정말 그 법칙이 잠자고 있는 제 운을 깨우고 있다는 확신을 갖고 있습니다. 아직도 저에게는 여전히 잠자고 있는 운도 제법 많은데요. 나머지 운마저도 다 깨워야겠죠.

예정자 : 더욱 그 법칙이 궁금하군요.

운을 깨우는 7가지 법칙, '굿락! 7 키워드'

은준인 : 운을 깨우는 법칙은 모두 일곱 가지가 있는데요. 쉽게 전달하기 위해 모두 키워드를 하나씩 넣어 정리했습니다. 그 키워드가 상징하는 일곱 부류의 사람의 특징을 생각하시면 쉽게 기억할 수 있습니다. 그것을 저는 '굿락! 7키워드'라고 부르고 있습니다. 내안에 잠든 운을 깨우는 7가지 법칙 '굿락! 7키워드'중 첫 번째는 인생의 내비게이션이 되어 줄 세르파(Sherpa)를 가까이 두

기입니다.

예정자 : 등산할 때 말하는 그 세르파를 뜻하는 건가요?

은준인 : 그렇습니다. 우리의 인생에는 히말라야 등정대의 세르파와 같은 조력자가 반드시 필요하다는 것입니다. 즉, 운을 가져다주는 것은 결국 사람이고 성공의 모든 기회는 사람에게서 온다는 것입니다. 다시 말해 바로 자기 인생을 이끌어 줄 내비게이션이 되어 줄 수 있는 그러한 사람을 만나라는 것입니다. 모든 인간관계가 친분으로만 연결되어 있다면 그건 문제가 있을 수 있습니다. 내가 지금 가까이 해야 할 사람은 만나서 무조건 편안한 사람이 아니라 현재 자기 분야에서 잘하고 있는 그런 부류의 사람을 가까이 해야 한다는 것입니다. 왜냐하면 성공한 사람들은 자기의 성공의 이유를 주변에 있는 어떤 사람으로 인해 결정적인 도움을 받아 그 성공의 계기를 만들었다고 말합니다. 우리도 그러한 사람을 가까이하고 그 사람을 통해 내가 어떻게 좋은 점을 닮을지를 배워야 한다는 것입니다. 바로 그들의 흘린 땀을 내 것으로 만드는 것이 내안에 잠든 운을 깨우는 첫 번째 법칙인 것입니다.

예정자 : 자기를 도와줄 조력자를 가까이 두라는 말씀이군요. 그 조력자를 통해 운이 만들어 진다는 것이군요. 정말 맞는 말 같아요. 오늘 제가 소장님을 만나 이렇게 좋은 가르침을 배우는 것이 바로 운을 깨우는 일이군요. 그

럼 두 번째 법칙은 무엇입니까?

은준인 : 내 안에 잠든 운을 깨우는 7가지 법칙 '굿락! 7키워드' 중 두 번째는 숙련된 파도타기 서퍼로부터 배우기입니다.

예정자 : 바다에서 파도 파는 서퍼를 말하시는 겁니까?

은준인 : 그렇습니다. 숙련된 서퍼가 파도를 탈 때에는 항상 파도의 움직임을 주의 깊게 살핍니다. 즉, 파도의 움직임을 잘 읽어야 실패 없이 파도를 잘 탈 수 있다는 것입니다. 우리는 지금 모든 것이 모바일 하나로 가능해진 디지털 세상에 살고 있습니다. 발로 뛰고 직접 경험하기에는 세상의 변화는 너무나 그 속도가 빠릅니다. 우리는 달라진 속도만큼 변화의 속도를 제대로 읽을 수 있어야 한다는 것입니다. 우리는 매순간 선택의 기로에 서 있는데요. 이 과정에서 좋은 선택을 하는 것이 얼마나 중요한지를 잘 알고 있습니다. 그런데 이러한 선택의 과정에는 파도처럼 굴곡 있는 여러 가지 어려움이 항상 동반하게 되는데요. 이러한 어려움이 와도 다음의 상황을 내다보는 현명함을 결코 잃어서는 안 된다는 것입니다. 즉, 서퍼처럼 파도의 움직임을 잘 관찰하고 어려움이 왔을 때 단지 과거를 탓할 것이 아니라 빨리 상황에서 벗어나서 앞으로 어떻게 나아갈 지를 내다보는 자세가 바로 내안에 잠든 운을 깨우는 두 번째 방법이라 설명 드릴 수 있습니다.

예정자 : 서퍼가 파도의 움직임을 잘 관찰하듯 우리도 어려움이 왔다고 그냥 포기하거나 기권하지 말고 다음의 상황을 잘 내다보고 앞으로 잘 헤쳐 나가야 한다는 그런 말씀이시죠?

은준인 : 맞습니다. 아주 이해가 빠르시군요. 이어서 내안에 잠든 운을 깨우는 7가지 법칙 '굿락! 7키워드'중 세 번째는 페어웨이를 지키는 프로 골퍼로부터 배우기입니다. 인생은 속도가 아니고 방향이라고 했습니다. 방향이 분명해야 속도가 붙기 때문이라는 것입니다. 어디로 달려갈지 모르는데 마냥 속도를 낼 수는 없지 않습니까? 이것은 마치 프로 골퍼와 같은 것입니다. 아무리 빠른 헤드 스피드로 장타를 친다 하더라도 방향이 잘못되어 페어웨이를 지키지 못한다면 그 게임은 망치게 됩니다. 마찬가지로 인생에서도 방향이 중요합니다. 그런데 사실상 속도보다 방향이 중요한 이유는 결국은 목적지에 빨리 가기 위해서입니다. 늦게 도착한 곳에 우리가 가져갈 수 있는 것이 그리 많지 않기 때문입니다. 그럼 방향성을 확보하면서 속도를 키우는 방법은 무엇일까요? 그것은 방향에 해당하는 큰 목표만 잘 잡는 것이 중요한 게 아니라 소이 구조화(構造化)라 할 수 있는 세부적인 목표를 잘 잡아 이를 단계적으로 잘 이뤄 나가는 것이 필요하다는 것입니다. 세부적인 목표달성은 결국 큰 목표로 이어질 수 있기 때문입니다. 즉, 드라이버 다음에 다

테일한 아이언 샷과 칩샷 그리고 마지막 퍼팅까지 세부적으로 잘 가져가야 한다는 것으로 비유하면 어떨까요? 이것이 바로 잠든 운을 깨우는 또 하나의 방법이라는 것입니다.

예정자 : 프로 골퍼처럼 방향성을 확보하면서 속도감을 키우고 디테일한 부분까지 잘 가져가는 것이 우리의 운을 깨우는 방법이군요. 그러기 위해서는 큰 목표와 함께 세부적인 목표 달성에 노력해야 한다는 말씀이군요. 다음 네 번째는요?

은준인 : 내 안에 잠든 운을 깨우는 7가지 법칙 '굿락! 7키워드' 중 네 번째는 수레바퀴 돌리는 노예의 근성에서 탈출하기 입니다. 대부분의 성공한 사람들을 보면 우리가 하지 않았던 그 부분을 했기 때문입니다. 만일 우리가 수레바퀴를 돌리는 노예처럼 똑 같은 일을 똑 같은 방법으로 끊임없이 만성에 젖어 반복만 한다면 결코 성공할 수 없을 것입니다. 성공한 사람들을 단순히 부러워만 하지 말고 지금의 상황을 개선할 뭔가를 찾아 적극적으로 시도하는 것이 필요하다는 것입니다. 시도해도 자꾸 실패한다면 과감히 인풋을 바꿔야 합니다. 우리의 일상에서 돌아가고 있는 운명의 수레바퀴, 즉 만성에 젖은 루틴에서 과감히 탈출하여 새로운 뭔가를 지속적으로 찾는 것이 내안에 잠든 운을 깨우는 신호탄이 된다는 말씀입니다. 이해가 되시지요?

예정자 : 물론이죠. 정말 필요한 습성이라 느껴집니다. 매너리즘에 빠지지 말고 새로운 것을 항상 개선해 나가는 노력이 필요하다는 말씀으로 요약될 것 같습니다.

은준인 : 정말 받아드리시는 게 뛰어 나시네요. 별명을 스펀지라고 해야겠어요. 이어서 내 안에 잠든 운을 깨우는 7가지 법칙 '굿락! 7키워드'중 다섯 번째는 바둑기사의 복기로부터 배우기입니다. 우리는 사는 게 바쁘다는 핑계로 우리의 삶 속에 행운과 불운을 미처 알아차리지 못하고 지나쳐 버리는 경우가 많습니다. 하지만 우리가 이렇게 행운과 불운을 구분하지 못한다면 미래에 다가올 행운을 놓칠 수도 있고 또한 불운을 계속 쌓아 갈수도 있다는 것입니다. 이러한 실수를 반복하지 않기 위해서는 프로 바둑기사처럼 복기를 떠야 합니다. 과거의 나를 충분히 돌아보고 그 과정에서 행운과 불운을 구분하고 항상 긍정적인 행운 에너지를 간직할 수 있도록 노력한다면 바로 내 안에 있는 운을 더욱 쉽게 깨울 수 있지 않을까 싶습니다. 하루를 다시 살 순 없지만 하루를 다시 돌아 볼 수 있다면 그건 분명 더 운 좋은 내일을 약속할 것입니다.

예정자 : 하루를 다시 살 순 없지만 하루를 다시 돌아 볼 수 있다는 그 말이 너무 멋집니다. 바둑기사처럼 복기를 뜨면서 그 가운데 행운을 구별할 줄 알고 긍정 에너지를 가지고 살라는 말씀이시군요. 멋진 말입니다.

은준인 : 내 안에 잠든 운을 깨우는 7가지 법칙 '굿락! 7키워드' 중 여섯 번째는 포기할 줄 모르는 철인 3종 경기 선수로부터 배우기입니다. 철인 3종 경기는 수영, 사이클, 마라톤의 세 종목을 휴식 없이 연이어 하는 경기로서 극한의 인내심과 체력을 필요로 한다는 것을 우린 잘 알고 있죠. 선수들은 참을 수 없는 수많은 고통을 이겨가며 결코 좌절하거나 포기하지 않고 경기를 마치려고 최선의 노력을 다할 것입니다. 우리의 인생도 그렇습니다. 우리의 인생에는 누구나 어려운 상황을 맞이할 수 있습니다. 우리에게 이러한 어려운 상황이 왔을 때 가장 중요한 것은 무엇일까요? 우선 이 상황을 쉽게 해결할 수 없음을 받아들이고 좌절과 포기, 실망이 아닌 처해진 상황과 익숙해지려고 노력하면서 이 상황이 나와 함께 가는 동반자라는 긍정적 생각을 갖고 극복해야 한다는 것입니다. 하버드대 2학년 학생 268명을 대상으로 72년간 인간의 생애에 대해 연구한 하버드대의 <조지 베이런트> 교수는 연구 결과를 '행복의 조건'이라는 저서에 언급하였는데요. 그 행복의 조건 7가지 중 첫 번째 조건이 바로 성숙한 방어기제라고 하였습니다.

예정자 : 최고의 행복의 조건이 성숙한 방어기재라고요? 생소하게 들리는군요.

은준인 : 이 성숙한 방어기제의 의미는 쉽게 말해 고난에 대처하는 자세라는 것입니다. 고난을 성숙하게 대처하지 못하

면 그 누구도 결코 행복을 쟁취할 수 없다는 것입니다. 장장 72년간의 연구 결과입니다. 이제 우리에게 마냥 편하고 익숙한 것들과 작별하고 고난이나 어려움이 닥쳤을 때 성숙하고 유연하게 대처하는 방식을 철저히 익혀야 합니다. 이러한 과정을 통해 내 안에 잠든 운을 깨울 수 있다는 것입니다.

예정자 : 결코 좌절하거나 포기하지 않고 닥친 고난을 잘 극복해 나가는 슬기로움을 강조하신 것 같습니다. 행복해지려면 고난을 잘 극복하는 힘이 매우 중요하군요. 그럼 마지막 하나 남았네요.

은준인 : 마지막 일곱 번째군요. 내안에 잠든 운을 깨우는 7가지 법칙 '굿락! 7키워드'중 마지막 일곱 번째는 시위를 당기는 궁사로부터 배우기입니다. 궁사가 목표한 과녁에 화살을 맞히고 싶다면 시위를 당기고 화살을 놓아야 할 것입니다. 출발시켜야 한다는 것입니다. 우리가 운을 찾기 위해서 해야 할 최소한의 일이 바로 이것입니다. 바로 시작이라는 의미입니다. 무엇이든 처음 시작하는 순간은 설레기보다 두려움이 있기 마련입니다. 어떻게 하는지 모든 것을 잘 알기 때문에 시작하는 것이 아니라 어떻게 하는지 알기 위해 시작해야 한다고 말하지 않습니까? 우리에게는 도착점만큼 중요한 시작점이 있다는 것을 새겨야 할 것입니다, 복권을 긁지도 않았는데 당첨이 될 수는 없지 않습니까? 이제 시작하셔야 합니다.

그래야 내안에 잠든 운을 깨울 수 있으니까요.

예정자 : 시작하라는 말씀이신데요. 마지막 복권 긁은 얘기가 정말 압권이군요. 긁어야 1등이든지 꽝이든지 나오게 되는 거죠. 시작의 중요성을 실감합니다.

은준인 : 이렇게 내 안에 잠든 운을 깨우는 7가지 법칙 '굿락! 7 키워드'에 대해 말씀드렸는데요. 제가 제시한 7가지 키워드는 세르파, 서퍼, 골퍼, 노예, 바둑기사, 철인 3종 경기자, 궁사로 요약될 수 있을 것입니다. 결국 운이라는 것은 선택하고, 노력하고, 준비한 자에게 온다는 것입니다. 운을 깨우고 싶으시다면 무조건 따라야할 법칙이라 생각됩니다. 한번 실천해 보세요. 운을 믿지 않는 사람일수록 성공해 본 적이 없는 사람이라고 합니다. 결론적으로 말해 운이라는 것은 누구에게나 공평하게 내재되어 있다는 것입니다. 다만 그 운이 우리들 속에서 잠자고 있을 뿐인데요. 잠자고 있는 그 운을 깨우지 않으면 그 운은 평생 내안에서 그냥 잠자게 된다는 것입니다. 결국 운이 좋은 사람이 되려면 내 안에 잠든 운을 깨우기만 하면 되는 것입니다. 자명종을 울려 내 안에 잠든 운을 깨워야 합니다. 꼭 7개 단어를 기억해 두세요. 그들이 내 운을 만들어 줄 것입니다.

예정자 : 그럼 그냥 7가지 키워드 단어만 기억하면 되는 것입니까?

은준인 : 아닙니다. 실천 방법을 따라야 하는데요. 제가 하는 방

법을 잠시 소개해 보겠습니다. 그냥 참고해 보세요. 저는 어떤 도전 과제가 나오면 가급적 이 법칙에 다 적용시켜 봅니다. 그러면 정말 그 일이 잘 진행됩니다. 운이라는 것이 그런 거 아닐까요?

예정자 : 좀 더 구체적으로 예를 들어 주시면 좋겠어요.

은준인 : 좋습니다. 최근 제가 흠뻑 빠져 있는 것이 있는데요. 바로 재봉틀입니다. 저는 이것도 '굿락! 7키워드'에 적용해서 하고 있습니다. 먼저 1번 세르파인데요. 처음에는 독학으로 시작했지만 한계를 느꼈죠. 그래서 이 분야에서 저를 도와 줄 고수를 찾아갔죠. 바로 지자체에서 운영하고 있는 평생교육 학습관인데요. 거기에서 재봉강사님을 제 세르파로 모신 거죠. 다음 서퍼에서 배우기는 처음에 조그만 가정용 재봉틀로 시작 하다가 언젠가는 제대로 하려면 공업용 미싱으로 해야 할 것이라고 생각되어 공업용 미싱을 배우게 되었고요. 3번 골퍼는 이왕 재봉기술을 배우려면 디테일 한 부분까지 배워야 하니까 여러 가지 리폼부터 수선, 제작에까지 세부적으로 배우게 되는 것이고요. 4번 노예에서 탈출하기는 그냥 만성적으로 학습관 프로그램에 참여한다고 다 되는 게 아니고 더욱 효과성을 높이기 위해서는 매번 제작한 작품을 영상을 찍어 유튜브에 올리는 작업을 병행하여 효과를 배가 시키는 것이고요.

예정자 : 유튜브 영상까지 찍어 올리시는군요.

은준인 : 그렇습니다. 2마리 토끼를 잡는 거죠. 계속해서 5번 바둑기사처럼 복기하기 위해서는 매주 배운 작품을 간단히 정리하여 노트에 기록해 두고 있고요. 6번의 철인 3종 경기자처럼 어려움을 있어도 극복하여야 하는데 처음 학습관에 등록해서 배우는데 남자는 저밖에 없어 많이 망설였지만 그래도 잘 극복해서 잘 다니고 있습니다. 마지막 7번 궁사로부터 배우기는 시작의 중요성, 즉 출발점이 중요한데요. 결심한 내용을 잘 검토해서 시작하여 지금은 한 작품 한 작품을 배우며 꾸준히 실력을 계속 연마하고 있습니다. 앞으로 1~2년 후면 옷도 자력으로 수선할 수 있고 아내 옷 리폼도 해주고 또 미래의 손주들에게 멋진 소품이나 옷 선물도 가능할 것으로 보여 집니다. 이렇게 매사에 이 법칙을 생각하면서 진행하니 무슨 일이든 술술 풀려서 정말 운이 따르는 기분이 드는 것입니다.

예정자 : 와우! 재봉을 배우시는 것도 신기한데 이것을 여기에 접목까지 하시는 군요. 정말 잘 알겠습니다. 운은 이렇게 스스로 만들어가는 것이라는 말씀으로 이해됩니다. 그러니까 저에게 운이 없는 것이 아니고 운을 아직 못 깨웠군요. 자명종이 없는 사람은 핸드폰 알람 기능도 되겠지요?

은준인 : 물론이죠. 운을 무조건 깨우기만 하면 됩니다. 7인의 키워드의 특징을 어떻게 자기화, 즉 자기 것으로 조금씩

만들어 가느냐가 중요합니다. 꼭 기억해 두세요.

예정자 : 정말 멋지시네요. 인물의 특징을 연상하기 7가지를 모두 기억할 수 있겠네요. 꼭 실천하고 싶습니다. 그런데 소장님! 아까 여섯 번째 철인 3종 경기 선수로부터 배우기를 설명하실 때 행복의 조건 중 첫 번째가 성숙한 방어지제로 고난을 극복하는 자세가 필요하다고 말씀하셨는데요. 굉장히 공감을 했습니다. 그럼 우리가 그토록 갈망하는 행복을 만드는 조건이 따로 있습니까? 그 부분을 좀 더 자세히 설명해 주실 수 있나요?

은준인 : 대화하기에 좋은 주제이자 꼭 필요한 내용입니다. 우리는 퇴직 후에 은퇴준비를 열심히 해야 하는 이유를 무엇이라 생각하시나요?

예정인 : 노년에 더 행복해지려고 그러는 것이 아닐까요?

은준인 : 맞습니다. 노년에 더 행복해 지기 위해서입니다. 그런데 노년의 행복을 벌써 60세가 되기 전에 갈음할 수 있다는 것입니다. 어떤 조건을 갖추었느냐에 따라 확연히 달라진다는 것입니다.

예정인 : 어떤 조건을 갖추었느냐에 따라 60세 전에 미리 노년의 행복을 갈음할 수 있다는 말씀입니까?

60세 이전에 이미 노년의 행복지수 갈음할 수 있다

은준인 : 그것이 바로 제가 아까 말씀드린 '행복의 조건'이라는 책에 나오는 아주 중요한 내용입니다. 그 조건을 제가 간단히 말씀 드리겠습니다. 저는 그것을 노년의 행복의 정도를 미리 갈음할 수 있는 행복의 조건 7가지라고 표현하고 있는데요. 사실 이 결과는 미국의 하버드대에서 오랜 기간 연구 결과로 얻은 내용입니다. 이 부분을 얘기하기 전에 제가 먼저 질문을 던져 보겠습니다. 행복이란 것이 어떻게 만들어진다고 생각하시나요? 다시 말씀드려 행복을 이루기 위한 조건이 있다면 그 조건은 어떤 것들이 있을까요?

예정자 : 글쎄요! 돈도 좀 있고 건강하고 가족들 모두 잘 지내면 되지 않을까요?

은준인 : 우리는 살아오면서 우리에게 불현듯 찾아오는 기쁨, 즐거움, 만족감, 이런 것들을 통해 크고 작은 행복을 우리는 느끼게 됩니다. 누군가가 말하길 행복은 여정이지, 최종 목적지가 아니라고 했습니다. 이것은 아마도 행복은 매 순간 순간 느껴야 되는 것이지 성적표를 받아보고 그 성적에 따라 행복을 판가름 하는 것은 아니라는 얘기라 할 수 있습니다. '행복은 성적순이 아니잖아요?'라는 영화도 있지 않습니까? 그럼 우리는 이러한 행복을 얻기 위해서는 어떻게 해야 할까요? 과연

아무런 준비 없이도 행복을 마냥 얻을 수 있는 것일까요? 그러면 얼마나 좋을까요? 하지만 그렇지 않습니다. 중요한 것은 각자의 노년의 행복은 60세가 되기 전에 각자가 갖추어 놓은 행복의 조건에 의해서 거의 결정된다는 것입니다.

예정자 : 소장님께서 그렇게 말씀하시는 것은 그럴만한 배경이 있어 보이는군요?

은준인 : 맞습니다. 제 얘기가 아니고 한 유명한 연구 결과를 말씀드리는 것입니다.

예정자 : 연구 결과라고요?

은준인 : 소개해 드리겠습니다. 미국의 하버드대 의과대학 교수인 <알리벅>교수는 268명의 하버드대 2학년을 대상으로 인간의 생애에 관한 종단적 연구를 위한 '그랜트연구'라는 것을 시작하였는데요. 연구 도중에 그가 사망하자 하버드대 다른 의대 교수인 <조지 베이런트> 교수가 이 연구를 이어 받아 무려 총 72년간을 연구하였다고 합니다. 이 연구를 마친 조지 베이런트 교수는 그 결과를 '행복의 조건'이라는 책에 담았는데요. 그 책의 가장 중요한 핵심 내용은 노년의 행복의 정도는 7가지 요소가 어떻게 준비되어 있느냐에 따라 결정될 수 있다는 것입니다. 그래서 이것을 행복의 7가지 조건이라고 합니다.

예정자 : 72년간의 연구라고요? 정말 긴 시간 동안의 연구 결과이군요. 그런데 이 연구 결과가 은퇴자들에게 어떤 의미

가 있을까요?

은준인 : 잘 생각해 보세요. 결국 우리가 퇴직 후 인생2막을 행복한 삶이든 품격 있는 삶이든 우리가 추구하는 목표된 삶을 살기 위하여 우리는 은퇴준비를 하는 것인데요. 노년의 행복의 조건을 미리 알 수 있다면 그것을 더욱 구체적이고 체계적으로 준비할 수 있을 것입니다.

예정자 : 노년의 행복의 조건을 미리 알고 거기에 대응하는 은퇴준비를 갖추자는 말씀이군요. 그럼 우선 그 일곱 가지 행복의 조건을 알아야겠군요. 무엇입니까?

72년간의 연구가 만들어 낸 행복조건 1순위는?

은준인 : 맞습니다. 잘 이해하셨군요. 행복의 조건을 미리 알고 우리의 은퇴준비 4영역을 잘 준비하고 자기핵심브랜드를 잘 창출해 나간다면 노년의 행복 컬리티(Quality)는 더 높아질 수 있다는 말입니다. 7가지 조건을 다 듣고 나면 우리가 지금 준비하려는 은퇴준비 4영역이 얼마나 중요한지를 이해할 수 있을 것입니다.

예정자 : 행복 조건 7가지와 은퇴준비 4영역 그리고 자기핵심브랜드가 모두 다 연결이 가능하군요. 행복의 조건 7가지가 더욱 궁금해집니다.

은준인 : 그래서 지금부터 행복의 조건 7가지를 쉽게 요점만 전

해 드리도록 하겠습니다. 이러한 행복의 조건 7가지 중 우리의 노년의 행복의 정도를 갈음할 수 있는 행복의 조건 첫 번째가 바로 제가 아까 말씀드린 성숙한 방어기제라는 것입니다. 이 말이 조금 어렵게 들리지만 쉽게 설명 드리면, 고난의 극복 자세 즉 고난이 왔을 때 얼마나 이 고난을 잘 극복할 수 있는 자세를 갖추느냐 하는 것입니다. 이것은 결국 우리가 어떠한 시련이나 고난에 부딪혔을 때 이를 잘 극복하지 못하면 큰 불행에 빠지게 되고 결코 행복해 질 수 없다는 것입니다. 위기에 강한 사람이 되어야 한다는 얘기인데요. 평소 우리가 아무리 잘 살아간다 해도 누구에게나 닥쳐올 수 있는 예상치 못한 고난과 위기를 우리가 극복하지 못한다면 행복과는 거리가 멀어지게 된다는 얘기입니다. 그러기 위해서는 평소 인내심을 기르고 긍정적 생활 자세와 유머 등으로 무장할 것을 이 연구에서 권하고 있습니다.

예정자 : 완전 공감이 됩니다. 맞는 것 같아요. 성공한 사람들의 스토리 뒤에는 전부 어려움을 극복한 얘기들이 숨어 있잖아요. 저도 이제 어려움이 와도 잘 극복해야겠다는 남다른 각오가 생기네요.

은준인 : 그러시군요. 그럼 퇴직 후에 이러한 어려움과 고난을 극복하기 위해서는 어떻게 해야 할까요? 책에서 언급한 내용은 인내심을 기르고 긍정적 생활 자세를 갖고 유머

등으로 무장하라고 하는데 그것으로 충분할까요? 해법이 너무 막연하지 않나요? 그래서 제가 주장하는 은퇴 준비 4영역인 혼즐삶, 함즐삶, 끝도삶, 봉즐삶에 대한 준비를 충분히 갖추고 고독력을 계속 키워 간다면 닥쳐올 고난을 쉽게 극복할 수 있다는 것입니다. 좀 더 정확히 말씀드리면 그러한 고난 발생 자체를 상당 부분 미리 막을 수가 있다는 것입니다. 이해가 되시나요?

예정자 : 아! 그렇군요. 자기 미래 인생을 하나하나 책임지고 준비해 나가면 아무래도 많은 어려움과 고난이 사라질 것이고 설사 발생하더라도 극복할 수 있는 내공이 쌓이겠군요. 그럼, 두 번째는 무엇인가요?

은준인 : 우리의 노년의 행복의 정도를 갈음할 수 있는 행복의 조건 두 번째는 평생교육입니다. 나이가 들어서도 끊임없이 배우고 도전하는 학습 자세가 노년의 행복에 아주 중요한 요소가 된다는 것입니다.

예정자 : 뜻밖이네요! 평생교육이 두 번째군요. 항상 배우는 자세가 행복의 중요한 요소가 되는군요.

은준인 : 이것도 보십시오. 우리는 끝도삶을 하지 않습니까? 끝도삶이 곧 평생교육 아닙니까?

예정인 : 정말 그렇군요. 그럼 세 번째는 무엇입니까?

은준인 : 행복의 조건 세 번째는 안정된 결혼 생활입니다. 말하면 잔소리겠죠. 안정된 결혼 생활은 우리의 노년의 행복을 책임지는 정말로 중요한 요소라 아니할 수 없습니다. 연

구 결과에 의하면 건강을 잃는 것보다 가정을 잃는 것이 불행도가 더 크다고 합니다. 원만하고 안정된 결혼 생활을 위해서는 부부 모두의 노력이 필요한데요. 특히 퇴직 남편의 역할이 조금 더 강조됩니다.

예정자 : 이것도 봉즐삶의 첫 번째 조건 봉사는 가정에서부터 출발하라는 말씀과 통하는군요. 정말 은퇴준비 4영역의 중요성이 느껴집니다.

은준인 : 안정된 결혼 생활을 위해 부부가 해야 할 행동, 특히 남편의 역할에 대해서는 다시 한 번 별도로 말씀드리도록 하겠습니다.

예정자 : 잘 알겠습니다. 남편의 역할이 매우 중요하다는 말씀이군요. 행복의 조건을 계속 이어가 주시죠.

은준인 : 노년의 행복의 정도를 갈음할 수 있는 행복의 조건 네 번째는 금주를 꼽고 있습니다. 하더라도 아주 적당히 할 것을 권합니다. 나이가 들어가면 갈수록 술이란 놈은 우리에게 여러 가지 측면에서 많은 행복을 빼앗아 가는 주범이 될 수 있습니다. 술은 건강도, 돈도, 심지어 명예나 품격까지도 빼앗아 가기 때문에 금주가 노년의 행복에는 아주 필수적이라는 연구 결과가 나와 있습니다. 적당히 즐기라고는 하지만 그게 그렇게 말처럼 쉽지 않다고들 하죠?

예정자 : 맞습니다. 다음 다섯 번째는요?

은준인 : 노년의 행복의 정도를 갈음 할 수 있는 행복의 조건 다

섯 번째는 금연입니다. 흡연에 대해서는 어떤 이유로도 정말 백해무익하다 할 것입니다. 이어서 여섯 번째는 운동입니다. 굳이 설명이 따로 필요 없다고 생각됩니다만 노년이 되어서도 절대로 버려서는 안 되는 마지막 한 가지 습관을 꼽으라면 운동이라는 것을 우리 모두는 쉽게 동의할 수 있을 것이라 생각됩니다.

예정자 : 운동은 나이가 들수록 더욱 필요할 것이라는 생각이 많이 듭니다. 그럼 마지막 하나 남았군요. 무엇입니까?

은준인 : 노년의 행복의 정도를 가름 할 수 있는 행복의 조건 마지막, 일곱 번째는 적절한 체중유지입니다. 운동을 통해, 또한 식습관과 생활 방식을 통해 적절한 체중을 유지할 수 있다는 것은 노년의 행복의 아주 중요한 요소라는 것입니다. 이상과 같이 일곱 가지를 알아보았는데요. 물론 이 연구에서 제시하는 일곱 가지 외에도 행복을 결정짓는 데는 많은 다른 요소가 있겠습니다만 세계에서 가장 오래 동안 진행된 인간의 생애에 대한 전문가들의 연구를 통해 뽑은 결과이니까 나름 큰 의미가 있다 보여 집니다. 그런데 여기서 중요한 것은 이러한 7가지 요소 중 60세가 되기 전 50대에서 벌써 5~6개 이상이 갖춰진 사람은 80세가 되었을 때 거의 대부분이 행복하고 건강하다는 것입니다. 반면, 3개 이하인 사람은 단 한명도 행복하거나 건강한 사람이 없었다는 연구 결과가 나왔다는 사실입니다.

예정자 : 3개 이하인 사람은 단 한명도 행복하지 않다고요? 저도 지금 턱걸이 수준인데 지금부터라도 고쳐야겠어요.

은준인 : 잘 생각하셨습니다. 바로 그 부분입니다. 누군가 행복해지기 위해서는 어떤 조건을 만들어내어야 하는데 그 만들어 내는 방법이 무엇이냐는 말씀입니다. 그냥 결심만 한다고 이루어지는 것이 아니지 않습니까? 무엇인가 시작을 해야 하는데 뭘 가지고 어떻게 시작하느냐가 중요하지 않을까요? 대부분의 사람들은 마음만 먹고 끝난다는 것입니다. 행동으로 이어져야죠. Thinking is not doing.이라고 하지 않았습니까? 구체적으로 행동으로 옮길 툴이 있어야 되지 않을까요? 그것이 바로 은퇴준비 4영역과 자기핵심브랜드 창출이라는 툴을 사용하라는 것이 좋다는 것이 바로 제 얘기의 핵심입니다.

예정자 : 정말 그렇군요. 이제 왜 이 모델이 중요한지 알게 되었습니다. 퇴직 후 노년의 행복을 갈음할 수 있는 행복의 조건 7가지가 무엇이지 정확히 이해했고요. 이제는 은퇴준비 4영역의 구체적 준비를 통해 행복을 스스로 만들어 내어야겠어요. 오늘 느끼는 것이 너무 많습니다.

은준인 : 배우시려는 자세가 너무도 모범적이십니다. 좋은 은준인이 되실 소양이 너무도 많으시네요.

예정자 : 칭찬해 주셔서 감사합니다. 그런데 소장님! 아까 말씀 중에 안정된 결혼생활을 위해 부부 상호간의 역할이 중요한데 특히 퇴직 남편의 역할이 매우 중요하다고 말씀

하셨는데요. 제가 퇴직 후 아내에게 좀 잘해주고 싶어도 잘 안 되는데 어떻게 하면 될까요? 아내와 그렇게 나쁜 관계는 아니지만 지금까지 직장 생활에 아무래도 매달리다 보니 그게 쉽지가 않네요. 퇴직 후 앞으로 어떻게 해야 될지 조금 걱정입니다.

은준인 : 누구나 다 갖고 있는 공통적인 문제이지요. 퇴직 전에는 전혀 생각지 못했던 문젯거리임에 틀림이 없습니다. 저도 크게 경험한 문제였습니다. 제가 그 비법을 제시해 볼까요?

예정자 : 정말 비법이 있으신가요?

은준인 : 있지요. 그 비법은 바로 아내를 빚쟁이로 만드시는 것입니다.

아내를 빚쟁이로 만들어라

예정자 : 아내를 빚쟁이로 만들라고요? 무슨 말씀이신지요?

은준인 : 그동안 직장 생활을 잘 할 수 있도록 내조해 준 아내에게 감사한 마음을 갖고 계시죠?

예정자 : 예, 많이 고맙죠.

은준인 : 저도 그 심정을 잘 압니다. 제가 그랬습니다. 막상 퇴직을 하려하니 정말 아내가 고맙더라고요. 35년간을 무사히 직장 생활을 마감하고 나름 행복한 은퇴 생활을 하

게 된 부분에 대해 아내의 그간의 내조에 깊이 감사한 마음이 들더라고요. 크게 부자는 아니지만 아파트와 매달 임대료가 나오는 작은 건물도 있고 아이들도 잘 성장하여 각자 자기 몫을 다하고 있다는 생각과 또 크고 작은 어려움이 있을 때마다 슬기롭게 잘 버텨 준 일들에 대해 아내에게 너무도 감사하다는 생각이 들더라고요. 그러니까 마치 내가 아내에게 큰 빚을 지고 있다는 그런 느낌이 들더라고요. 순간 아내에 대해 내가 빚쟁이구나 라는 생각이 들었죠. 그래서 지금부터라도 아내에게 진 빚을 조금씩 갚아 가자. 그러고 모든 빚을 다 청산하고 난 후에 오히려 아내가 저에게 빚을 지고 산다는 느낌이 들도록 소이 아내를 나의 빚쟁이로 만들어 보자 하는 목표를 갖게 되었죠.

예정자 : 신박한 말씀이네요. 아내에 대한 빚을 다 갚고 오히려 아내가 빚을 지고 있다는 느낌이 들도록 잘 대우해 주자는 말씀이네요. 그럼 그 빚을 어떤 식으로 갚는가요?

은준인 : 저는 그것을 아내를 빚쟁이로 만드는 비법 3가지라고 표현하는데요. 한번 들어 보시고 공감하시면 제 비법을 따라해 보세요. 처음에는 조금 어색하지만 자꾸 하다보면 몸에 조금씩 배워져서 어렵지 않게 느껴진답니다. 저도 아직 부족하지만 많이 개선되어 가고 있어요. 제 아내도 많이 좋아 하고 있고요.

예정자 ; 아내를 빚쟁이로 만드는 비법 3가지라고요? 정말 궁금하군요. 소장님! 빨리 말씀해 주세요.

은준인 : 자! 시작하겠습니다. 아내를 빚쟁이로 만드는 비법 3가지 중 첫 번째, 아내에게 '브라보 아부의 기술'을 걸어라 입니다.

예정자 : 아내에게 '브라보 아부의 기술'을 걸라고요?

은준인 : 예, 브라보 아부의 기술 입니다. 이름이 잘 기억나지 않지만 미국의 한 여류 소설가는 '아부의 기술을 배우기 전에는 결혼하지 말라'고 했습니다. 특히 '남편의 아부는 부부간의 소통의 최고의 무기이며 지름길'이라고도 했습니다. 영국의 극작가 <버나드 쇼>는 "아부를 하는데 돈이 든다든지, 또는 아부를 했다고 고소당하는 일은 역사상 단 한 번도 없었다."라고 했습니다. 좀 거창하게 제가 말씀드리면 아부란 한마디로 상대방을 존경할 만한 가치 있는 인물로 만들어 주는 구체적인 행동이며, 전략적인 칭찬의 기술로써 서로를 기쁘게 하는 상호 이타주의의 최고의 실현 방법이라고 말할 수 있습니다. 쉽게 정리하면 남편의 아내에 대한 아부는 아내에게 지난날 진 빚을 일단 조금이라도 갚는 기본 값이 될 수 있다는 것입니다. "당신 땜에 내가 회사 생활을 무사히 잘 마칠 수 있었어요. 진심으로 정말 고마워요", "당신이 끓인 이 차돌박이 된장찌개보다 더 맛있는 된장찌개는 아마도 이 세상에 없을 거야!" 이런 식으로 어떤 사안이 있을 때마다 할 수 있는 구체적 아부를 떨

라는 얘기입니다. 하루 이틀 지나면서 집안의 분위기가 달라짐을 느낍니다. 근데 아부 떨기가 그렇게 쉽지 않습니다. 나름 아부를 떤다고 해서 처음부터 쉽게 받아들여지지 않을 수도 있습니다. 그래서 아부를 걸 때는 일반 아부가 아닌 '브라보 아부'를 걸어야 합니다.

예정자 : 브라보 아부라고요?

은준인 : 브라보는 음악회에서 무대에 선 사람이 노래나 연주를 잘 했을 때 관객들이 던지는 환호성이자 찬사입니다. 만일 무대에 선 사람이 진심을 다해 노래 부르고 연주하지 않는다면 관객들로부터 이러한 진심어린 환호성은 기대할 수 없을 것입니다. 그렇듯 아부에 있어서도 상대방이 환호성이 나오도록 진심으로 아부를 하라는 것입니다. 이것만 잘해도 빗쟁이를 면할 수 있는데도 잘 안 됩니다. 처음에는 평소 안 그러던 사람이 왜 이래? 뭔가 찔리는 데가 있나? 이런 여러 가지 오해를 살 수도 있지만 계속 진행해 보십시오. 정말 집안 분위기가 바뀔 겁니다. 아내에게 브라보 아부의 기술을 거십시오.

예정인 : 그렇군요. 브라보 아부의 기술, 정말 좋은 작전인 것 같습니다. 우리나라 남편들에게 최고로 취약한 부분이라 생각되는데요. 저도 당장 실천해야겠어요. 그럼 두 번째 비법은 무엇입니까?

은준인 : 아내를 빗쟁이로 만드는 비법 두 번째는 아내의 말을 끝까지 잘 들어주는 '딩동댕 경청의 기술'을 사용하라

는 것입니다. 부부간의 소통은 결국 서로의 메시지를 주고받는 것인데 메시지 전달이 안 되는 근본적인 이유는 결국 서로의 관계가 좋지 않기 때문입니다. 그래서 부부간 소통이 잘 되려면 우선 서로의 관계를 좋게 만드는 것이 필요한데요. 그런데 부부간의 관계를 좋게 만드는 첫 번째 행동이 바로 상대방의 말을 잘 들어줘야 한다는 것입니다. 그런데 우리나라 남편이 이게 무척 약합니다. 도무지 끝까지 들어주는 법이 없습니다. 여기에서 중요한 것은 그냥 들어 주는 것이 아니라 '딩동댕 경청'을 해야 한다는 것입니다. 딩동댕 경청은 그리 어렵지 않습니다. 남편은 우선 아내가 자기 얘기를 끝까지 할 수 있도록 잘 경청해 줍니다. 이것이 '딩'입니다. 다음 딩동댕의 '동'은 아내의 얘기를 들어 주면서, 수시로 그래! 그래! 맞아! 맞아! 고개도 끄떡! 끄떡! 하면서 긍정적 맞장구를 쳐주는 것이죠. 이것이 '동'입니다. 그리고 마지막 딩동댕의 '댕'은 아주 중요한 꿀팁 한 가지인데요. 적절한 시점에 아내가 듣고 싶은 좋은 질문을 툭툭 던져주는 기술을 보여줘야 한다는 것입니다. 이것이 바로 딩동댕 경청입니다.

예정자 : 재미있네요. 그런데 왜 딩동댕 경청이라 하나요?

은준인 : 딩동댕은 무엇을 뜻할까요? 바로 합격이죠. 바로 경청의 합격점이라는 것인데요. 이렇게 3단계를 거쳐야지 합격점을 주는 것입니다. 이렇게 하면 아내는 정말 앞에

있는 남편이 남의 편이 아니고 내편이라는 느낌을 갖게 되는 것입니다. 여기까지만 잘해도 아내의 서운함과 억울함은 눈 녹듯 사라질 것이 뻔합니다. 이렇게만 해도 아내에게 진 빚을 상당 부분 갚게 된다는 것입니다. 아내의 말을 끝까지 잘 경청해 주는 '딩동댕 경청'이 두 번째 비법입니다.

예정자 : 아내의 말을 끝까지 잘 듣고 맞장구쳐 주고 적절한 긍정적 질문까지 던지는 '딩동댕 경청'을 하는 것이 바로 두 번째 비법이군요. 저는 아내를 빚쟁이로 만드는 방법이 단순히 명품 가방을 사주는 것 같은 물질적인 것들만 생각했는데 그게 아니군요. 모두 좋은 행동을 통해 아내를 감동시키는 일이군요. 일단 돈이 안 들어가서 좋긴 좋은데 제가 잘 할 수 있을지 모르겠어요. 그럼 세 번째 비법은 무엇입니까?

은준인 : 분명한 것은 누구나 처음에는 어렵지만 하다보면 잘 할 수 있다는 것입니다. 제가 자주 쓰는 명언 중에 독일의 시인이자 철학자인 <칸트>의 말을 인용하는데 바로 이럴 때 또 써먹어도 되겠네요. '모든 것이 쉬워지기 전에는 모두 어려웠다' 이 말 멋지지 않나요? 결국 하고 안 하고의 문제이지 잘하고 못하고의 문제는 아니라고 봅니다. 자! 그럼 아내를 빚쟁이로 만드는 마지막 비법을 소개하겠습니다. 비법 3가지 중 마지막 세 번째는 아내에게 '보약 같은 사랑의 기술'을 걸어라 입니다.

예정자 : 보약 같은 사랑의 기술이라고요? 그냥 사랑의 기술도 아니고 보약이라면? 몸에 좋은 사랑의 기술이라는 의미인가요? 정말 또 궁금하네요?

은준인 : 설명 드리겠습니다. 이름에 '보통'이라는 글자가 들어가 우리나라 사람들에게 매우 인기가 있는 영국의 소설가가 있죠. <알랭 드 보통>이란 사람인데요. 그 소설가는 이렇게 얘기했죠. '사랑은 열정이 아니라 기술이다'라고 했습니다. 그에 말에 의하면 우리는 사랑의 시작은 나름 잘 알 수 있지만 사랑이 어떻게 지속되는지에 대해서는 구체적으로 잘 모른다는 것입니다. 왜냐하면 사랑은 감정으로 시작하는데 감정은 누구나 가지고 있어 쉽게 느껴지지만, 사랑을 지속하는 것은 하나의 기술이기 때문에 잘 모르고 있다는 것입니다. 그래서 사랑의 기술은 배우지 않으면 습득할 수 없다는 것입니다. 결국 사랑의 기술을 한 번도 제대로 배워보지도 않고 원만한 결혼생활을 유지한다는 것 자체가 아주 무모하고 아슬아슬할 수가 있다는 것입니다. 미국의 정신분석학자 <에리히 프롬>도 '사랑은 저절로 되는 감정의 문제가 아니고 실천이며 배우고 익혀야 할 기술이다.'라고 했습니다. 그럼 우리가 배워야 할 최고의 유망한 사랑의 기술은 무엇일까요? 무엇이라고 생각하시나요?

예정자 : 우리가 배워야 할 최고의 유망한 사랑의 기술이요? 글쎄요!

은준인 : <알랭 드 보통>에게 다시 한 번 물어 봤습니다. 그는 이 세상에서 가장 유망한 사랑의 기술은 어떻게 상대방을 웃게 만드는지를 아는 것이라고 했습니다. 와우! 바로 이것입니다. 완전 공감되지 않나요? 만일 남편이 어떻게 아내를 웃게 만드는지를 알고, 이것을 행동으로 옮긴다면 아내의 남편에 대한 만족도는 최고조로 올라가지 않을까 생각됩니다. 아내에게 최고의 보약은 아마도 웃음일 것입니다. 아내를 매일매일 웃게 만드는 것은 아내에게 매일 매일 보약을 선사하는 것과 같은 것이 아닐까요? 아내가 웃는 이런 날들로 가득 채워진다면 남편이 그동안 아내에게 진 빚이 이제 대충 다 갚아지고 지금부터 조금씩 아내가 오히려 남편에게 빚을 진다는 느낌이 들지 않을까 싶은데 저 만의 생각일까요? 어떻게 생각하시나요?

예정자 : 정말 저도 와우! 입니다. 이 세상에서 가장 유망한 사랑의 기술이 바로 어떻게 상대방을 웃게 만드는지를 아는 것이라고 하셨나요? 정말 멋진 말입니다. 아내를 웃게 만드는 일, 정말 중요할 거 같습니다. 그래서 보약 같은 사랑의 기술이라 표현하셨군요. 결국 상대방이 행복해질 수 있는 일들을 하라는 말씀이군요. 공감합니다. 저도 영화 같은데 보면 외국 부부가 노년에 둘이 공원을 손 꼭 잡고 웃으면서 거니는 모습을 보고 참으로 행복해 보였거든요. 나도 늙으면 저렇게 아름답게 늙어야겠

다고 생각을 하곤 했는데 그렇게 되려면 이런 노력들이 계속 진행되어야 하겠군요. 정말 멋진 강의입니다. 소장님! 아내를 빚쟁이로 만드는 3가지 비법을 다시 한 번 정리해 주시죠?

은준인 : 잘 들으셨다니 정말 저도 기쁘네요. 다시 한 번 정리해 드리면 아내를 빚쟁이로 만드는 비법 3가지 비법은 첫 번째는 아내에게 '브라보 아부의 기술'을 걸고, 두 번째 아내의 말을 끝까지 잘 들어주는 '딩동댕 경청의 기술'을 배우라 이고 마지막으로 세 번째는 아내에게 최고의 사랑의 기술인 아내를 어떻게 웃게 만드는지를 알고, 이것을 행동으로 옮기는 '보약 같은 사랑의 기술'을 거는 노력을 다하자 라고 정리할 수 있겠군요. 물론 이런다고 아내에게 진 빚을 어찌 다 갚을 수는 없겠죠. 그래도 삶의 마지막 순간까지 아내에게 진 빚은 다 갚고 가야되지 않을까 싶네요. 사실상 아내를 남편의 빚쟁이로 만드는 것은 사실상 실현 불가능할 수도 있겠지만 그만큼 노력하며 사는 거죠.

예정자 : 처음에 아내를 빚쟁이로 만들자고 해서 무슨 말인지 궁금했는데 이제 다 풀렸군요. 역설적으로 표현해 주시는 강의 말씀에 깊은 인상이 남습니다. 그런데 소장님은 아내에 대한 빚을 다 갚았나요? 아내 분을 빚쟁이로 만드셨나요?

은준인 : 아직 갚고 있는 중입니다. 아직 50%도 못 갚은 것 같

아요. 여전히 열심히 갈고 있는 중입니다. 브라보 아부도 열심히 떨고 있습니다만 아직까지 반응이 썩 좋아 보이지는 않습니다. 그래도 점차 나아지고 있다는 것은 실감하고 있어요. 작은 화분을 만들어 달라고도 하고 치마도 수선해 달라고 주문도 들어오고요. 아침에 사무실 갈 때 마다 현관문까지 배웅도 잘 나옵니다. 분위기가 많이 달라진 증거들이죠. 대화를 할 때도 딩동댕 비법에 맞춰 아내가 하는 얘기 끝까지 잘 들어 주고 맞장구도 많이 쳐주고 좋은 질문도 자꾸 하니까 대화의 길이가 점차 길어지고 대화의 주제도 점점 많아지고 있다는 생각이 듭니다. 그리고 아내에게 최고의 보약이 될 수 있는 웃음을 줄 수 있는 깜찍한 행동들을 어설프지만 조금씩 하고 있는데요. 죽을 때까지 아내를 위해 음식 500가지 만들어 주기를 꾸준히 진행하고 있고요. 아내를 위해 노래를 작사를 해서 음반도 만들어 주었습니다. 제목이 '내 안에 있는 내 아내'입니다. 그리고 아내 회갑 때 작은 음악회를 열려고 숄더키보드와 드럼 악기 연습도 매일 열심히 하고 있습니다. 최근에는 제가 어제 말씀드렸듯이 그동안 제가 아내에 대해 쓴 글을 모아 시집을 하나 내어 아내에게 선물을 했는데요. 시집 제목은 <인생쇼츠 - 아내편>입니다.

예정자 : 정말 소장님은 강의하시는 이러한 내용들을 모두 행동으로 옮기시는 실천파시군요. 대단하십니다. 그런데 소

장님! 소장님도 오랜 세월을 직장 생활을 하셔서 잘 아시겠지만 저 같은 경우 막상 퇴직을 하려고 보니 아내와의 관계가 그렇게 나쁘지는 않지만 그렇다고 무척 좋은 것도 아닌 좀 엉성해진 것 같은데 이런 상황을 좀 돌리고 싶온데 조언해 주실 말씀이 있으신가요?

은준인 : 엉성해진 부부 사이! 저 또한 그랬습니다. 막상 퇴직을 하면 전체 상황이 완전 달라지죠. 그에 대한 해결책을 한번 제시해 보겠습니다. 제가 실제 써 먹은 방법이고 지금도 전 이 방법을 사용하고 있습니다.

예정자 : 소장님도 그런 경우를 경험하셨군요. 그 비법이 무엇입니까?

은준인 : 이건 비법이라고 할 사항은 아니고요. 너무나 지극히 당연한 일인데 우리가 못 깨우치는 부분이 아닌가 싶어요. 아무튼 전 이 원칙에 따라 행동하면서 무척 관계가 개선됨은 물론이고 새록새록 분위기가 새로워지는 느낌마저 들 때도 있습니다.

예정자 : 이 질문을 드릴까 말까 많이 망설였는데 정말 잘 한 것 같네요.

은준인 : 그 해법을 말씀드리기 전에 왜 좋던 부부사이가 퇴직시점이 되어 엉성해질 수밖에 없는지 그 배경을 먼저 한번 말씀드리겠습니다. 누군가 오랜 시간 직장 생활을 마치고 정년퇴직을 하게 되면 자연히 아내와 같이 보내는 시간이 점차 많아지게 되는데 그런데 이러한 시간들

이 다소 어색하게 느껴지고 막상 어떻게 보내야할지 망설여지기까지 한다는 것입니다. 아마도 말들은 안하셔서 그렇지 그런 입장에 계신 분들이 적지 않을 거란 생각이 드는데요. 제가 어제 한 번 말씀드린 것 같은데요. 한 설문조사에 의하면 퇴직자의 약 45%의 아내가 퇴직한 남편이 귀찮게 느껴진다고 응답을 했다는 것입니다. 그리고 부부가 자는 시간을 빼고는 함께 있는 평균시간이 4시간 10분인데요, 이것마저도 줄이고 싶다는 응답결과가 나왔다고 합니다. 그리고 다른 조사 결과에서는 이 세상에서 가장 불가능한 일 1위가 바로 퇴직한 남편을 존경하는 일이라고 합니다. 아주 설렁한 조사 결과이지만요.

예정자 : 정말 설렁한 조사 결과네요. 그래도 어찌 그것을 가장 불가능한 일이라고 할까요? 그만큼 어렵다는 말이겠지요. 그래도 좀 서운하네요.

은준인 : 맞습니다. 이런 상황 하에서 이제 과연 퇴직한 남편은 어디로 가야할까요? 퇴직한 남편 분들이 많이 서운해하시겠지만 그래도 어떡합니까? 서운한 건 서운한 거고 어떤 대책을 좀 만들어야 될 것 같은데 영 방법을 알 수가 없잖아요. 그럼 이렇게 엉성하게 변해버린 부부사이를 다시 탄력 있게 만드는 방법은 과연 없는 걸까요? 엉성해진 부부사이를 다시 탄력 있게 만들기 위해서는 기초부터 다시 튼튼히 쌓아야 한다는 것이 제 생각입니

다. 그래야만이 근본적으로 부부사이가 정상적으로 회복될 수 있다는 것입니다. 그 방법을 오늘 말씀드리려고 하는 것입니다.

예정자 : 기초부터 다시 튼튼하게 만들어야 한다는 것이군요. 그럼 기초부터 쌓는 구체적 방법은 무엇인가요?

엉성해진 부부관계 바닥부터 기초공사 다시하기

은준인 : 엉성해진 부부 사이를 밑바닥부터 다시 뜯어 고치는 기초 공사는 2가지 것 중 첫 번째는 배우자의 상대방을 있는 그대로 받아들이는 것입니다. 뜻밖의 대답이지요. 그런데 이거 정말 중요합니다. 상대방을 있는 그대로 받아들인다는 것은 현재의 상대방을 있는 그대로 존중한다는 의미라 할 수 있습니다. 우리나라의 결혼한 중년 부부들 사이에서 가장 안 되는 부분이 바로 이것이라고 합니다. 이것이 안 되니까 처음 출발점부터 꼬이게 된다는 것입니다. 아까도 거론한 분인데요. 소통의 창시자라 불리어지는 프랑스의 석학 <도미니크 볼통>은 '세상에서 가장 어려운 소통이 바로 부부간의 소통'이라고 했습니다. 그가 한국에 와서 강연을 할 때 누군가 부부간 소통의 핵심은 무엇이냐고 질문을 하였답니다. 이에 <도미니크 볼통>은 상대방을 있는 그대로 받

아들이는 것이며, 그것이 상대방을 존중한다는 첫 번째 신호라고 대답했답니다. 이렇듯 상대방을 있는 그대로 받아들이는 것은 정말 중요한 것 같습니다. 상대방을 있는 그대로 받아들이는 것은 기본적으로 나를 조금 버리고 너를 조금 더 받아들이겠다는 것으로써 부부간 소통에 숨통을 열어주는 심폐소생술과 같은 것이라 할 수 있습니다.

예정자 : 숨통을 열어주는 심폐소생술 같은 것이라고요?

은준인 : 맞습니다. 제가 1급 안전 자격증을 5개를 가진 안전전문 강사로도 활동하는데요. 그 중에 심폐소생술이 아주 중요합니다. 심폐소생술의 골든타임이 얼마인지 아세요? 단 4분밖에 안됩니다. 4분 안에 죽고 사는 문제가 달려 있습니다. 그런데 부부간의 소통에도 심폐소생술처럼 골든타임이 있다는 것입니다. 부부간 소통의 골든타임을 놓쳐버리면 재생될 수 없다는 것입니다. 부부관계에 있어서 이러한 소통이 튼튼하게 기초되어야 만이 부부의 공존이 실질적으로 가능하다는 것입니다. 미국의 104세 최장수 커플의 남편이신 <존 베타>씨에게 최상의 부부금술의 비결이 무어냐고 물었더니 이렇게 대답하셨다고 합니다. '배우자의 상대방을 있는 그대로 받아들이는 것이다. 상대방을 바꿀 수 있다는 생각 자체가 미친 짓이다'라고 했답니다. 저 자신도 이 부분을 잘 이행하지 못하며 지금까지 살아 온 것 같은데요. 지

금 와서 이 말을 실천해 보려니까 그게 말처럼 쉽지는 않더라고요. 기초가 튼튼하게 구축되어 있지 않았던 것 같습니다. 그래서 기초공사를 보강 하려고 요즘 최대한 노력하고 있습니다. 예정자님은 어떠신가요? 기초가 튼튼하신가요?

예정자 : 아닙니다. 저도 제 아내를 있는 그대로 받아들인 적이 없는 것 같습니다. 정말 중요한 포인트가 아닌가 생각되네요. 한 번 노력해 보겠습니다. 소장님! 감사합니다. 오늘 말씀 하나하나가 모두 제 가슴 속에 남습니다. 그럼 기초공사 해야 할 다른 하나는 무엇입니까?

은준인 ; 엉성해진 부부 사이를 밑바닥부터 다시 뜯어 고치는 기초공사 2가지 중 마지막 두 번째는 배우자와의 쓸 때 없는 논쟁은 무조건 피하라 입니다. 부부간의 다툼이 아주 사소한 말다툼에서 시작된다는 것을 우리는 누구나 많이 경험해 봤을 겁니다. 각자 자기 논리에 맞는 얘기만 주장하다가는 다툼의 원인이 됩니다. 부부간에 서로를 이기기 위해 한 치의 양보 없이 자기주장만을 내세우는 것은 정말로 어리석은 일이라는 것입니다. 부부간의 논쟁은 이겨도 큰 의미가 없는 경우가 대부분이란 것을 우리는 살아오면서 많이 느껴 오지 않았습니까? 우리의 젊은 시절을 한번 생각해 볼까요. 영국의 유명한 가수 중 <캘빈 해리스>라는 가수가 있는데요. 그가 부른 노래 중에 '스윗 낫씽(Sweet nothing)'이라는 노래가 있습니다.

예정자 : <캘빈 해리스>의 '스윙 넛씽'이라고요. 저도 그 노래 좋아하는데요.

은준인 : 와우! 그 노래 아시는군요. 거기 가사에 보면 'I'm living on such sweet nothing.' 부분이 나오는데요. 이것을 통상 '난 너의 그러한 달콤함 속에 살아가게 돼'로 번역하는데요. 여기서 Sweet nothing이란 아무것도 아닌 것 같지만 달콤한 어떤 소중한 것이라는 뜻으로 쓰이고 있습니다. 연예시절 때 연인들은 달콤하지만 크게 의미 없는 많은 말들을 나누며 사랑을 꽃피우게 됩니다. 싸우는 일없이 모든 것이 다 달콤하게 느껴지는 시간이지 않습니까? 그런 경험들 다 가지고 계시잖아요. 저도 부끄럽지만 그런 경험이 있습니다. 신혼초 아내와의 얘기 중 '진'자만 나오면 얼마나 웃었던지 밤새 웃고 또 웃었던 기억이 새롭습니다. 나중에는 '진라면'이라고 말해놓고 1시간 이상 웃었던 적도 있습니다. 아마도 태어나서 웃을 웃음을 그 때 모두 다 웃었던 것 같습니다. 완전히 미쳤죠. 그런데 그 때가 지금 생각해보면 제일 행복한 순간이 아니었을까 생각됩니다. 그런데 곰곰이 생각해보니까 이러한 Sweet nothing은 인생에 있어 아무 것도 아닌 게 아니고 나름 큰 의미를 가지고 있다는 생각이 들더라고요. 그런데 결혼 후 살다보면 이런 말들이 아주 쓸 때 없는 말

들도 치부되어 버리게 되는 경우가 점점 더 많아진다는 것입니다. 결국 Sweet nothing이 아니라 그냥 정말 쓸모가 없는 Nothing이 되어 버리는 거죠. 결혼 후 좀 시간이 지나면 그때부터 배우자가 뭐라고 말하기만 해도 서로가 쓸 때 없는 말 하지 말라고 하면서 또 잔소리 한다는 것입니다. 이렇게 부부간의 쓸 때 없는 논쟁은 시작되고 다툼으로 확산되어 결국 전쟁이 시작된다는 것입니다.

예정자 : 맞아요. 저도 그런 경우가 종종 있습니다.

은준인 : 여기에서 우리가 명심해야 할 사항은 배우자의 상대방이 하는 얘기가 결코 쓸모없는 얘기가 아니라는 것입니다. 쓸 때 없이 보이는 말들이 나름 모두 의미가 있다는 것입니다. 즉 서로의 의견을 Nothing이 아닌 Sweet nothing으로 받아 들여야 한다는 것입니다. 연예시절 말 한마디에 1시간 동안이나 웃었던 '진라면'처럼 말입니다. 부부간에는 이렇게 쓸모없어 보이는 이러한 얘기를 통해서 서로가 소통하고 재미를 느끼는 것이 매우 중요하다고 전문가들은 말하고 있습니다. 이것이 바로 부부간의 논쟁을 피하고 다툼을 없애는 중요한 열쇠가 된다고 저는 생각합니다.

예정자 : 아! 그렇군요. 이제야 왜 부부사이가 엉성해졌는지 알 것 같습니다. 기초공사를 다시 하라는 말씀에 크게 공감이 갑니다. 소장님께서는 엉성해진 부부 사이를 밑바

닥부터 다시 뜯어 고치는 기초공사 방법을 두 가지를 제시하셨는데요. 첫 번째가 배우자의 상대방을 있는 그대로 받아들이는 것부터 시작하라는 말씀이구요. 두 번째는 부부간에 쓸 때 없는 논쟁은 무조건 피하고 Sweet nothing을 즐기라는 두 가지 내용을 제시해 주셨습니다. 제 인생의 숙제들이 하나하나 풀리는군요. 정말 많은 것을 품고 계시는군요. 모든 것들을 몸서 실천하셔서 모두 자기 것으로 만드시는 재주를 가지고 계시네요. 훌륭하십니다. 그 힘이 어디에서 나오는지 궁금하군요.

은준인 : 과찬의 말씀입니다. 그 힘은 아무래도 메모에서 나오는 것이 아닌가 싶어요. 평소 메모의 습관을 가지고 있었지만 퇴직 후에는 더욱 철저히 메모하는 습관을 가지려고 노력하고 있습니다. 적자생존 아시죠? 잘 적는 사람이 생존하는 것입니다. 나이 들어 갈수록 정말 깜빡깜빡합니다. 그래서 무조건 적습니다. 제 주변에는 기록할 수 있는 메모장이 모두 일곱 군데에 있습니다. 매일 출근 후에 그날 할 일을 적는 것을 비롯해 월간 일정은 기본이고요. 책상, 차안, 침대, 샤워장, 옷 속에 두고 아이디어가 떠오를 때마다 적습니다. 정말 중요합니다.

예정자 : 그럼, 소장님은 어떤 것을 메모하시나요?

은준인 : 일정부터 시작해서 모든 것을 다 기록합니다. 특히 좋은 아이디어는 바로 바로 기록해야지 잊어먹지 않습니다.

심지어 강의할 때 써먹으면 좋은 내용들, 재미있고 웃기는 얘기까지 다 적어 놓습니다. 메모장, 휴대폰, 노트, 달력 등을 이용해서 모두 적습니다. 이것이 매일 매일 쌓이면 큰 보물이 됩니다.

예정자 : 아! 그렇군요. 저도 꼭 만들어야 할 습관이라 생각됩니다. 그런데 소장님! 저에게 또 다른 고민이 하나가 있는데요. 저는 제가 봐도 너무나 재미없게 말하는 사람인 것 같습니다. 좀 웃기거나 재미있는 말을 하려 해도 도무지 잘 되지가 않아요. 재미없게 말하는 사람들에게 꼭 필요한 유용한 팁을 혹시 가지고 있으신가요?

은준인 : 중년 한국 남자들이 대부분 다 그렇습니다. 지금까지 그런 사회적 분위기에서 그렇게 살아왔던 거죠. 좀 바꿔 보려고 해도 쉽지 않을 겁니다. 얼마 전 찾아오신 다른 분도 비슷한 고민을 하셨습니다. 퇴직하신 분이신데요. 퇴직을 하니까 자연적으로 가족들과 대화를 나눌 시간이 점차 많아지고 또 개인적 모임에 나가 사적 대화를 나누는 기회가 점차 많아졌는데 도무지 모두들 그가 하는 얘기에 별로 관심을 두는 것 같지 않다는 것입니다. 아내 또한 자기와의 대화에 별로 흥미로워 하지도 않고 아이들은 오히려 세대 차이를 느낀다면 도통 오랜 대화를 가지려 하지 않는다는 것입니다. 모임에 나가서도 영 신통치 않다는 것입니다. 사실 할 말도 크게 없어 그냥 주구장창 다른 사람들 얘기만 주로 듣다가 오고,

말할 기회가 주어져도 무슨 말을 어떻게 해야 할지 몰라 뻘쭘하게 있다가 돌아오기 일쑤라는 것입니다.

예정자 : 맞아요. 딱 제가 지금 그런 상황입니다. 그에 대한 해결 방법은 없을까요?

은준인 : 있습니다. 한마디로 이렇게 정말 무미건조한 사람들이 어디에서나 찬밥신세가 되지 않기 위해서는 무언가 새로운 비법이 정말 필요해 보이는 돼요. 제가 정말 다양하게 활용하고 있는 대화의 비장의 카드 3가지를 한번 소개하고자 합니다. 이 방법은 부부간 대화가 재미없고, 젊은 층과 대화가 단절되고, 또한 모임에 나가 완전 찬밥신세가 되는 사람들에게 정말로 유용한 대화 비법이라 할 수 있습니다.

예정자 : 정말 그런 비법이 있습니까? 빨리 듣고 싶네요.

재미없게 말하는 사람, 이 3개만 무장하면 Ace된다

은준인 : 재미없게 말하는 사람들에게 유용한 대화 비법 3가지 중 첫 번째는 항상 써먹을 수 있는 넌센스 퀴즈를 외워놓자 입니다.

예정자 : 넌센스 퀴즈요?

은준인 : 예, 넌센스 퀴즈입니다. 이 넌센스 퀴즈의 활용 용도는 정말 크다고 볼 수 있습니다. 평상시 대화에는 물론이

고 한 번씩 기회가 주어지는 모임의 인사말 등을 할 때도 자주 인용할 수도 있고 심지어 저처럼 강의를 다니는 사람에게도 아주 유용합니다. 몇 개만 터트려도 웃음이 빵빵 터집니다. 짧은 몇 마디 멘트로 "저 사람이 저렇게 재미있는 사람이었어?"라는 소리를 쉽게 들을 수가 있답니다.

예정자 : 소장님! 예를 들면 어떤 것이 있나요?

은준인 : 예를 하나 들어 보겠습니다. 제가 대면 강의를 할 때 잘 쓰는 '이 세상에서'로 시작되는 넌센스 퀴즈 중 한 문제 내어 보겠습니다. 자! 이 세상에서 다리미가 가장 좋아하는 음식이 무엇입니까?

예정자 : 다리미가 가장 좋아하는 음식이요? 잘 모르겠는데요.

은준인 : 정답은 피자입니다. 다리미는 잘 펴야 하니까 피자입니다.

예정자 : 아! 그렇군요!

은준인 : 여기서 끝내지 마시고 말을 이어가야해요. 자! 그래서 여러분들에게 8개의 피자를 가져왔습니다. 얼굴피자, 어깨피자, 가슴피자, 허리피자, 팔다리피자, 인생피자, 팔자피자, 그리고 이 모든 것을 한꺼번에 피기 위해서는 마지막으로 웃음꽃 피자입니다. 이렇게 말을 만들어 가야 하는 것입니다.

예정자 : 정말 재미있군요. 오늘 당장 써 먹어야겠어요.

은준인 : 이런 식으로 넌센스 퀴즈를 통해 얘기 할 소재를 미리

미리 준비하셔서 자꾸 써먹으셔야 합니다. 처음에는 주위에 반응이 별로 안 좋아 보여도 자꾸 하다 보면 실력이 늘어 정말 재미있어 합니다. 제 유튜브 영상을 보시면 정리되어 있으니 메모하셨다가 활용해 보세요. 완전 요긴할 것입니다.

예정자 : 정말 멋집니다. 벌써 자신감이 조금 생기네요. 두 번째 비법은 무엇입니까?

은준인 : 재미없게 말하는 사람들에게 유용한 대화 비법 3가지 중 두 번째는 젊은 사람들과 대화할 때 써먹으면 아주 큰 효과를 보는 방법인데요. 젊은이들 사이에 유행하는 신조어 배우기입니다.

예정인 : 신조어 배우기라고요?

은준인 : 그렇습니다. 나이 들어가면서 꼭 배워야 할 부분입니다. 전문가들의 의견에 의하면 젊은 사람들이 나이 들은 사람들로부터 세대 차이를 가장 많이 느끼는 부분은 행동, 생각, 물건보다도 말, 즉 대화에서 쓰는 언어의 차이로 인한 경우가 가장 크다고 합니다. 특히 신조어의 경우 가장 두드러지게 나타나는 특징인데요. 우리도 젊은이들 사이 유행하는 신조어를 몇 개 좀 배워서 한 번씩 사용해준다면 자녀들을 포함한 젊은 층과의 거리를 훨씬 좁히는 좋은 기회가 되지 않을까 싶습니다.

예정자 : 신조어 배우기이군요. 정말 요즘 애들 쓰는 단어 정말 모르겠던데요. 이것도 예를 한번 들어 주시죠?

은준인 : 제가 요즘 유행하는 신조어 중 가장 기초가 되는 쉬운 문제 몇 개를 내보겠습니다. 한번 맞춰 보세요. 1번 완내스, 2번 애빼시, 3번 세젤예, 4번 롬곡, 5번 알잘딱깔센. 이렇게 다섯 문제 맞춰 보세요?

예징자 : 글쎄요. 몇 개는 들어 본 것도 같은데, 모르겠네요.

은준인 : 그러니까 젊은 사람들이 대화 안 된다고 느끼는 거예요. 젊은 사람들이 볼 때는 이런 단어들이 너무나 자연스러운 단어들이거든요. 그래서 우리가 모든 신조어를 다 알 필요는 없지만 의도적으로 몇 개씩 배워서 가끔 대화할 때 사용해 주면 젊은 아이들이 상당히 좋아합니다. 우리 아버지와도 소통이 잘 된다고 느끼게 하는 출발점이 될 수도 있다는 것입니다.

예정자 : 정말 좀 배워야겠네요. 그런데 소장님! 아까 그 문제 정답은 뭡니까?

은준인 : 아! 다섯 문제 말씀이시죠. 1번 완내스는 완전 내 스타일, 2번 애빼시는 애교 빼면 시체, 3번 세젤예는 세상에서 제일 예뻐! 이고요. 4번 롬곡은 눈물입니다. 롬곡을 거꾸로 보면 눈물이 됩니다. 5번 알잘딱깔센은 알아서 잘 딱 깔끔하고 센스 있게를 말합니다.

예정자 : 정말 별거 다 줄여서 쓰는군요.

은준인 : 그것도 신조어로 '별다줄'이라고 합니다.

예정자 : 정말 재미있군요. 우리 한글이 손상되는 느낌은 있지만 젊은이와의 소통을 위해서는 조금은 공부할 필요가 있

어 보입니다. 정말 이것도 좋은 꿀팁입니다.

은준인 : 맞습니다. 지금 방금 사용한 꿀팁이라는 단어가 지금은 우리가 자연스럽게 쓰지만 이 단어도 오래 전에 탄생한 하나의 신조어이거든요.

예정자 : 그렇군요. 그럼 세 번째 꿀팁은 무엇입니까?

은준인 : 재미없게 말하는 사람들에게 유용한 대화 비법 3가지 중 세 번째 꿀팁은 사람들에게 웃음을 줄 수 있는 설렁한 아재개그를 연마하자입니다. 신조어와 넌센스 퀴즈 정도만 해도 사람들과의 대화를 재미있게 이끌어 가는 데 큰 도움이 되겠지만 설렁한 아재 개그 한 두 개 정도만 가지고 있으면 함께 한 사람들을 항상 즐겁게 만들 수 있다는 것입니다. 그런데 그 아재 개그에는 이왕이면 메시지가 담겨 있으면 좋다는 것입니다.

예정자 : 메시지가 있는 아재 개그, 이것도 하나만 소개해 주시면 안 될까요?

은준인 : 좋습니다. 가장 평범한 짜장면 배달 얘기 하나 해 드리죠. 자! 시작합니다. 총알반점이란 상호를 가진 한 중국집이 있었는데요. 엄청 배달을 빨리 해주기 때문에 배달을 자주 시켜 먹는데요. 어느 날 아내가 밥하기 싫다고 해서 짜장면 두 그릇을 시키니까 정말 총알처럼 빨리 배달해 주는 거예요. 그래서 한참 맛있게 짜장면을 먹고 있는데 짜장면 안에서 장기알이 하나 나오는 거예요. 화가 너무 나서 그 중국집에 전화를 했죠. "이거 어떻게

된 겁니까? 짜장면 안에서 장기알이 다 나오잖아요." 그랬더니 그 사장 왈, "그 장기알이 뭡니까?"라고 물어보더라고요. 그래서 장기알을 보니 졸(卒)이더라고요. 그래서 "졸인데요"라고 했더니 사장님 왈, "축하합니다. 탕수육이 당첨 되셨습니다. 20분 안에 탕수육 한 그릇 보내 드리겠습니다."라고 하는 거예요. 그러니까 정말 탕수육이 오더라고요. 그런데 아까부터 아내가 짜장면은 안 먹고 자꾸 이리 뒤집고 저리 뒤집고 하면서 뭘 찾고 있더라고요. 자기는 유산슬이 먹고 싶다고 하면서요.

예정자 : 하!하! 정말 재미있는 아재 개그군요. 그런데 이 얘기는 누구나 다 재미있어 할 것 같은데요.

은준인 : 맞아요. 다 재미있어 합니다. 이렇게 얘기해 놓고 메시지를 전달하는 거예요. 전 이 얘기를 통해 어떤 어려운 상황이 닥치더라도 중국집 사장님처럼 침착함을 잃지 말고 잘 대처해 나가야 하는 법을 배웠다고 하면 그것이 하나의 스토리가 완성되는 것이죠.

예정자 : 정말 그렇군요. 정말 재미있고 유익합니다. 소장님이 제시한 재미없게 말하는 사람들에게 유용한 대화 비법 3가지를 제가 정리하면 첫 번째는 항상 써먹을 수 있는 넌센스 퀴즈를 외워 놓자는 것이고요. 두 번째는 젊은이들 사이에 유행하는 신조어를 배우자는 것이고요. 세 번째는 사람들에게 웃음을 줄 수 있는 설렁한 아재 개그를 연마하자이군요. 잘 들었습니다.

은준인 : 사실 이 세 가지 방법은 남녀노소를 막론하고 사람들과 의 대화를 재미있게 이끄는 데에 많은 도움이 됩니다만 각자의 성격에 따라서 처음부터 쉽지는 않을 수도 있습니다. 하지만 중요한 것은 절대 굴하지 마시고 기회 있을 때마다 자꾸 써먹으셔야 합니다. 그러다보면 조마간 다른 사람과 대화를 나눌 때나 모임에 나가시게 되면 "오늘은 다른 재미있는 얘기 없나요?"라는 반응이 곧 나올 것입니다.

예정자 : 정말 좋은 비법임에 틀림이 없습니다. 이렇게만 하면 정말 재미있는 사람이 될 수 있겠다는 자신감이 생기는군요. 또 한 번 감사드립니다. 열심히 준비해서 자꾸 써먹어 보도록 하겠습니다.

은준인 : 맞습니다. 자꾸 시도하면 점점 쉬워지는 것입니다. 제가 뭘 새로운 것을 시도 할 때마다 되새기는 말이 있습니다. 아마도 제가 몇 번 말씀드린 것 같은데요. 꼭 기억해 둘 말입니다. 독일의 철학자이자 시인인 <괴테>가 한 말인데요.

예정자 : 소장님! 제가 그거 알거 같아요. '모든 것이 쉬워지기 전에는 모두 어려웠다'라는 말이죠. 하도 멋진 말이라 저도 기억해 두었습니다.

은준인 : 스펀지 맞네요. 정말 습득력이 빠르십니다. 맞아요. 괴테의 말처럼 열심히 하다보면 쉬워지는 순간이 나오게 되는데 그때의 그 기쁨을 아십니까? 정말 큽니다. 자! 이

제 오전 강의는 그만 하고요. 점심 먹고 하도록 하죠?

예정자 : 정말 듣던 중 반가운 소리네요.

은준인 : 점심은 제가 직접 옛날짜장을 만들어 드리겠습니다. 재료는 대충 손질해 놓았으니 준비하는데 20분이면 충분합니다.

예정자 : 양식, 중식 못 하시는 게 없으시네요. 짜장면도 직접 만드실 줄은 꿈에도 몰랐어요.

은준인 : 생각보다 간단합니다. 같이 한번 만들어 보시죠?

은준인은 냉장고에서 재료를 가지고 와 식탁 위에 가지런히 놓고 작업을 시작했다. 우선 큰 웍에 식용유를 두르고 짜장을 볶아 다른 접시에 담았다. 은준인은 볶은 춘장을 구입해서 사용하지만 만들 때마다 한 번씩 더 볶아 준다고 했다. 약간 기름에 튀겨주는 것이 짜장 맛을 제대로 내는데 중요하다고 은준인은 설명했다. 이어서 웍에 돼지고기와 청주를 넣고 적당히 볶은 후 이곳에 설탕과 굴소스, 간장, 치킨스톡을 넣은 후 감자와 고구마, 양파, 양배추, 대파 등 준비된 야채 풀세트를 넣고 한참을 볶은 후 여기에 다시 아까 볶아 놓은 짜장을 넣고 섞어 끓여 주다가 최종적으로 전분 가루와 물을 1:2로 섞은 전분물을 넣어 농도를 맞추어 주었다. 동시에 냄비에 물을 끓여 면을 삼는데 은준인은 별도로 구입한 중화면을 쓴다고 했다. 그는 고구마를 넣어야 옛날짜장의 달달한 맛이 난다고 강조했다. 정말 맛있는 옛날 짜장면이 코끝을 자극했다. 채 20분도 안되어 짜장면 두 그릇이 완성되었다. 두 사람은 서로 면치기를 흉내 내며 마파람에 게 눈 감추듯 한 그릇씩 을 뚝딱 비웠다.

대화9

은준인의 삶은
나이가 들수록 더 기대된다

예정인 : 소장님! 정말 옛날 짜장면 맛있게 잘 먹었습니다. 어릴 때 먹던 짜장면 맛 그대로입니다. 감사드립니다. 그럼 오후에는 어떤 수업을 하나요?

은준인 : 제가 준비된 얘기는 잔뜩 가지고 있지만 그것보다 궁금한 부분이 있으시면 그 질문에 대답하는 방법으로 하는 게 좋을 듯합니다. 퇴직을 맞이하면서 궁금하거나 알고 싶은 부분이 없으신가요?

예정자 : 궁금한 것이 너무 많아 뭐부터 질문을 드려야 할지 모르겠네요. 소장님! 요즘 저도 퇴직이 가까이 오면서 가끔 느끼지만 제 주위에도 이렇게 보면 남편들의 위상이 자꾸 작아지고 있는데요. 특히 집안에서 아내나 가족들에게 무시당하는 것 같기도 하고 또 다른 남편과 자꾸 비교되어 경쟁력이 극도로 약화되고 있다는 느낌을 받는데요. 여기에 대한 처방전은 없겠습니까?

은준인 : 서글픈 얘기이지만 사실 현실적으로 우리에게 닥치는 현실적인 얘기입니다. 퇴직 후 많은 은퇴자가 느끼는 고민이기도 합니다. 은퇴자 누구에게나 퇴직 후 비슷한 고민에 빠지게 됩니다. 퇴직 후 자연적으로 집에 있는 시간이 길어지고 아내와 접촉할 시간 또한 많아지는데 은퇴자들은 시간이 지나 가면 갈수록 점점 더 아내로부터 뭔가 찬밥 신세를 받고 있다는 느낌이 조금씩 들기 시작한다는 것입니다. 일본의 유명한 작가 <소노 아야코>는 그의 저서 '계노록(戒老錄)'에서 남편이 아내를 볼

때 아내를 집에 있는 가구로 여긴다는 것입니다. 이것은 있을 때 그 중요성을 모르다가도 없어지면 그 휑함이 말할 수 없이 크다는 것입니다. 마치 식탁이나 침대나 소파와 같은 거죠. 그런데 중요한 것은 아내가 퇴직한 남편을 볼 때는 완전 다릅니다. 무엇으로 보는지 아세요?

예정자 : 글쎄요?

은준인 : 아내가 남편을 볼 때는 바람막이 정도로 본다는 것입니다. 바람이 불면 필요하겠지만 바람이 안 불 때는 참으로 거추장스러운 존재라는 것입니다. 이제 남편은 점점 가정에서 조차도 존재감을 서서히 잃어가게 되는 것입니다. 하지만 아내의 경우는 나이가 들수록 오히려 밖에서 더욱 활동적인 생활을 하게 되고 남으로부터는 적당히 칭찬을 받으며 살게 되는 거죠. 반면 남편은 여전히 아내의 행동에 대해 지적하고 교육시키려는 성향을 버리지 못하고 여전히 갖고 있는 경우가 많습니다. 남편의 아내에 대한 책임감 때문이라고는 하지만 이것은 점차 남편이 상대적으로 점차 경쟁력을 잃게 되는 원인이 되는 것입니다. 그래서 남편의 아내에 대한 경쟁력을 높이는 응급조치가 필요하게 되는 것입니다. 아내에 대한 경쟁력 1위 자리를 당당하게 탈환해야 하지 않겠습니까?

예정자 : 당연히 1위 자리를 탈환해야지요? 무슨 특별한 묘책이

라도 가지고 계십니까?

남편의 경쟁력을 높이는 3가지 응급조치

은준인 : 당연히 가지고 있죠. 아주 쉬운 비법을 소개해 드릴 건데요. 우선 훈련병, 사슴, 앵커, 이 세 단어를 기억해 두세요. 이 단어만 알면 우리 남편의 아내에 대한 경쟁력을 회복하는 응급조치로 충분합니다. 경쟁력이 다시 회복되어 남편의 경쟁력 1위를 탈환할 수 있습니다.

예정자 : 훈련병, 사슴, 앵커 이 세 단어를 가지고 경쟁력 회복의 응급조치라고요? 재미있네요. 무슨 의미가 담겨 있을까요?

은준인 : 첫 번째 응급조치부터 말씀드리겠습니다. 남편의 아내에 대한 경쟁력을 향상시키는 응급조치 3가지 중 첫 번째는 아내가 부르면 훈련병처럼 즉시 대답하자입니다.

예정자 : 아내가 부르면 훈련병처럼 즉시 대답하자고요? 그것이 남편의 경쟁력을 올리는 방법이라고 하셨나요?

은준인 : 그렇습니다. 아내가 부르면 훈련병처럼 즉시 대답해야 한다는 것입니다. 훈련병들은 어떻습니까? 누군가 부르면 큰 소리로 즉시 대답하지 않습니까? 남편은 아내가 불렀을 때 훈련병처럼 즉시 대답하는 것이 무엇보다도 필요하다는 것입니다. 왜냐하면 부부 소통의 첫 단추가

잘 묻고 잘 대답하는 것이기 때문입니다. 부부 소통 전문가에 의하면 통상 우리나라 남편들은 아내가 부를 때 한 박자 늦다는 것입니다. 그럴 때마다 아내는 불쾌하고 화가 난다는 것이죠. 이 작은 것부터 실천해야 비로소 부부의 소통에 숨통이 트인다는 얘기입니다. 아침 밥상 다 차려 놓고 아내가 부르는데 대답도 안하고 단청 피우다 나중에 늦게 와서 밥 먹으려다 아침밥도 못 먹고 대신 욕만 실컷 얻어먹고 나오는 남편들이 점점 늘어나고 있다는 불편한 진실도 들었습니다. 아무튼 아내가 부르면 훈련병처럼 즉시 대답하는 이러한 작은 실천부터 해야 만이 남편의 경쟁력이 올라가는 발판을 만들게 되는 것입니다.

예정자 : 그러니까 소장님 말씀은 남편의 경쟁력이 자꾸 밀리는 것은 부부간의 소통이 잘 안 되어서 그런 것인데 그 첫 번째가 아내가 부르는 데도 즉각적으로 응답하지 않아 아내에게 불쾌감을 주면서 소통이 처음부터 자꾸 단절된다는 얘기이군요.

은준인 : 그렇습니다. 지금까지는 직장에 다니느라 아내와 접촉할 기회가 많지 않아 불쾌하지만 그냥 넘어 가곤 했지만 퇴직 후에는 더 자주 접하게 되다보니 그런 불만이 밖으로 표출된다는 것입니다. 그래서 이것부터 바꾸어야 한다는 것입니다. 이거 하나만 잘 실천해도 아내와의 관계가 무척 달라집니다. 전 이것 하나만으로도 아내로부

터 퇴직 후 달라졌다고 칭찬 많이 받았습니다.

예정자 : 충분히 설득력 있는 말씀이군요. 저도 꼭 실천하겠습니다. 훈련소에 다시 입소해서 훈련병이 되겠습니다. 그럼 두 번째 단어인 사슴은 무엇입니까?

은준인 : 남편의 아내에 대한 경쟁력을 향상시키는 응급조치 3가지 중 두 번째는 아내의 말을 사슴처럼 경청하자입니다.

예정자 : 사슴처럼 아내의 말을 잘 들어주라는 얘기이군요.

은준인 : 그렇습니다. 사슴이 먹이를 먹을 때는 귀를 쫑긋 세우고 먹이를 먹습니다. 먹는 동안에도 외부의 세계를 듣고 있는 거죠. 그걸 들어야지 외부의 세계에 적절히 대응할 수 있다는 것입니다. 우리 남편도 똑 같이 해야 합니다. 아내의 말에 귀를 기우리고 경청해야지 잘 대응할 수 있다는 것입니다. 한문의 뜻에서 알 수 있듯이 경청의 경자는 기울 경(傾)자입니다. 아내의 말에 귀 기우려 듣는 것이 바로 아내의 존재감을 올려주는 것이고 나아가 그것이 남편의 존재감으로 이어져 결국 남편의 경쟁력을 높이는 방법이 되는 것입니다. 미국의 부부 상담 전문가 <하빌 핸드릭스>는 Happy wife, Happy life라는 말을 남겼습니다. 아내의 행복이 곧 내 인생의 행복이라는 말로 해석이 되겠죠. 어떻게 생각하세요?

예정자 : 100% 공감합니다. 아내의 말을 잘 듣는 것이 중요하군요. 잘 들어 주는 것만으로도 아내의 존재감이 높아지

는 군요. 그것으로 남편의 존재감도 높아지니 자연 경쟁력이 생기겠군요. 그럼 세 번째 단어, 앵커는 무엇입니까?

은준인 : 남편의 아내에 대한 경쟁력을 향상시키는 응급조치 3가지 중 마지막 세 번째 내용은 바로 아내의 장점을 앵커처럼 말해주자는 것입니다. 이것이야 말로 남편의 경쟁력을 높이는 최고의 무기라 할 수 있습니다.

예정자 : 아내의 장점을 뉴스에 나오는 앵커처럼 말해주라는 것이군요. 남편의 경쟁력을 높여 주는 최고의 무기라고 하셨나요?

은준인 : 그렇습니다. 뉴스에 나오는 앵커는 어떻습니까? 어떤 한 가지 사건을 아주 구체적으로 또렷또렷 설명하여 시청자에게 전달하지 않습니까? 남편들도 아내의 장점을 이렇게 뉴스처럼 구체적으로 말해주라는 것입니다. 그리고 이 장점을 수시로 말해줘야 하는 것입니다. 미국의 심리학자 <존 가트만> 교수는 관계를 좋게 만드는 대화의 비율 중 부부의 경우 '5:1 법칙'을 말하고 있습니다. 즉 부부간에는 한 번의 부정적 말을 위해서는 다섯 번의 긍정적 말이 선행되었을 때 그 메시지가 잘 전달될 수 있다는 것입니다. 아내의 장점을 수시로 발견하여 긍정적인 메시지를 자주 전달할 때만이 부정적 메시지도 부드럽게 전달이 가능하다는 말입니다. 이렇게 아내의 장점을 수시로 칭찬해주면 아내는 남편의 존

재감을 서서히 느끼게 되는 것입니다. 저 사람이 정말 나에게 관심이 있구나! 변함없이 따뜻한 사람이구나! 항상 내 곁을 지켜주는구나! 라고 느끼게 된다는 것입니다. 자연히 남편의 경쟁력은 쑥쑥 올라가게 되는 것은 너무도 당연한 결과라 생각됩니다. 동의하십니까?

예정자 : 100% 동의합니다. 남편의 경쟁력이 떨어진 이유가 다 있군요. 퇴직 후 이렇게만 고치면 정말 아내도 좋아하게 될 것 같습니다. 이거 정말 귀한 말씀입니다. 다시 한 번 이 부분을 정리해 주시죠?

은준인 : 다시 한 번 정리해 드리면, 남편의 아내에 대한 경쟁력을 향상시키는 응급조치 3가지 방법은 첫 번째, 아내가 부르면 훈련병처럼 즉시 대답하자. 두 번째, 아내의 말을 사슴처럼 경청하자. 세 번째, 아내의 장점을 앵커처럼 말해주자 입니다. 훈련병, 사슴, 앵커, 이 세 단어만 잘 기억하면 남편의 경쟁력이 쑥쑥 올라갈 것입니다. 이 세 가지 응급조치 방법은 말 그대로 응급조치입니다. 다시 말씀드리면 빨리 실천하셔야 된다는 뜻입니다.

예정자 : 오늘부터 당장 실천하여 남편의 경쟁력을 향상시켜 정상을 탈환해 보도록 하겠습니다.

은준인 : 저도 이 방법을 꾸준히 실천하면서 정상을 향해 가고 있습니다. 우리 정상에서 꼭 만납시다.

예정자 : 소장님은 정상을 벌써 탈환하셨을 것 같은데요. 아무튼 저도 가르쳐 주신대로 노력하겠습니다. 오늘 정말 많은

것을 차근차근 배우고 있는데요. 이렇게만 하면 정말 은퇴를 맞이하는 것을 두려워 할 필요가 전혀 없겠습니다. 그런데 왜 퇴직자들은 자꾸 은퇴를 두려워할까요? 소장님께서 말씀 중에 조금씩 언급해 주셨지만 한번 정리해 주시면 좋겠어요.

은준인 : 안 그래도 한번 정리해 드리려 했어요. 제가 어제 은퇴준비 4영역에 대해 말씀드리기 전에 간단히 언급한 내용인데요. 다시 한 번 정리해서 말씀드리겠습니다. 퇴직자들이 은퇴를 두려워하는 근본적인 이유부터 먼저 정확히 아실 필요가 있다는 것입니다.

예정자 : 저도 그렇게 생각합니다. 그럼, 누구에게나 들이닥칠 은퇴가 두려운 진짜 이유는 무엇입니까?

은퇴가 정말 두려우신 거 맞나요?

은준인 : 우선 제 애기를 조금 드리면요. 저 또한 막상 퇴직을 하면서 나름 은퇴 준비를 조금 한다고 하는데도 이상하게도 퇴임일이 가까이 오면서 뭔가 일종의 두려운 마음이 스물 스물 생기기 시작하더라고요. 딱히 특별한 이유는 없었지만 점점 더 그 두려움은 커져만 갔고 밤잠도 설치는 경우도 많아지게 되더라고요. 퇴직 때문이라 생각하고 퇴직 후의 삶을 위해 은퇴와 관련된 책도 여러 권

을 사서 읽어보았고 퇴직 프로그램에도 적극적으로 참여해보았습니다. 은퇴 전문가를 만나 상담도 해 보았고 퇴직 선배들도 만나 조언도 구해 보았습니다. 그러나 그 어디에서도 퇴직을 구체적으로 어떻게 준비해야 되는지에 대한 가이드라인을 발견할 수 없었고 그 두려움은 점점 더 커져만 갔던 것입니다. 사실상 당시 통계를 보니 저처럼 퇴직이 임박한 사람들의 75%가 닥쳐올 은퇴를 두려워하고 있다는 설문조사가 나왔으며 심지어 퇴직자 아내까지도 다가올 노년에 대해 몹시도 심한 두려움을 갖고 있다는 것입니다. 그래서 조사를 해봤죠. 은퇴가 두려운 진짜 이유는 과연 무엇일까? 이것만 잘 알아도 우리가 우리의 노년의 삶을 대비할 수 있지 않을까 생각했죠. 그래서 살펴보니 다섯 가지 이유로 대표될 수 있었습니다. 기억나실지 모르겠지만 여기까지 제가 이미 설명 드렸고 다섯 가지 이유도 간단히 말씀드렸죠?

예정자 : 간단히 언급해 주셨죠. 중요한 부분인 것 같으니 좀 더 자세히 설명해 주시죠.

은준인 : 그러겠습니다. 그 다섯 가지 이유부터 하나하나 설명해 드리죠.

예정자 : 감사합니다.

은준인 : 저번처럼 누구에게나 들이닥칠 은퇴가 두려운 진짜 이유 5가지를 순위를 매겨서 알아보겠습니다. 경연 프로

그램처럼 5위부터 역순으로 알아보겠습니다. 5위는 나의 가치가 떨어지는 것 같아서입니다. 즉 자존감이 무너지는 것 같아서 라고 응답했습니다. 자존감이란 용어는 미국의 철학자이자 심리학자인 <윌리엄 제임스>가 처음 사용하였는데요. 자신이 사랑받을 가치가 있는 소중한 사람이고 어떤 성과를 이루어낼 만한 유능한 사람이라고 믿는 마음이라고 정의하고 있습니다. 그런데 퇴직 후 이러한 마음이 급속도로 낮아진다는 것입니다.

예정자 : 퇴직 후 자존감이 떨어질 것 같아 은퇴가 두렵다는 얘기군요. 충분히 그럴 수 있다고 보여 집니다. 그럼 4위는 무엇입니까?

은준인 : 누구에게나 들이닥칠 은퇴가 두려운 진짜 이유 5가지 중 4위는 은퇴 후 삶이 너무 길게 느껴져서 라고 대답했습니다. 맞습니다. 100세 시대에 살고 있는 우리로서는 퇴직 후 이삼십년 이상은 족히 활동적으로 살아야하는데 앞으로 살아야 할 날이 창창하게 남아있다는 느낌이 두려움으로 표현되는 것입니다. 2015년 UN에서 만들어 각국에 제안한 연령에 따른 세대 구분을 보면 청년의 나이가 18세부터 시작하여 64세까지이며, 65세부터 중년이고 노인은 80세부터 시작된다는 것입니다. 퇴직이 되더라도 UN 나이로는 아직도 청년인데 벌써 은퇴자가 된다니 이를 어떻게 받아들여야 할지 두렵게 느껴진다는 것은 너무도 당연한 일이 아닐까 싶네요.

예정자 : 저도 이 부분이 정말 두렵습니다. 퇴직이 얼마 안 남았는데 아직도 청년처럼 느껴지는데 은퇴자라니! 정말 이런 상태에서 퇴직 후 뭘 할까 많이 걱정됩니다. 그럼 세 번째는 어떤 내용이죠?

은준인 : 누구에게나 들이닥칠 은퇴가 두려운 진짜 이유 5가지 가운데 이제 세 번째는 뒷바라지할 자녀가 있어서입니다. 마지막 순간까지 자녀를 잘 돌보는 것은 부모의 도리이고 역할인줄 알지만 언제까지 자녀의 미래를 책임져야 할지? 또 어디까지 책임져야 할지? 우리에겐 큰 숙제가 아닐 수 없습니다. 그래서 그것이 하나의 두려움으로 다가온다는 것입니다. 저도 아직 미혼인 쌍둥이 아들이 있는데 저보다 아내가 더 많이 신경 쓰이는 모양입니다.

예정자 : 저 또한 그렇습니다. 아무래도 신경이 많이 쓰입니다. 아직 이 세대를 살고 있는 한국의 부모들은 다 똑같은 불안감과 걱정을 가질 수밖에 없을 것 같습니다. 그래서 이제 퇴직을 한다하니 더 두렵게 느껴지게 되는군요. 그럼 2위는 무엇입니까?

은준인 : 누구에게나 들이닥칠 은퇴가 두려운 진짜 이유 5가지 중 2위는 고정적인 수입원이 없어져서 라고 응답했습니다. 나름 은퇴준비를 체계적으로 한다고 해온 저부터도 사실 이 부분은 정말 은퇴가 두려운 큰 이유 중 하나가 됨이 분명합니다. 그런데 사실상 퇴직 후에는 돈을 새

롭게 버는 것보다 관리하는 것이 훨씬 더 중요하다고 많은 전문가들이 말하고 있지만 여전히 많은 사람들이 돈을 버는 것에만 너무 몰입하는 것 같습니다. 이 부분에 대해서도 할 얘기가 많지만 돈 문제는 어제 말씀드린 내용만 잘 숙지하시면 된다고 생각됩니다.

예정자 : 잘 알겠습니다. 그럼 은퇴가 두려운 이유 첫 번째는 무엇입니까? 어제 대충 말씀은 해주셨지만 좀 더 구체적으로 말씀해 주시죠.

은준인 : 그러겠습니다. 누구에게나 들이닥칠 은퇴가 두려운 진짜 이유 5가지 중 이제 대망의 1위 하나만 남았는데요. 그런데 이 1위가 2위에서 5위를 합친 것보다 훨씬 많은 전체의 65.1%의 사람들이 이것을 선택한 것입니다. 1위는 바로 은퇴준비가 제대로 되어 있지 않아서라고 응답했다는 것입니다. 은퇴 준비가 제대로 되어 있지 않기 때문에 은퇴가 두렵게 느껴진다는 것입니다. 결국 그 핵심은 바로 은퇴준비에 있다는 것이지요.

예정자 : 은퇴준비가 제대로 되어 있지 않아서 은퇴가 두렵게 느껴지는 가장 큰 이유라는 것이군요..

은준인 : 몇 번이고 강조해도 지나치지 않는 은퇴준비입니다. 은퇴가 이렇게 우리에게 두려움으로 다가와서는 안 된다는 말입니다. 그럼 은퇴는 두려움이 아닌 어떤 모습으로 우리에게 다가오는 것이 바람직할까요?

예정자 : 두려움이 아니라면 글쎄요!

은준인 : 제가 생각하는 은퇴가 우리에게 다가오는 모습은 바로 설렘입니다. 그렇습니다. 은퇴가 두려운 진짜 이유가 은퇴준비가 제대로 되지 않았기 때문이므로 은퇴준비만 제대로 될 수 있다면 은퇴가 두려움이 아닌 설렘으로 다가올 수 있을 것입니다. 저는 어제 설명 드렸듯이 은퇴준비 4영역에 대한 준비로 혼자서도 잘 즐길 수 있는 삶에 대한 준비인 '혼즐삶' 준비부터 시작하여, 함께 즐기는 삶에 대한 준비인 '함즐삶', 끝없이 도전하고 배우는 삶에 대한 준비인 '끝도삶', 봉사를 즐기면서 사는 삶에 대한 준비인 '봉즐삶'준비까지 하면서 이 과정에서 자기가 오랫동안 추구할 관심분야인 '자기핵심브랜드' 즉 Self-Core Brand를 창출해나가면 은퇴준비는 거의 완벽하게 완성될 수 있다는 이론을 제시한 것입니다.

예정자 : 그렇군요. 이제 은퇴가 두려운 이유는 분명히 알게 되었고 그 대비책도 확실히 알았으니 두려워 할 이유가 없어지네요.

은준인 : 맞습니다. 누구에게나 들이닥칠 은퇴가 두려운 진짜 이유 5가지 중 1위인 은퇴준비가 제대로 되기 않아서가 절대적 다수의 이유이므로 우리는 은퇴준비를 미리 구체적으로 한다면 은퇴에 대한 우리의 두려움을 없앨 수 있을 것으로 보여 집니다.

예정자 : 여기 오니까 모든 것이 하나하나 풀리는 것 같습니다.

그런데 이 많은 일들을 어떻게 진행할 수 있나요? 많은 시간이 필요할 것 같은데요?

은준인 : 물론 많은 시간을 필요로 합니다. 그런데 이것들을 한꺼번에 하는 것이 아니고 좋은 습관을 가지고 매일 매일 조금씩 실천해 나가는 거죠. 대부분의 성공하는 사람들도 좋은 습관을 가지고 매일매일 만들어 가는 것이 아닐까 생각합니다.

예정자 : 공감합니다. 대부분의 성공한 사람들도 좋은 습관을 가지고 이렇게 만들어 간다는 말씀이시군요. 그럼, 성공한 사람들의 좋은 습관은 어떤 것들이 있을까요? 소장님이 가지고 계신 좋은 습관들은 어떤 것들이 있는지 듣고 싶습니다.

은준인 : 제가 성공한 사람도 아니고요. 저도 열심히 배우고 지금 수행하는 과정에 있는 사람이라 제 습관이라기보다 제가 어떤 책을 감동 있게 읽고 그 책을 기초로 제가 살아온 제 철학을 가미하여 나름 정리한 법칙이 있습니다. 그것을 생활에 적용시키려고 노력하고 있는데요. 확실한 제 습관으로 완성시키기 위해 키워드를 적어 놓고 끊임없이 연마하고 있습니다.

성공한 사람들의 7가지 습관, 내 것으로 만들어요

예정자 : 키워드로 정리하셨다니 궁금하군요.

은준인 : 처음에는 저도 습관에 대해 관심을 갖고 연구하다 과연 성공한 사람들은 어떠한 특징적인 습관을 가지고 있을까 연구하기 시작했죠. 왜냐하면 우리도 성공하려면 성공한 사람들이 갖고 있는 공통된 습관이 무엇인지를 알아보고 더 늦기 전에 우리도 이러한 습관들을 잘 습득하는 것이 필요하다고 생각을 했습니다. 그러던 중 제가 바이블로 여기는 한 권을 읽게 되었는데 워낙 유명한 책이라 다 아시겠지만 그 책은 바로 바로 <스티븐 코비>의 '성공하는 사람들의 7가지 습관'이란 책입니다. 아마도 우리에게 자기 계발서 중에서 최고의 저서로 평가 받아 왔으며 아직도 많은 사람들에게 인문학 서적으로 사랑을 받고 있는 책일 겁니다. 저는 이 책을 참고하여 제가 본받아야 할 7가지 습관을 나름대로 설정하여 이것을 쉽게 이해할 수 있도록 이름을 붙여 정리하였습니다. 매사에 이 키워드를 떠올리면 보다 쉽게 실천할 수 있다 생각됩니다.

예정자 : 소장님은 항상 다른 좋은 것이 있으면 항상 자기의 것으로 만들려는 노력을 하시는 것이 상당히 인상 깊습니다. 그럼 소장님이 정리하신 7개의 키워드 습관은 무엇입니까?

은준인 : 성공한 사람이 되기 위해 우리가 가져야 할 7가지 키워드 습관은 1.탱크처럼 습관, 2.양궁의 과녁 습관, 3. 뷔페 빈 접시 습관, 4.너와 나 습관, 5.좋은 상담원 습관, 6.철새의 V자 습관, 7.이른 아침 약수터 습관이라 붙였습니다. 7개 단어만 기억하시면 그 핵심 내용을 충분히 이해하실 수 있다고 보여 집니다.

예정자 : 그럼 하나하나 설명해 주시죠. 첫 번째가 탱크처럼 습관인데요.

은준인 : 설명 드리죠. 성공한 사람의 7가지 습관 중 첫 번째는 '탱크처럼 습관'으로 탱크처럼 자기의 삶을 주도하라입니다. 자! 탱크는 어떻습니까? 목표를 향해 뚝심 있게 돌진하는 모습이 상상되지 않습니까? 이 첫 번째 습관은 탱크처럼 자기의 삶을 주도적으로 이끌어 가라는 메시지입니다. 이것은 각자가 자신의 삶의 주체가 되고 그에 대한 책임을 지는 삶을 살아 가야된다는 의미로 해석하시면 됩니다.

예정자 : 자기주도의 삶을 사는 것이 바로 탱크처럼 습관이군요. 귀에 쏙 들어오네요.

은준인 : 그렇습니다. 우리가 살아가면서 주변에 일어난 일들을 남들 때문이라고 비난만 한다면 나 자신의 삶의 주도권을 남에게 넘겨주는 일이 될 것입니다. 남에게 핑계되지 않고 탱크처럼 묵묵히 자기 주도의 삶을 사는 습관을 만들어 가는 것입니다. 기억하십시오. 절대로 남에게 핑

계를 되지 않아야 자기주도적인 삶을 살 수 있는 것입니다.

예정자 : 그렇군요. 첫 번째 가져야 할 습관은 남에게 핑계되지 않고 자기주도적인 삶을 살아가는 것이군요. 그럼 두 번째는요?

은준인 : 성공한 사람의 7가지 습관 중 두 번째는 '양궁의 과녁 습관'이라고 칭했는데요. 양궁에서 활을 쏠 때 우리는 무엇을 봅니다. 오직 마지막 과녁을 바라보며 활을 당기지 않습니까? 이처럼 끝을 생각하며 시작하라는 내용입니다. 양궁은 마지막 목표점인 과녁을 바라보고 거리, 바람의 세기 등 모든 사항을 고려하여 과녁을 향해 시위를 당길 것입니다. 양궁에서 마지막 목표점이 중요하듯 우리의 인생에도 나아갈 목표점이 중요합니다. <스티븐 코비>는 모든 일들을 계획 할 때 벌써 내 생애가 끝날 때 내가 어떻게 기억될지에 대해 생각하며 모든 일을 계획하라고 했습니다. 그래서 그 구체적 방법으로 자신의 '삶에 대한 사명서' 같은 것을 작성할 것을 제안하고 있는데요. 너무 어렵게 생각하지 마시고 자기가 목표하는 삶의 지침 같은 것을 작성하시어 매사에 참고하시면 좋을 듯합니다. 저도 책상위에 있는 저것이 바로 제 삶에 대한 사명서입니다. 저는 4가지 사항을 적어 보았습니다.

예정자 : 저도 집에 가는 즉시 작성해봐야겠어요. 다음 세 번째

뷔페 빈 접시 습관인데요. 뷔페의 빈 접시를 어떻게 접목시키셨는지 그 내용이 몹시 궁금하네요.

은준인 : 성공한 사람의 7가지 습관 중 세 번째는 '뷔페 빈 접시 습관'으로 소중한 것을 먼저 하라 입니다. 결혼식 뷔페에 가면 우리는 빈 접시에 각자가 먹을 음식을 아주 신중하게 골라 담습니다. 우리의 인생도 나에게 소중한 것이 무엇인지를 신중하게 파악하고 먼저 할 것에 대한 우선순위를 정하여 시행해야 할 것입니다. 뷔페에 가서 처음부터 욕심내어 이것저것 다 접시에 담다 보면 정말 맛있는 것을 제대로 못 먹고 오는 경우가 있으시죠? 담은 것을 안 먹을 수도 없고 배는 부르고, 정말 후회하는 경우가 있으시잖아요? 그런 후회를 하지 말자는 얘기입니다.

예정자 : 결혼식 뷔페에 가서 맛있는 것부터 먹듯이 중요한 것을 먼저 처리하는 습관을 가지라는 얘기이군요. 멋진 비유입니다. 그럼 다음 습관은요?

은준인 : 성공한 사람의 7가지 습관 중 네 번째는 '너와 나 습관'으로 상호 이익을 모색하라 입니다. 너도 이기고 나도 이기는 윈윈(Win-win)게임을 하라는 것입니다. 즉 나만이 아니라 상대방도 만족시키는 해결책을 찾으려고 노력하는 습관을 항상 가져야 된다는 말인데요. 우리는 많은 경우 상대가 어떻든 나만의 승리를 오직 목적으로 하며 살아 왔습니다. 마치 축구 경기처럼 말입니다. 하

지만 나도 승리하지만 상대방도 승리하는 길이 있다면 어떻겠습니까? 그 길을 선택해야 되지 않을까요? 승패의 패러다임에서 탈출하여 승승의 결과를 창출해 내기 위해 매사 노력하는 습관을 만들어 보자는 얘기입니다.

예정자 : 이건 정말 우리가 놓치기 쉬운 습관이군요. 너와 나 습관은 꼭 기억해야 할 것 같습니다. 다음은 좋은 상담원 습관인데요. 무슨 뜻입니까?

은준인 : 성공한 사람의 7가지 습관 중 다섯 번째 습관이 바로 '좋은 상담원 습관'인데요. 먼저 이해하고 그 다음에 이해 시켜라 입니다. 이 습관은 남의 이야기를 어떤 자세로 들어야 하는지에 대한 설명으로 다른 사람의 말에 보다 귀 기우려 경청하고 이를 통해 공감하는 능력을 갖추라는 얘기입니다. 마치 좋은 상담원과 같은 좋은 습관을 만들자는 얘기입니다. 좋은 상담원은 항상 상대방의 얘기를 먼저 충분히 들어 봅니다. 상담원이 상대방의 입장을 충분히 들어보지 않고 정확한 상담을 할 수는 없지 않습니까? 소통은 결국 상호간의 메시지 전달인데요. 상대방의 얘기를 귀 기우려 들어야 만이 나의 메시지를 분명하게 전달할 수 있다는 것입니다.

예정자 : 그렇군요. 역시 좋은 습관에 경청이 빠질 수는 없겠지요. 경청을 잘하는 사람이 성공한 사람의 좋은 습관이군요. 다음 여섯 번째는 무엇입니까?

은준인 : 성공한 사람의 7가지 습관 중 여섯 번째는 '철새의 V

자 습관'으로 함께 모아 시너지를 내라 입니다. 철새들은 겨울이 되면 V자 모양으로 떼를 지어 이동합니다. 이것은 한 마리씩 이동하는 것보다 71%정도를 빨리 이동할 수 있다고 합니다. 시너지란 힘을 합친 전체가 각 부분들의 합보다 더 크다는 말로써, 더 좋은 결과를 얻기 위해 여러 사람이 함께 일할 때 발생 가능하다는 것입니다. 그럼 이러한 시너지를 어떻게 만들어 낼 수 있을까요? <스티븐 코비>는 서로 간의 차이점을 인정하면서, 서로가 존중하고, 상대방의 약점을 보완해 주는 것이 핵심이라고 강조하고 있습니다. 부부간에도 서로 차이점을 인정하고, 존중하며, 서로의 약점을 보완해 주며 살아간다면 시너지가 넘치는 부부사이가 되지 않을까요?

예정인 : 부부사이에서도 서로가 차이점을 인정하고, 존중하고, 서로의 약점을 보완해 주면 시너지 효과가 난다는 말씀이 가슴에 와 닿네요. 정말 좋은 말씀입니다. 그럼 마지막 한 가지가 남았는데요. 이른 아침 약수터 습관이네요.

은준인 : 벌써 마지막이군요. 성공한 사람의 7가지 습관 중 마지막, 일곱 번째는 '이른 아침 약수터 습관'으로 끊임없이 쇄신하라 입니다. <스티븐 코비>는 최종 성공을 쟁취하기 위해서는 기도나 명상, 운동과 봉사활동, 독서 등을 통해 끊임없이 쇄신해 나갈 것을 강조했습니다. 이

습관은 결국 재충전의 습관이라 할 수 있으며 지속적인 자기 개선을 위한 뿌리가 되는 습관이라 할 수 있겠습니다. 제가 아침 이른 시간에 운동을 가는 곳에 끊임없이 약수가 흘러나오는 약수터가 있는데요. 마치 그 약수터의 약수처럼 항상 새로움이 넘치도록 몸과 마음을 갈고 닦아야 한다는 말로 이해하시면 어떨지요?

예정자 : 이제 무슨 말씀이신지 정확히 이해가 되네요. 항상 갈고 닦아야 한다는 말씀이군요. 제시한 일곱 가지 모두 우리에게 정말 중요한 습관이라 생각됩니다.

은준인 : 맞습니다. 저도 항상 이 일곱 키워드 단어를 생각하며 습관화하려고 노력하고 있습니다. 제가 키워드로 정리한 이 7개의 습관을 저를 은퇴준비 4영역을 개발할 때 항상 접목하고 있습니다. 탱크처럼 습관은 혼즐삶과 연계되어 있어 자기주도적인 삶을 준비할 때 꼭 필요한 습관입니다. 양궁의 과녁 습관, 뷔페 빈 접시 습관은 끝도삶과 밀접한 관련이 있어 끝도삶 아이템을 개발할 때 목표를 정확히 정하고, 중요한 것부터 하나하나 개발해 나가는 습관이 필요할 것입니다. 너와 나 습관, 좋은 상담원 습관, 철새의 V자 습관은 함즐삶의 의미와 상통하고 있다 생각되는데요. 함께 즐기는 삶에 대한 준비는 서로를 다 만족시키는 아이템이 뭔지, 상대방의 입장을 충분히 반영해 주며 함께 시너지를 낼 수 있는 아이템 개발에 사용되어져야 할 습관이 되겠습니다. 그리고 이

른 아침 약수터습관은 항상 쇄신하려는 습관으로 봉즐 삶의 뜻과 너무도 밀접한 관계를 맺고 있다는 것을 알게 됩니다. 탱크, 양궁, 뷔페, 너와 나, 상담원, 철새, 약수터 이 7개 단어만 기억하면 누구나 성공한 사람이 되기 위한 좋은 습관을 우리도 가질 수 있다고 생각합니다.

예정자 : 성공하는 사람들의 7가지 습관을 키워드로 만들어 이렇게 풀어 주시고 이를 은퇴준비 4영역과 연계시켜 주니 정말 쉽게 이해가 되는군요. 7개 키워드 단어가 연상되니 강조하신 내용이 새록새록 머리에 남는군요. 탱크처럼 자기 주도적 삶을 살아라. 양궁은 마지막 과녁을 보고 쏘듯 목표점을 보고 시작하라. 뷔페는 중요한 것부터 먼저 빈 접시에 담아 시작하라. 너와나 습관은 서로가 이길 수 있는 방법을 선택하라. 좋은 상담원은 상대방의 말을 충분히 경청하라. 철새는 철새의 V자처럼 시너지 효과를 내도록 함께하라. 이른 아침 약수터는 항상 새롭게 쇄신하라. 소장님! 이렇게 정리하면 될까요?

은준인 : 정말 잘 정리하셨어요. 누누이 강조 드리지만 학습력이 정말 뛰어 나십니다.

예정자 : 감사합니다. 일곱 가지 모두 꼭 간직해야 할 좋은 습관으로 생각됩니다. 그런데 소장님! 저도 양궁처럼 어떤 목표를 향해 도전을 하는데요. 그런데 막상 도전을 하려면 잘 되지가 않습니다. 소장님께서 도전하는데도 방

법이 있다고 몇 번 언급을 하셨는데요. 소장님께서는 특별한 도전 비법 같은 것이 따로 있으신 것 같은데 그 방법도 좀 자세히 소개해 주시면 좋겠습니다.

은준인 : 아! 벌써 눈치 채셨네요. 자기 목표에 대한 도전을 쉽게 이루기 위해서 도전의 4단계 법칙이 있습니다. 이 법칙에 따른다면 정말 쉽게 도전한 목표를 달성할 수 있을 겁니다.

예정자 : 역시 비법을 가지고 계시는 군요. 말씀 부탁드립니다.

은준인 : 한번 생각해 보십시오. 우리는 지금까지 크고 작은 많은 꿈들을 이루기 위해 얼마나 많은 도전을 하면서 살아왔습니까? 셀 수도 없죠. 초등학교 때 반장 선거에 나가 3표를 얻어 완전 망신만 당했던 저의 첫 번째 도전의 기억에서부터 시작해서 대학입시, 취업전쟁, 진급시험, 결혼, 승진 심지어 이제는 퇴직 후 악기 배우기까지 우리의 인생은 모두 도전의 연속입니다. 그런데 이런 도전 과정이 쉽게 느껴진 경우는 거의 없었던 것 같습니다. 어떤 사람은 무슨 일을 해도 쑥쑥 잘 풀리고, 도전한 목표도 척척 잘 이루어 내는 것 같은데, 나는 왜 이 모양 이 꼴인지 실망도 하게 되고. 또 도전 하는 일마다 되는 건지 안 되는 건지 더디게만 느껴지는, 심지어 이제는 뭘 하나를 하려해도 두렵기까지 느껴지는 경험을 우리는 해왔습니다. 왜 나만 잘 안되지? 왜 나만 이렇게 힘들지? 라고 불평을 늘어놓지만 그렇다고 뭔가

쉽게 해결되는 것도 아니고 점점 더 자신감만 잃게 되는 거죠. 그럼 도전을 식은 죽 먹기로 쉽게 성공시키는 도전 고수들은 과연 무엇이 다를까요? 혹시 자기들만의 노하우나 비법 같은 건 없을까요? 이번에는 제가 도전한 목표를 쉽게 성공시키는 고수들이 간직한 숨는 법칙, 일명 와일드(WILD) 법칙에 대해 소개해 드리고자 합니다.

예정자 : 와일드 법칙이라고요?

도전에도 단계가 필요하다 - 도전법칙 4단계

은준인 : 예. 와일드 법칙입니다. 이 법칙은 한국평생교육원 유광선 원장님의 대표 저서인'와일드 이펙트'라는 책에서 사용한 용어입니다. 그는 한 분야의 성공을 위해서는 해당분야에 대한 책을 100권을 읽고, 100명의 전문가를 만나고. 100곳을 방문하라는 핵심 메시지를 강조 하셨는데요. 그 실천 방법으로 제시한 것이 바로 '와일드(WILD) 법칙'인 것입니다. 여기의 WILD는 Want, Imagine, Learn, Declare의 이니셜을 모아 만든 합성어라 할 수 있습니다.

예정자 : 와일드는 Want, Imagine, Learn, Declare의 첫 글자를 조합해서 WILD라 하였군요.

은준인 : 맞습니다. 그럼 하나하나 설명해 보겠습니다. WILD의 첫 번째 이니셜인 W는 Want로 목표한 바를 간절히 원하라는 것입니다. 도전에 성공한 사람의 가장 큰 특징은 어떤 목표에 대해 간절히 원하는 절박함이 있다는 것입니다. 저건 내가 해도 되고 안 해도 되고, 또는 할 수 있으면 좋겠지만 못 해도 할 수 없지 뭐! 이렇게 생각하신다면 벌써 그 목표는 시작부터 안 된다는 것입니다. 뭐든지 도전하시려면 첫 단계로 그 목표를 간절히 원하는 것이 필요하다는 것입니다. 강인한 목표 의식과 절박함이 여러분의 도전을 성공적으로 만드는 첫 단추라 할 수 있습니다.

예정자 : 도전하기 위해서는 그 목표를 간절히 원하는 것이 필요하다는 말씀이네요.

은준인 : 그렇습니다. 간절함보다도 더 큰 동기부여는 없다고 했습니다. 다음은 도전 성공 비법 4단계 중 두 번째 단계는 영어 WILD의 두 번째 이니셜 I로 Imagine, 즉 상상하라 입니다. 이스라엘의 역사학자인 '사피엔스'의 저자 <유발 하라리>는 '인간이 이 지구상의 주인공이 된 것은 상상력 때문'이라고 했습니다. 또한 미국의 하버드대 심리학자 <윌리엄 제임스>는 '당신이 상상한 모든 것은 당신의 것이 될 수 있다'고도 했습니다. 이렇듯 상상력은 우리가 어떤 도전 목표를 이루기 위해서 너무도 중요한 무기입니다. 여러분들도 어떤 도전을

성공시키기를 원하신다면 그 목표가 성취되었을 때의 모습을 상상하셔야 합니다. 이것이 바로 동기부여의 최고의 요인인 자율성을 이끌어 내는 최선의 방법인 것입니다.

예정자 : 목표가 성취되었을 때의 모습을 상상하라는 말씀이군요. 정말 필요한 단계라 생각됩니다.

은준인 : 혹시 록과 대중음악을 통틀어 가장 위대한 보컬리스트로 평가 받고 있는 영국 퀸(Queen)그룹을 아십니까?

예정자 : 알다마다요. 대학 다닐 때 정말 퀸(Queen)그룹 노래 많이 들었는데요. 그런데 왜요?

은준인 : Queen그룹의 전설적인 보컬 <프레디 머큐리>라는 사람이 있었는데요. 그는 원래 <파로크>라는 본명을 가진 아주 평범한 무명가수였습니다. 그는 무명의 시절 때 항상 수만 명이 모인 큰 무대 위에서 노래 부르는 자기 자신의 모습을 상상했다고 합니다. 그래서 만든 노래가 바로 유명한 '보헤미안 랩소디(Bohemian Rhapsody)'라는 명곡이 탄생하게 된 거죠. 이렇게 우리에게도 어떤 도전을 위해서는 성공했을 때의 모습을 먼저 상상하는 것은 매우 중요하다 할 수 있습니다.

예정자 : 상상이란 정말 무척 중요하군요. 그럼 그러한 성공한 모습만 상상하면 다 이루어지나요?

은준인 : 아닙니다. 그것은 큰 상상이고요. 그 큰 상상이 끝나면 디테일 상상을 하셔야 하는데요. 그 디테일 상상은 바

로 그 목표를 어떻게 성취할 수 있는지에 대한 방법론을 상상하시는 것입니다.

예정자 : 방법론에 대한 상상이라고요?

은준인 : 그렇습니다. 그 목표를 이루기 위한 방법, 즉 그 목표를 이루기 위해서 뭘 해야 할지에 대한 구체적 상상입니다. 제 경우의 예를 들면 가족들에게 음식을 만들어 주는 홈 셰프가 되고 싶다는 목표를 설정한 후 먼저 1차적 상상력 단계인 스테이크를 만들어 플레이팅을 한 후 식탁에서 가족들이 즐겁게 식사를 하면서 가족들이 모두 엄지척을 보이는 모습을 상상합니다. 그런 후 2차적 디테일 상상력 단계로서 이렇게 되기 위해서는 무엇을 어떻게 해야 하는지에 대한 연구를 하라는 것입니다. 제 경우는 이왕 시작 하는 것, 전문적으로 도전해 보자 생각했습니다. 그러기 위해서는 국가 자격증을 따자고 마음먹고 최종적으로 학원을 다니자는 결론에 도달하게 되었던 것입니다. 몇 개월 학원에 다닌 결과 국가 자격증을 취득하였고 지금은 홈 셰프가 되어 수시로 가족들에게 음식을 만들어 주는 기쁨을 맛보고 있습니다. 이렇게 방법론에 대한 2단계 디테일 상상력은 매우 중요한 것입니다.

예정자 : 어떻게 그 목표를 이룰지에 대한 방법을 생각하는 것이 디테일 상상력이군요. 잘 알겠습니다. 그럼, L은 무엇입니까? 혹시 Learn, 배우자는 뜻이 아닐까요?

은준인 : 맞습니다. 상상력에서 나온 방향대로 배우는 것입니다. 정말 센스가 있으시네요. 말씀하신대로 도전 성공 비법 4단계 중 세 번째 단계는 영어 WILD의 세 번째 이니셜 L로 Learn, 배우기입니다. 열정적으로 배우라는 것입니다. 이것은 목표를 달성하기 위한 구체적 실행단계로서 도전의 성공여부를 좌우하는 가장 중요한 단계라 할 수 있습니다. 세상에 하루아침에 이루어지는 것은 아무 것도 없을 것입니다. 매일 매일 계획한대로 조금씩 실천하는 것이 최선의 방법인 것입니다. 결코 서둘러서도, 또 쉽게 포기해서도 안 되는 인내가 요구되는 단계인 것입니다. 악기연주를 꿈꾸었다고 해서 그냥 하루아침에 명연주자가 될 수는 없습니다. 목표를 달성한 사람들은 모두 다 나름의 노력과 고통의 시간을 거쳐서 만들어진다는 것을 우리는 분명히 알아야 합니다.

예정자 : 명심하겠습니다. 모든 것이 다 배움으로 이루어지는 것이죠. 그럼 마지막 4단계는요? 이니셜 D인데 이것은 뭔지 감이 안 잡히네요.

은준인 : 제가 설명을 드리죠. 도전 성공 비법 4단계 중 마지막 네 번째 단계는 영어 WILD의 마지막 이니셜 D로 Declare, 즉 선언하기입니다. 즉 자기의 도전 목표를 다른 사람이 알 수 있도록 알리는 것입니다. 이 단계 또한 정말로 중요한 단계라 아니 할 수 없습니다. 어쩌면 도전에 성공한 사람들의 숨은 최종병기와 같은 것이라

볼 수 있습니다. 선언의 방법은 어떤 식이든 상관없다고 저는 생각합니다. 그냥 말로 선언하셔도 되고, 가족 밴드나 단톡방에 올리셔도 되지만 가급적이면 가족과 같이 가까운 주변 사람들이 많이 알 수 있게 만드는 것이 매우 중요합니다. 목표를 달성하려는 자기의 의지가 쉽게 무너지지 않게 하는 일종의 방호막 같은 역할도 하는 것입니다.

예정자 : D는 선언하기이군요. 가까운 다른 사람들이 많이 알게 만드는 것이 중요하다고요. 소장님의 방법이 정말 많이 궁금합니다.궁금하네요?

모든 길은 로마로, 아니 '실천형 버킷리스트'로

은준인 : 제 경우는 퇴직 후부터 지금까지 운영해 오고 있는 <실천형 버킷리스트>라는 것을 벽에 부착하여 운영하고 있는데요. 저는 이 방법을 적극 권장하고 싶습니다. 저기 벽에 부착된 것 보이시죠? 바로 저것이 제가 가장 아끼는 보물입니다. 저는 이 방법을 통해 퇴직 후 지금까지 60여개의 도전 목표를 진행하여 왔는데요. 그 중 약 35개 정도는 완성되었고 대략 25개 정도는 현재 계속 진행 중에 있습니다. 앞으로도 계속 도전할 아이템이 수없이 생기게 되겠죠. 저의 실천형 버킷리스트 1번

아이템이 뭔지 아세요?

예정자 : 소장님의 실천형 버킷리스트 1번 아이템이요? 글쎄요. 제가 한번 가서 보고 오겠습니다.

은준인 : 좋아요. 한번 보고 오세요. 직접 한번 확인하시는 게 필요합니다.

예정자 : '죽을 때까지 아내에게 500가지 음식 만들어 주기'이네요. 와우! 500가지 음식 만들기, 쉽지 않은 도전인데요. 그게 가능해요? 지금까지 몇 가지나 하셨나요?

은준인 : 지금까지 반 정도 진행하였는데요. 끝까지 가능하도록 노력하고 있습니다. 처음보다는 열정이 다소 식은 것도 사실이지만 그래도 꾸준히 진행하고 있습니다. 집사람 입맛이 자꾸 높아지는 게 제일 문제입니다. 처음에는 만들어 주는 모든 음식이 다 맛있다고 했는데 요즘은 입맛이 아주 까다로워졌습니다.

예정일 : 정말 대단하십니다. 소장님의 실천형 버킷리스트을 보니까 정말 별 도전이 다 있네요.

은준인 : 지금까지 목표로 잡은 60여개 안에는 제가 하고 싶은 것, 도전하고 싶은 것, 꼭 해야 할 일들이 다 기록되어 있습니다. 제가 퇴직 후 이룬 많은 타이틀이 모두 여기에서 잉태한 것이라 볼 수 있습니다. 이 실천형 버킷리스트가 저의 도전의 인큐베이터(Incubator)입니다. 은퇴준비 전문작가 되기, 여러 분야 강사 되기, 대중가요 전문 작사가 되기, 1급 면접 자격증 취득해서 공공기관

면접관 되기, 취업을 원하는 대학생들 취업 면접 멘토 되기, 유용한 자격증 10개 이상 취득하기, 제가 가장 하기 어렵게 느꼈던 1인 유튜버, 숄더키보드와 드럼 악기 연주하기 등등 모든 것들이 이 실천형 버킷리스트에서 출발한 것입니다. 최근에 이룬 시집 발간하기도 여기서부터 출발했고요. 머지않아 세상에 고개를 내밀 새로운 저의 도전 목표도 이곳에 다 기록되어 있습니다. 정말 저에게는 최고로 소중한 길라잡이입니다. 저의 도전의 출발점이라 보시면 됩니다. 저는 여기서 하나하나 출발할 때마다 항상 이 말을 생각합니다. '도전은 무조건 남는 장사다'

예정자 : 도전은 무조건 남는 장사다. 정말 멋진 말이군요. 모든 것들이 정말 경이롭습니다. 얼마 전까지만 해도 일반 퇴직자와 다를 게 없었던 소장님이 이렇게 변신하게 된 데에는 그만한 숨은 이유들이 다 있었군요. 지금 가르쳐 주신 WILD 4단계 비법을 들으니 정말 무엇이든 다 도전할 수 있을 것 같습니다. 이 부분을 다시 한 번 요약해 주시지요?

은준인 : 간단히 요약하면 어떤 목표를 도전하기 위해서는 단계가 필요한데요. 그것을 영어 와일드(WILD)로 대표되는 도전 성공 비법 4단계로써 간절히 원하고, 생생하게 상상하고, 뜨겁게 배우고, 당당하게 선언하라는 말로 요약할 수 있습니다. 이 도전 성공 비법 4단계는 현재 제

가 직접 운영하여 엄청난 효과를 보고 있는 실천 방법으로 누구라도 와일드하게 한번 실천해 보실 것을 권합니다. 미래에 대해 너무 걱정하지 마시고 와일드하게 한번 도전해 보시기 바랍니다.

예정자 : 소장님! 잘 알겠습니다. 꼭 실천하도록 하겠습니다. 그런데 소장님께서 미래에 대해 너무 걱정하지 말라고 하셨는데요. 사실 저는 매사에 걱정이 많은 편이거든요. 걱정 같은 것을 극복하는 방법 같은 것은 없으신 거죠?

은준인 : 걱정 해소 방법! 있죠. 걱정을 이기는 방법은 아주 간단합니다.

예정자 : 간단하다고요?

은준인 : 예, 간단합니다. 걱정을 이기려면 걱정과 맞짱을 떠서 이기면 됩니다.

예정자 : 걱정과 맞짱을 뜨라고요. 걱정과 어떻게 맞짱을 뜨라는 말씀이신지요?

은준인 ; 좋습니다. 지금부터 걱정과 맞짱 떠서 이기는 법을 가르쳐 드리겠습니다. 기대되지요?

예정자 : 예. 정말 기대되네요. 빨리 말씀해 주세요.

은준인 : 우리 주변을 보면 유난히 걱정을 많이 하는 분들이 계십니다. 걱정도 팔자라는 속담을 몸소 실천하시며 아슬아슬한 삶을 살고 계시는 분들은 불안을 숙명처럼 받아들이며 끊임없는 긴장 속에서 살고 있습니다. 옆에서 아무리 그러지 말라고 해도 그게 쉽게 고쳐지지 않습

니다. 특히 건강에 대한 염려가 도를 넘는 경우를 많이 보아왔는데요. 그 하나의 예가 바로'닥터 쇼핑'이라 할 수 있습니다. 의사가 아무리 괜찮다고 해도 믿지 않고 다음 병원에서는 꼭 내 병을 알아줄 거라고 확신하며 백화점 쇼핑 다니듯 의사를 찾아다니는 바로 건강염려증을 겪는 사람들입니다. 지금부터는 이러한 다양한 걱정을 해소하는 방법에 대해 말씀드리겠는데요. 그러기 위해서는 걱정과 맞짱을 떠야 합니다. 맞짱을 떠서 이겨야지 걱정이 사라지게 됩니다. 여기에는 2단계의 접근 방법이 있습니다.

걱정과 맞짱 떠서 이기는 법

예정자 : 걱정과 맞짱을 뜨는데도 2단계의 접근 방법이 있다고 하셨나요? 그럼, 1단계는 무엇입니까?

은준인 : 걱정과 맞짱 떠서 이기는 2단계 접근 방법 중 첫 번째 단계는"너 누구야? 너 걱정 맞아?"입니다. 즉, 지금 하고 있는 걱정이 정말 걱정거리가 맞는지 한번 따져 보라는 것입니다. 일반적으로 우리가 걱정을 하는 이유는 닥칠 어려움에 대비하기 위해서라고 볼 수 있습니다. 마음이 쓰이는 일을 미리 준비함으로써 지혜롭게 해결하기 위한 것입니다. 그렇게만 된다면 걱정도 충분

히 해봄 직합니다. 하지만 우리가 하는 걱정의 대부분은 쓸데없는 것에 불가하다는 것입니다. 캐나다의 심리학자 <어니 젤렌스키>는 '모르고 사는 즐거움'이란 책에서 이렇게 기술했습니다. '우리가 하는 걱정의 40%는 현실에서 절대 일어나지 않는다. 그리고 30%는 이미 일어난 일이며, 22%는 신경 쓰지 않아도 되는 아주 사소한 것이다. 또한 걱정의 4%는 우리 힘으로 도저히 어쩔 수 없는 것이며, 겨우 남은 4%만 우리가 바꿀 수 있다'고 했습니다. 결국 96%는 우리가 통제할 수 없을 뿐만 아니라 쓸데없는 것이라는 얘기입니다.

예정자 : 4% 정도만이 걱정할 가치가 있는 것으로 우리가 걱정을 쓸 때 없이 너무 많이 한다는 말씀이군요.

은준인 : 맞습니다. 티베트 속담에 보면 '걱정을 해서 걱정이 없어지면 걱정이 없겠네'라는 유명한 말이 있습니다. 걱정한다고 해서 걱정이 없어지지는 않는다는 것입니다. 미국의 어느 작가는 '걱정은 흔들의자와도 같다'고도 했습니다. 흔들의자는 우리를 이리저리 흔들어주지만, 어디에도 데려다주지 못합니다. 걱정 역시 마찬가지입니다. 걱정은 우리를 힘들게 하고 괴롭히기만 할 뿐 근본적인 해결책을 제시하지는 않는다는 것입니다. 따라서 걱정에 너무 얽매이지 말고 한걸음 떨어져 이게 정말 내가 걱정할 가치가 있는 것인지 냉정하게 바라볼 필요가 있다는 것입니다. 걱정 해소법 1단계, "너 누구야?

너 걱정 맞아?"에 대한 대답은 "아! 죄송합니다. 저 걱정 아닌 데요"라고 결론을 내리고 싶군요. 이해가 좀 되시나요?

예정자 : 예, 충분히 이해되고말고요. 우리가 지금 너무 쓸데없는 걱정을 많이 하니 지금 하고 있는 걱정이 정말 걱정거리가 맞는지 먼저 한번 따져 보라는 의미가 아닙니까? 우리가 하는 걱정 중에는 96%는 걱정할 가치가 없다는 말씀이네요. 정말 공감 가는 말입니다. 소장님! 그럼 2단계는 무엇입니까?

은준인 : 걱정과 맞짱 떠서 이기는 2단계 접근 방법 중 2단계는 '걱정아! 너 나랑 한판 붙자!'입니다. 즉 걱정이라고 판단되었을 시 빠른 시간 내에 이를 해소하는 적극적 걱정 해소법입니다. 미국 처세술 전문가 <데일 카네기>의 '자기관리론'에 언급된'걱정을 해결해줄 마법의 공식'을 기초하여 제가 응용하여 사용하고 있는 효과적인 방법으로 세 개의 과정을 거칩니다.

예정자 : 걱정을 해결해줄 마법의 공식이란 게 있군요? 그 세 개의 과정은 무엇입니까?

은준인 : 첫 번째 단계는 걱정하는 일이 발생했을 때의 최악의 결과를 미리 예측하여 적어 보는 것입니다. 진정한 마음의 평화를 가져 오는 것은 최악의 결과를 받아들이는 데서 오기 때문입니다. 이어서 두 번째는 이렇게 가정된 최악의 상황을 해결하기 위해 내가 할 수 있는 모든

일들을 또 적어 보는 것입니다. 마지막 세 번째에서는 이렇게 적은 것 중에 내가 가장 잘 할 수 있는 것이 뭔지를 결정하고 이를 즉시 행동으로 옮기는 것입니다.

예정자 : 그러니까 미리 예측하여 걱정하는 일이 발생했을 때의 최악의 결과를 적어보고 이렇게 가정된 최악의 상황을 해결하기 위해 내가 할 수 있는 모든 일들을 또 적어 본 후 이렇게 적은 것 중에 내가 가장 잘 할 수 있는 것이 뭔지를 결정하여 즉시 행동으로 옮기라는 말씀이시지요.

은준인 : 맞습니다. 즉, 시간이 문제를 해결해 주는 것이 아니라 내 스스로가 당면한 문제 해결을 위해 구체적 노력을 다하자는 것입니다. 이 과정을 거치는 동안 신기하게도 첫 과정에서 벌써 걱정의 50%는 사라지고, 2번째 과정에서 40%의 걱정이 해소될 수 있어 결국 걱정거리는 10%밖에 남지 않는다는 것입니다. 결국 이렇게 남은 10%에 대해서만 집중적으로 문제 해결을 위해 노력한다면 걱정거리에 대한 문제 해결에도 크게 도움이 된다는 것입니다.

예정자 : 그러니까 우리는 너무 쓸데없는 걱정과 많이 싸우는데, 그러지 말고 걱정거리를 최소화해서 진짜 걱정거리와 맞짱 떠서 싸우면 집중도가 높아져서 보다 용이하게 해결할 수 있다는 내용으로 요약하면 될까요?

은준인 : 정확합니다. 이 단순한 방법은 정말로 효과가 있습니다.

꼭 한번 실천해 보십시오. 걱정 해소법 두 번째 단계 결론입니다. "걱정아! 너 나랑 한판 붙자!"는 "아! 제가 졌습니다. 저 사라지겠습니다."였습니다.

예정자 : 정말 재미있게 표현해 주시니 더욱 이해가 잘 갑니다.

은준인 : 잘 이해해 주셔서 제가 더 감사합니다. 우리가 세상을 살아가는 과정에서 걱정이 없을 수는 없을 텐데요. 하지만 삶의 에너지를 쓸데없는 걱정으로 낭비해서는 안 될 것입니다. 걱정만 한다고 나아지는 건 전혀 없기 때문이죠. 쓸데없는 걱정은 또 다른 걱정을 낳을 뿐입니다. 따라서 걱정이 되는 일일수록 제가 제시한 방법을 통해 해결해 보실 것을 권합니다.

예정자 : 정말 명심하겠습니다. 벌써 제 걱정거리가 반 이상이 사라진 것 같습니다. 소장님은 어떤 문제이든 문제를 분석하고 해결 방법을 찾아 자기 것으로 소화시켜 잘 적용해 나가시는 것 같습니다. 어떻게 그게 가능한지요?

은준인 : 일전에 저는 메모와 기록의 중요성을 강조하는'적자생존'에 대해 말씀드린 적이 있는데요. 그 증거물을 보여 드리겠습니다.

은준인은 자리에서 일어나 책상 쪽으로 가더니 여러 종류의 대학노트 10여권을 들고 왔다. 표지에 '스텔노트 1,2,3......'라 되어 있는 노트에는 뭔가 빼곡히 적혀 있었다. 각 주제별로 내용이 요약되어 있었고 작성일자, 글의 소스, 주제, 작가 등등이 적혀 있었다. 예정자는 이 방대한 양의 자료를 정리하기 위해서는 얼마나 많은 시간이 소요되었을지 가히 짐작이 갔다. 은준인은 퇴직 후 본 책, 잡지, 기사, 강의, TV, 유튜브 등 유익한 내용은 모두 요약하여 적은 것이라 설명했다. 예정자는 은준인의 내공이 어디에서 근거하는지 이제 대충 짐작할 수 있었다.

예정자 : 정말 대단하십니다. 이렇게 읽고, 보고, 들은 모든 내용을 평소 정리하시는 군요. 왜 소장님이 '적자생존'을 강조하시는지 알 것 같습니다. 그런데 표지에 적힌 '스텔노트'라는 게 무슨 의미인지요?

은준인 : 스텔노트는 '스토리텔링 노트'라는 뜻입니다. 이 노트를 작성하기 시작한 이유는 제가 강의를 하는데 어떤 책에서 읽은 좋은 내용을 소개하려고 해도 잘 정리가 되어 있지 않으면 전달할 수가 없지 않습니까? 그래서 강의 시 짧게 스토리텔링을 하기 쉽게 읽고 보고 들은 내용을 그때그때 미리 주제별로 노트에 정리를 해 두는 거죠. 예를 들면 상상력이란 주제가 있다면 노트에서 그 부분만 찾아보면 자료 준비를 하는데 많은 도움이 된답니다. 그래서 어떨 때는 책 읽는 것보다 정리하는데 시간이 더 많이 소요되는 경우도 있지요. 쉽지 않은 작업이지만 아주 매력적인 작업이라 생각됩니다.

예정자 : 그러시군요. 스텔노트! 저도 한번 작성해 봐야겠어요. 그

런데 이렇게 많은 시간을 쓰시면 따로 취미 활동 하시기가 쉽지 않으시겠어요.

은준인 : 취미 활동이요. 당연히 해야죠. 얼마나 중요한데요. 그럼 이번 시간에는 취미 활동에 대해 한번 대화를 나눠 보죠. 예정자님은 지금 어떤 취미를 갖고 계시나요?

예정자 : 아직 퇴직 후 구체적으로 어떤 취미를 갖고 있지는 않고요. 악기나 한 번 다루어 볼까 생각 중입니다. 그런데 뭘 해야 될지 아직 잘 모르겠어요.

은준인 : 막상 뭘 하려고 하면 결정하기가 쉽지 않으실 겁니다. 그래서 중요한 것은 이러한 취미를 퇴직 후에는 아무것이나 하면 안 된다는 것입니다. 자기에게 맞는 취미를 골라야 한다는 것입니다. 퇴직 후 잘못 고른 취미는 오히려 독이 될 수도 있습니다.

예정인 : 독이 될 수도 있다고요. 그러니까 선택하기가 더 어려워지네요.

은준인 : 그래서 이번에는 제 몸에 맞는 취미 만드는 법 네 가지 팁을 제시해 볼까 하는데요.

예정자 : 제 몸에 맞는 취미 만드는 법 네 가지 팁이요? 정말 도움이 되겠습니다. 이번 주제 또한 아주 흥미로운 주제입니다.

은준인 : 100세 시대를 살고 있는 오늘날, 취미 생활이 활기찬 노후를 위한 필수조건으로 부각되고 있음을 우리 모두는 잘 알고 있지 않습니까? 인터넷 자료를 보니까 은

퇴자의 74%가 취미활동이 인생에서 매우 중요하다고 응답을 했습니다. 그러니까 이제는 취미활동이 은퇴 자금만큼이나 노후를 위해 중요한 요소로 손꼽힌다는 뜻입니다. 특히 이러한 취미 활동이 노년 시절의 새로운 인간관계를 형성하는 연결고리 역할을 한다는 점에서 더욱 의미가 크다 할 수 있습니다. 그런데 퇴직 후에는 아무런 취미에 그냥 덤벼들다가는 오히려 독이 될 수 있다는 것입니다. 자기랑 맞지 않는 옷과 같은 존재가 될 수 있다는 얘기이죠. 남들이 한다기에 일단 발을 들여 놓긴 했는데 하다 보니 영 만족스럽지가 않는 경우가 무척 많습니다. 이 경우 결국 돈과 시간을 낭비하고 심지어 열정까지 갔다 바쳐 이제는 다른 것에 도전할 엄두조차 나지 않을 수 있다는 것입니다. 그래서 제 이러한 경험을 바탕으로 그러한 잘못된 선택의 우를 범하지 않도록 우리의 노후를 환상적으로 만들어 줄 수 있는 제 몸에 맞는 취미 만들기에 대한 몇 가지 팁을 제공하고자 하는 것입니다.

예정자 : 소장님의 실전 경험을 바탕으로 한 얘기이군요. 더욱 더 흥미로워지네요. 하나하나 풀어 주시죠.

취미생활은 편안한 옷과 같아야 한다

은준인 : 제 몸에 맞는 취미 만들기 4가지 팁 중 첫 번째는 홀로 즐기고 함께 공유할 수 있는 취미를 선택하라 입니다. 노년에 있어 취미 활동은 자기만의 시간을 윤택하게 보내면서 사회생활과 연결되는 중요한 영역입니다. 따라서 이러한 취미를 선택할 때 고려해야 할 원칙으로 '따로 또 같이'를 권해 드립니다.

예정자 : '따로 또 같이'라고요?

은준인 : 이 원칙은 혼자서 쉽게 즐길 수 있으면서 또 타인들과도 함께 공유할 수 있는 취미를 선택하는 것을 의미합니다. 이 원칙에 따르면 재미와 보람을 배가 시킬 수 있을 뿐 아니라 자아만족과 새로운 인간관계 형성에도 효과가 크다고 할 수 있을 것입니다. 이러한 취미는 독이 아니라 보약과 같은 존재가 될 것입니다. 제 아내 얘기를 끄집어내어 죄송하지만 제 아내의 예를 한번 들어 보겠습니다.

예정자 : 예. 아주 좋습니다.

은준인 : 취미가 전혀 없었던 제 아내가 어느 날부터 우쿨렐레를 배우러 다니는데요. 평상시에는 집에서 혼자서 연습하며 즐기다가 일주일에 한 번씩 모여 함께 연습을 하고 또 한 번씩 기회가 되면 동아리 멤버들과 함께 합동 공연도 하러 가는데요. 정말 보기에 좋더라고요. 이것이 바

로 '따로 또 같이'의 좋은 예인 것 같습니다. 꼭 악기가 아니더라도 취미로 할 수 있는 일들이 얼마든지 많겠죠.

예정자 : 그렇군요. '따로 또 같이' 원칙이 중요해 보이네요. 그럼, 두 번째 팁은 무엇인지요?

은준인 : 제 몸에 맞는 취미 만들기 4가지 팁 중 두 번째는 너무 거창하게 시작하지 말고 쉽게 할 수 있는 작은 것부터 시작하라 입니다. 너무 거창하고 비용이 많이 들어가는 것을 선호할 필요가 없다는 얘기입니다. 호기심에 어떤 특정 종목에 일시적으로 필이 꽂힐 수 있다는 것입니다. 예를 들면 퇴직 동기 중에 캠핑카에 꽂혀 거금을 주고 캠핑카를 구입을 했는데 서너 번 다녀오더니 자기와 잘 맞지 않는 것 같다고 몇 년째 세워 놓고 후회를 하는 경우를 봤습니다. 처음부터 너무 서둘지 말고 우선 자신이 쉽게 할 수 있는 작은 취미부터 차근차근 시작하는 것이 매우 중요합니다. 누군가 기타를 배우고 싶다면 당장 당근마켓에서 중고 기타라도 하나 사서 주민 센터 프로그램에 참여하여 시작하면 되는 것입니다. 시를 좋아해 시집을 내고 싶다면 당장 시 한 편이라도 써보시라는 것입니다. 지금 곧 당장 시작하지 않으면 아무 것도 이룰 수가 없기 때문입니다.

예정자 : 서두르지 말고 작은 것부터 차근차근 시작하라는 말씀이시군요? 소장님의 경우는 어떻습니까?

은준인 : 저도 당연히 쉽게 할 수 있는 작은 것부터 시작했습니다. 제 경우를 예를 들면요. 제가 퇴직 후 아내에게 퇴직 기념으로 그동안의 내조에 감사하는 글을 주고 싶어 아내에게 '내 안에 있는 내 아내'라는 제목을 가진 노랫말을 선물하였는데요. 그것이 인연이 되어 음원을 만들게 되었고 또 다른 노래를 작사하고 또 다시 음원을 내고 이런 식으로 진행하여 이제는 어느 듯 작사가로 데뷔하게 된 것입니다. 시작이 정말 중요합니다. 아내에 대한 노랫말 하나가 또 하나의 직업으로 발전할 수 있었던 것은 바로 시작에서 시작된 것입니다. 그 날 밤 아내에 대한 그 노랫말을 시작하지 않았다면 경주의 대표 노래로 부각하고 있는 '경주아리랑'도, '제1회 정귀문예술제 작사 전국공모전 최우수상'수상의 기쁨도 없었을 것입니다.

예정자 : 작은 것부터 차근차근 시작하라는 말씀이 정말 공감됩니다. 시작의 중요성도 정말 가슴에 와 닿습니다. 그럼 세 번째 팁은 무엇인가요?

은준인 : 제 몸에 맞는 취미 만들기 4가지 팁 중 세 번째는 묻어두었던 꿈을 실현시키는 취미에 도전하자 입니다. 누구나 한두 가지 젊은 시절부터 꼭 하고 싶었던 꿈들을 가지고 있을 것입니다. 영영 못할 것만 같은 그러한 꿈에 도전해 보시는 것은 어떨까요? 꿈은 건드리지 않으면 그냥 꿈이라고 했습니다. 꿈은 건드려야 만이 꿈이 현실

이 되는 것입니다. 평생 수영을 배우고 싶었는데 이리저리 미루다 퇴직 후에 용기를 내어 수영에 도전하여 지금은 어린이 수영 강사가 되신 60대 분도 봤습니다. 정말 멋진 일이지 않습니까?

예정자 : 그럼 소장님도 묻어 두었던 그런 꿈에 도전하셨나요?

나의 가장 오래된 꿈은 Venus

은준인 : 물론 저도 그런 꿈에 도전했습니다. 저의 가장 오래된 꿈은 중학 시절 누군가 드럼으로 팝송을 연주하는 것을 보고 흠뻑 빠져 언젠가 나도 꼭 드럼을 배워 보겠다고 꿈을 가졌는데요. 그 곡이 바로 쇼킹 블루(Shocking Blue)의 비너스(Venus)였죠. 40년을 한 번도 그 꿈을 포기한 적이 없었습니다. 40년이 지난 지금에야 드럼에 대한 도전장을 내밀게 되었죠. 그래서 드럼을 시작했고요. 벌써 제 목표 33곡 중 20여 곡을 완성하였답니다. 제가 또래 다른 사람들에게 강조하는 말이 있습니다. '꾸었던 꿈이 있으시면 절대 쓰레기통에 버리지 마십시오. 왜냐하면 꿈은 쓰레기통을 가장 싫어하기 때문입니다.'

예정자 : 꿈은 쓰레기통을 가장 싫어한다는 말이 너무 멋집니다. 저도 드럼을 배우고 싶었는데요. 정말 너무 멋지십니다.

20여곡을 연주하셨다는데 어떤 곡들이 있나요?

은준인 : 저는 어려서부터 팝송을 좋아했는데 그 중에서 좀 빠른 곡들을 많이 연습합니다. 예를 들면 옛날 팝송 중에 Venus를 비롯해서 Bad case loving you, Stumblin′in, Sunny, Brother Louie, Wanted, Stayin alive 같은 곡들이죠. 요즘은 7080 노래도 같이 연습하는데 대학 다닐 때 좋아했던 '불놀이야'를 포함해서 어서 말을 해, 골목길, 해운대 연가 같은 곡들도 연습하고 있어요. 정말 재미있는 도전입니다.

예정자 : 정말 멋지십니다. 그럼 소장님 여기서 한 곡 들을 수 없을까요? 저기 안 방이 음악실이시잖아요. 아까 살짝 봤어요.

은준인 : 그럼, 한 곡 들려드리고 다시 시작할까요?

은준인은 예정자를 안방으로 안내했다. 들어가는 문 입구에 '현재방/Amusement'라고 적인 표지가 부착되었다. 문을 여는 순간 예정자는 완전 놀라고 말았다. 크지 않은 방이었지만 가장자리에 드럼 한 세트가 놓여 있었고 그 옆에 숄더키보드와 기타가 가지런히 놓여 있었다. 크로마키 천이 뒤에 처진 것으로 보아 연주 장면 촬영을 이곳에서 한다는 것을 예정자는 직감할 수 있었다. 그뿐만이 아니었다. 반대쪽에는 아코디언 한 대가 있었고 장구와 플룻도 보였다. 완전 음악실 그 자체였다.

예정자 : 와우! 소장님, 없는 악기가 없네요. 이 악기들을 다 연주하시나요?

은준인 : 아닙니다. 제가 주로 하는 것은 드럼과 숄더키보드이고요. 장구와 아코디언은 한 번씩 연습합니다. 아코디언을 원래 시작했는데 저에게는 잘 맞지 않는 것 같아 숄더키보드로 전향을 했습니다.

예정자 : 이 악기는 처음 보는 악기인데요. 기타 같기도 하고 키보드 같기도 하네요?

은준인 : 그렇죠. 그래서 어깨에 메는 키보드라 하여 '숄더 키보드'라고 불러요. 또 키보드를 기타처럼 연주한다고 해서 '키타'라고 부르기도 합니다. 키보드 기능이 있으니까 수십 개의 악기 소리를 낼 수 있는 특징을 가진 악기입니다.

예정자 : 이것도 계속 연습하시나요?

숄더키보드 10곡 완성하여 가족 작은 음악회

은준인 : 저는 이것을 가지고 지금 10곡을 선정해서 반복해서 연습하고 있는데요. 나중에 아내 환갑 때 기념일 때 가족들을 위한 작은 음악회를 계획하고 있어요.

예정자 : 10곡을 연습해서 가족 작은 음악회를 연다고요? 멋진 일이군요. 10곡에는 어떤 곡이 있나요?

은준인 : 팝송 3곡과 가요 7곡인데요. 아내가 좋아하는 곡 중심으로 결정했어요. 예를 들면, 팝송은 For the good times, Casablanca, I have a dream이 있고요, 가요는 그랬었구나, 불어라 바람아, 동해의 꿈, 막걸리 한 잔 등이 포진해 있어요. 열심히 연습해야 되요. 건반 악기라 한 번 만 삑사리나면 완전 엉망이 되어 버려요.

은준인은 드럼 자리에 앉더니 요즘 연습하고 있는 곡인 '풍문으로 들었소'를 연주하겠다고 하며 반주기의 음악을 틀고 연주하기 시작했다. 전문가 솜씨는 아니라 하더라도 예정자의 귀에는 하나의 예술로 들렸다. 이어서 숄더키보드는 아내가 가장 좋아하는 노래인 'Casablanca'를 노래를 부르며 연주하기 시작했다. 불가 몇 년 만에 이렇게 멋지게 취미 활동을 스스로 가꾸어 갈 수 있다는 것이 신기했다. 예정자의 가슴 속에는 은준인이 분명 자기의 인생을 스스로 개척해 나가는 '창조인'이 틀림없다는 생각이 강하게 들었다.

예정자 : 소장님, 정말 잘 들었습니다. 훌륭하십니다. 정말 실전 전문가라는 말이 그냥 붙인 타이틀이 아니군요. 소장님은 모두 경험하시고 체험하시고 도전하신 내용들을 책에 적으셨고 또 강의까지 해 주시는군요. 완전 반했어요. 그런데 이 악기는 얼마나 배우신 거예요.

은준인 : 얼마 되지 않았어요. 모두 다 퇴직 후에 했는데요. 숄더

키보드는 3년째이고 드럼은 2년 정도 되었을까요. 그냥 조금씩 시간을 할애해서 즐기는 거죠. 악기는 절대로 완성시키려고 하면 안 돼요. 그럼 스트레스가 쌓여요. 과정을 즐기는 것이 퇴직 후 취미 생활을 하는데 매우 중요합니다.

예정자 : 그렇군요. 과정을 즐기라는 말씀 아주 중요하군요. 그럼 아직 마지막 한 가지가 남아 있죠. 마지막 네 번째 팁은 무엇입니까?

은준인 : 제 몸에 맞는 취미 만들기 4가지 팁 중 마지막 네 번째는 가급적 생산적이고 남에게 베풀어 줄 수 있는 취미를 선택하라는 것입니다. 아시다시피 취미는 자기 성향이 무엇보다 중요합니다. 하지만 이왕이면 보다 생산적이고 남에게 베풀어 줄 수 있는 취미를 선택하실 것을 권합니다. 이런 취미는 나이가 들어 갈수록 더욱 보람을 느끼게 될 것입니다.

예정자 : 마지막은 생산적이고 남에게 베풀어줄 수 있는 취미를 선택하라는 말씀이군요.

은준인 : 제 경우를 바로 말씀드리면 이해가 빠르실 것 같은데요. 저는 퇴직 후 뭘 할까 여러 가지 고민을 하다 양식 만들기와 제빵 만들기를 선택하여 학원을 다녔고 국가자격증도 따서 만족스러운 취미 활동을 하고 있다고 말씀드렸는데요. 조금 전 제가 말씀드렸듯이 저는 '아내에게 죽을 때까지 500가지 음식 만들어 주기' 프로젝트를

진행하고 있는데요. 지금 반환점을 돌았고요. 제빵은 홈 베이커리를 할 수 있도록 빵 방을 만들어 가끔씩 집에서 빵을 굽고 있습니다. 그런데 멀지 않은 시간에 태어날 손녀, 손자에게 할아버지의 따뜻한 우유식빵이나 쏘시지 빵을 만들어 준다면 어떤 느낌으로 다가갈지 벌써부터 궁금해지는군요. 이렇듯 생산적이고 남을 위해 뭘 해줄 수 있는 취미가 보람도 있고 지속적도 있다는 것입니다.

예정자 : 집에서 직접 빵을 만드신다고요. 어디서 만드시는데요?

홈 베이커리 <킬리만자로>에는 표범이 없다

은준인 ; 저기 작은 방이 '미래방'인데요. 저기가 바로 제 홈베이커리 방입니다. 이름이 홈베이커리 <킬리만자로>라고 정했습니다.

예정자 : 와우! 빵 만드시는 방까지 갖추어 놓으셨네요. 홈베이커리 킬리만자로라고 이름까지 지으셨네요. 한 번 구경시켜 주시죠?

예정자는 은준인의 안내에 따라 미래방(Creation Room)으로 안내받아 들어가는 순간 놀라지 않을 수 없었다. 모든 장비가 완비된 듯 보였다. 한 쪽으로는 빵 만드는 철재 다이가 놓여 있었고

옆 테이블에는 반죽기와 오븐기가 보였다. 한편에는 강력분과 박력분 밀가루를 포함한 각종 빵 굽는 온갖 도구들과 갖가지 재료들이 준비되어 있었다. 벽에는 A4 용지에 볼펜으로 정리된 각종 레시피가 부착되어 있었고 옷걸이에 걸린 깔끔한 제빵 까운이 예정자에게 매우 인상적으로 다가왔다. 모든 것들이 구체적이고 실전적으로 진행되는 데에 대해 예정자는 다시 한 번 놀라지 않을 수 없었다. 아라비아 숫자 9가 의미하는 '구체적'이라는 의미가 바로 이런 거구나 라는 생각이 예정자에게 파고들었다.

예정자 : 그럼 소장님은 주로 여기에서 어떤 빵을 만드세요?

은준인 : 여러 종류를 만듭니다. 각종 식빵을 포함하여 바케트, 데니쉬, 파이, 밤과자, 케이크까지 그때그때 만들고 싶은 것을 만들죠.

예정자 : 가장 자신 있는 빵은 무엇입니까?

은준인 : 자신 있다기보다 특별한 날에 만드는 빵이 있는데요. 독일 크리스마스 시즌 때 주로 먹는'슈톨렌'이란 빵입니다. 재료가 엄청 들어가는데요. 화이트 와인을 포함해 약 20가지 정도 들어가는 최고급 빵이죠. 이 빵 만드는 것을 제일 좋아합니다.

예정자 : 전 이름도 처음 들어 보는 빵이군요. 와인까지 들어가는 빵이 있군요. 한번 먹고 싶네요.

은준인 : 다음에 기회가 되면 한번 만들어 드리죠. 사실 빵 만들기가 취미로 아주 좋은데 한 가지 불편한 것이 있어요.

중간에 발효를 해야 하는 과정이 필요하니까 시간이 너무 많이 걸린다는 거예요. 그래서 빵 만들 때는 별도로 날을 잡아서 만들어요.

예정자 : 아무튼 소장님은 취미 활동도 아주 체계적이고 전문적으로 하시는 느낌이 드는군요. 정말 인생 2막을 준비하기 위해서는 해야 할 일들이 많군요. 저는 이제 곧 퇴직을 하면 정말 이제 점차 쓸모없는 인간이 되어 가는구나 하는 불안감이 자꾸 생기는데 이런 마음부터 바꿔야겠군요.

은준인 : 맞아요. 정말 중요한 문제랍니다. 나이 들수록 가져서는 안 되는 생각이 3가지가 있는데 그 중에서 가장 가져서는 안 되는 생각이 바로 나는 이제 쓸모없어졌다고 생각하는 것입니다.

예정인 : 나이 들수록 가져서는 안 되는 생각이 3가지가 있는데 그 중에서도 가장 가져서는 안 되는 생각이라 하셨나요? 그럼, 소장님! 그 3가지는 무엇인데요. 좀 더 자세히 설명이 가능할까요?

나이 들수록 가져서는 안 되는 바보 같은 생각들

은준인 : 설명 드리죠. 나이가 들어 갈수록 정말 가져서는 안 되는 생각이 3가지가 있다고 생각되는데요. 그 중 첫 번

째는 나는 정말 이제 쓸모가 없구나! 라는 생각입니다. 제가 어느 책에서 읽은 내용인데요. 이 세상에서 사람을 움직일 수 있는 여러 가지 동력 중에 가장 대표적인 것을 꼽는다면 사랑과 두려움이라고 한데요. 그런데 일반적으로 사람들에게는 죽음이 가까워지면 다른 감정들은 사라지거나 약해지기 마련인데, 이 두 가지 감정만은 사라지지 않고 끝까지 남는다고 해요. 그런데 그 중에서도 나이가 들수록 사랑보다는 두려움이 더 크게 다가온다는 것입니다. 우리에게 두려움은 여러 형태로 오는데요. 예를 들면 부족함에 대한 두려움, 버림받는 두려움, 아무 것도 이루지 못한 것 같은 두려움, 가난해지는 두려움, 혼자가 되는 두려움, 인정받지 못한 것에 대한 두려움 등등 여러 모습으로 우리에게 다가오는데요. 그 중에서도 나이 들면서 절대로 가져서는 안 되는 두려움이 있다면 그것은 바로 나는 정말 쓸모가 없구나 하는 두려움이라는 것입니다. 말 한마디로 사람을 죽일 수 있다면 바로 이 말이 나를 스스로 죽이는 말이 된다는 것입니다.

예정자 : 왜 그렇죠?

은준인 : 그 이유는 간단합니다. 이 한마디 생각은 내가 가진 모든 열정과 에너지를 즉시 빼앗아 버리고 나를 깊은 우울의 우물 속으로 빠지게 할 수 있다는 것입니다. 다른 사람들은 퇴직 후 여전히 가치 있는 삶을 사는 것 같이

보이고, 끊임없이 도전하는 사람이라는 것을 보여 주고 싶어 재취업도 하고 히말라야 산도 오르고 악기도 열심히 배우고 모두들 나름 열심히 살아가는 것 같은데 나만 뭘 해야 할지, 어떻게 살아야 할지 이리저리 고민만 하다 급기야 모든 걸 좌절하고 '난 여전히 부족해! 난 가치가 없어! 난 쓸모가 없어!'라는 생각을 갖고 있다면 그것은 스스로 자멸의 길로 빠져 들어 가게 만드는 것이라는 것입니다. 정말 쓸모없는 것은 내가 아니라 나는 정말 쓸모없다는 그 두려움이 아닐까 싶습니다. 갑자기 <이어령>선생님의 시 한편이 생각납니다.

예정자 : 이어령 선생님의 시 말입니까?

은준인 : 예, 얼마 전 돌아가셨지만 저는 그 분을 현직 때 회사일로 몇 번 뵌 적이 있는데요. 당시 제가 다니던 회사에서 후원하여 당시 우리나라에서 제일 큰 문학상인 '동리목월문학상'을 만들어 수상자를 뽑을 때입니다. 당시에는 그분이 심사위원장을 하셔서 매년 뵙게 되었는데요. 갑자기 그 분의 글이 생각나네요.

예정자 : 어떤 글인데요?

은준인 : 죽음을 목전에 두고 병상에서 쓴 '눈물 한방울'이란 책 중에 새끼발가락에 대한 글이 있습니다. '암 투병 중인 노학자가 마루에 쪼그려 앉아 발톱을 깎다가 눈물 한방울 떨어뜨렸다. 멍들고 이리저리 사라지다시피 한 새끼발톱, 그 가여운 발가락을 보고 있자니 회한이 밀려

왔다. 이 무겁고 미련한 몽둥이를 짊어지고 80년을 달려오느라 니가 얼마나 힘들었느냐, 나는 왜 이제야 너의 존재를 발견한 것이냐.' 대충 이런 내용인데요. 우리가 그 존재를 크게 느끼지 못한 그 새끼발가락도 이처럼 역할을 다하는데 우리 스스로가 우리를 쓸모없는 사람으로 만들어서는 안 된다는 것입니다.

예정자 : 그렇군요. 잘 알았습니다. 저도 제 삶에 더욱 쓸모 있는 사람이 되도록 노력하겠습니다. 그럼, 나머지 두 가지도 궁금하네요.

은준인 : 나이가 들어 갈수록 정말 가져서는 안 되는 생각 3가지 중 두 번째는 나는 정말 이제 시간이 없구나! 입니다. 그런데 정말 시간이 없을까요? 퇴직을 한다 해도 앞으로 족히 30년의 시간이 기다리고 있습니다. 그 시간은 과거와는 달리 순수하게 자기만의 시간입니다. 얼마든지 준비하고 얼마든지 꿈을 이룰 수 있는 충분한 시간입니다. 중요한 것은 그 시간을 어떻게 활용하느냐가 관건 아니겠습니까?

예정자 : 맞습니다. 그 부분에 대해서는 100% 공감합니다. 그럼 마지막 한 가지는 무엇입니까?

은준인 : 나이가 들어 갈수록 정말 가져서는 안 되는 생각 3가지 중 세 번째는 나는 정말 이제 가진 게 없구나! 라는 생각입니다. 가진 게 없는 것이 아니라 아직 만족하지 못하기 때문이 아닌가 생각됩니다. 만족의 만(滿)은 찰만

자입니다. 족은 뭔지 아세요?

예정자 : 발족인가요?

은준인 : 맞아요! 족(足)은 발족 자입니다. 그래서 만족이란 찰만(滿)자에 발족(足), 즉 발목까지 물이 찼을 때 멈추는 것이 가장 만족한 상태라는 것입니다. 물이 발목을 지나 허리를 넘어 머리끝까지 차오르면 어떻게 되겠습니까? 큰 문제가 생기겠죠. 그래서 분에 넘쳐서는 안 된다는 것입니다. 나이 들어 갈수록 과분해서도 분수에 넘쳐서도 안 되는 것이라 생각됩니다.

예정자 : 결국 나이 들어 갈수록 가져서는 안 되는 3가지는 나는 쓸모가 없다, 나는 시간이 없다, 나는 가진 게 없다. 이렇게 세 가지이군요. 잘 명심하겠습니다. 정말 지금까지 1박2일 동안 소장님이 말씀하신대로 살아간다면 인생 2막이 너무도 멋진 인생이 될 것 같습니다.

은준인 : 맞습니다. 나이 들어 갈수록 우리는 더욱 폼 나게 살아가야 합니다. 저는 그것을 요즘 젊은 층에서 많이 쓰는 단어로 간지나게 살아야 된다고 말하고 있습니다.

예정자 : 그럼 소장님은 우리의 인생을 간지나게 사는 방법에 대해서도 해법을 가지고 계시는군요?

은준인 : 해법이라기보다 그렇게 간지나게 사는 사람들이 가지고 있는 키포인트가 있다고 생각됩니다. 그럼 그 내용에 대해서도 이야기보따리를 한 번 풀어 보겠습니다.

예정자 : 정말 소장님은 삶의 지침을 쉽게 풀어주는 이야기 마법

사 같군요. 새로운 내용에 또 다시 기대됩니다.

은준인 : 자! 시작해 보겠습니다. 우선 제가 쓰고 있는 '간지나다'의 단어에 대해 먼저 말씀드리자면, 간지나다는 다소 젊은 층을 중심으로 현재 많이 통용되고 있는데 아마도 감각이나 분위기를 뜻하는 일본어 간지(かんじ)에서 유래되었다는 얘기가 있는데요. 아무튼 그 뜻은 멋지다, 폼 나다, 맵시 있다 등의 의미로 통용되고 있습니다. 나이가 들수록 우리의 인생도 좀 더 멋지고, 폼 나는, 다소 아우라 있는 삶을 살아간다면 좋지 않겠습니까?

예정자 : 아무튼 멋지다와 같은 좋은 의미로 보면 되겠네요?

은준인 : 그렇습니다. 그럼 간지나게 사는 사람들이 가진 특징은 과연 무엇일까요? 저는 그 특징을 네 가지로 정리해 말씀드리고자 합니다.

간지나게 사는 사람들의 특징 4가지

예정자 : 첫 번째는 무엇입니까?

은준인 : 나이 들수록 간지나게 사는 사람들이 가진 특징 4가지 중 첫 번째는 도전을 자기 인생에서 더 이상 미루지 않는다는 것입니다. 도전은 단순히 젊은 사람들만의 전유물이 아니라는 것입니다. 오늘날 우리는 신중년 그룹을

‘액티브 시니어(Active Senior)’라는 표현을 쓰고 있는데요. 통상 액티브 시니어들은 정년퇴직 후 시간적, 경제적 여유를 갖고, 젊은 사람 못지않게 활동적이고 의욕이 넘치는 특징을 보이고 있습니다. 이를 요즘 다른 말로는 Young Old를 줄여서 ‘욜드(Yold)’라고 부르고 있습니다. 그런데 이 욜드족의 가장 큰 특징이 바로 젊은 사람 못지않게 도전을 즐긴다는 것입니다. 여기서 도전이란 젊었을 때 하려고 했던 자기의 꿈들이나 그동안 차일피일 미루어 왔던 정말로 하고 싶었던 일들에 대한 도전장을 내미는 일이라 볼 수 있습니다. 60대 나이에 시니어 모델을 하시는 분, 드론을 배워서 전국을 돌아다니시며 영상 촬영을 하시는 분, 음악과는 거리가 먼 분이 악기를 배워서 버스킹을 하시는 분 등 사회 여러 분야에서 도전장을 적극 내밀고 있습니다. 모두들 정말 멋지지 않습니까? 그런데 그러한 도전은 더 이상 미룰 일이 아니라는 것입니다. 자기가 하고픈 일에 대한 도전장을 아직 못 내미셨다면 더 이상 미루지 마시고 지금 도전장을 내밀어 보시라는 얘기입니다.

예정자 : 간지나는 사람들의 첫 번째 특징은 도전을 즐기는 것이군요. 그럼 두 번째는요?

은준인 : 간지나게 사는 사람들의 특징 중 두 번째는 나이 드는 것을 두려워하지 않고 자신 있게 산다는 것입니다. 세월이 가는 것을 누구도 막을 수는 없을 것입니다. 어쩌

면 매우 서글픈 일이죠. 하지만 나이 든다는 것의 긍정적인 면을 찾아 그것을 충분히 활용한다면 나이가 들어도 인생을 보다 풍요롭게 누릴 수 있다는 것입니다. 미국의 하버드대 의과대 <하워드 가드너>교수는 인간은 여덟 가지 지능을 가지고 있는데 그 8가지 지능은 논리수학능력, 공간지능, 신체운동지능, 언어지능, 음악지능, 인간친화지능, 자기성찰지능, 자연친화지능 이라고 했습니다. 그런데 중요한 것은 그중에서 나이가 들수록 점점 더 높아지는 지능이 있다는 것입니다. 놀라지 마십시오. 전체 8가지 지능 중 5가지가 나이가 들수록 지능지수가 더 높아진다는 것입니다. 그 5가지가 무엇인지 아세요?

예정자 : 자연친화지능, 자기성찰지능은 확실히 들어 갈 것 같네요.

은준인 : 예, 들어갑니다. 5가지는 자연친화지능, 자기성찰지능을 포함해서 언어지능, 음악지능, 인간친화지능이라고 했습니다. 많은 지능들이 오히려 나이 들수록 더 강화되지 않습니까? 미국의 전설적인 영화배우 <로버트 드니로>가 주연했던 영화 <인턴>이라는 영화를 혹시 보셨나요?

예정자 : 상영관에서는 못보고 넷플릭스로 본 것 같아요

은준인 : 저도 넷플릭스로 봤는데요. 너무 재미있게 봤습니다. 그 영화에서 우리에게 가장 깊은 인상을 심어 주는 것은

아마도 무려 220명을 거느린 CEO는 바로 30대의 젊은 여성인데 이 회사에 인턴으로 등장하는 인물은 바로 70세 노인이라는 것입니다. 이 노인은 비록 인턴이지만 그간 살아 온 노하우와 인생경험, 그리고 센스로 회사일에 대활약을 한다는 그런 스토리의 영화이지 않습니까? 그런데 이것이 단순히 영화 속의 이야기만은 아니라는 것입니다. 우리가 나이 드는 것을 두려워하지 않고 마음껏 자신 있게 산다면 우리의 인생은 보다 간지나는 삶이 되지 않을까 싶습니다.

예정자 : 같은 영화를 봐도 소장님은 뭔가 특별나게 보시는군요. 그럼 다음 세 번째는요?

은준인 : 간지나게 사는 사람들의 특징 중 세 번째는 마음도 열고 지식도 열고 지갑도 열어라 입니다. 나이가 들수록 우선 마음부터 열어야 합니다. 가슴 속에 응어리가 쌓였다면 다 털어 버리고 마음부터 활짝 열어야 합니다. 그래야 우선 자기 마음이 편해진다는 것입니다. 그 다음 열어야 할 것이 바로 지식입니다. 그동안 쌓아 온 다양한 분야의 노하우와 경험을 후배와 지역사회를 위해 활짝 열어 주어야 합니다. 재능 기부나 봉사활동을 통해서 각자의 경험과 지식을 공유해 주신다면 이 또한 얼마나 간지나는 인생입니까? 그리고 마지막으로 꼭 여서야 할 것이 있습니다. 바로 지갑입니다. 각자의 상황과 입장에 맞게 지갑 여는 것에 인색해서는 절대 안 된

다는 것입니다.

예정자 : 마음과 지식과 지갑을 열어야 된다는 말씀이군요. 정말 멋진 말씀입니다. 다음 마지막 네 번째는요?

은준인 : 간지나게 사는 사람들의 특징 중 마지막 네 번째는 정말 중요한 내용입니다. 말보다 행동을 통해 인생을 리드하라 입니다. '지금 바로 써먹는 심리학'의 저자인 영국의 심리학자 <리처드 와이즈먼>은 원래 사람이란 생각이 바뀌면 행동이 바뀌는데 문제는 생각이 바뀌기가 결코 쉽지 않다는 것입니다. 그래서 그는 생각이 잘 바뀌지지 않으면 생각을 바꾸려 하지 말고 행동을 먼저 바꾸라고 했습니다. 행동이 바뀌어도 생각이 바뀌어진다는 것입니다. 긍정적인 아주 작은 행동의 변화를 통해 좋은 습관을 만들어 낼 수 있다는 것입니다. 이것은 성공한 사람이 공통적으로 갖고 있는 필수적 요소라 할 수 있다는 것입니다.

예정자 : 그러니까 생각을 통해 행동을 바꾸기가 어려우니까 아예 행동을 통해 생각을 바꾸고 이것을 자꾸 하다보면 좋은 습관이 될 수 있다는 것이군요.

은준인 : 그렇습니다. 어제도 제가 말씀드렸는데요. 제가 좋아하는 말 중에 Thinking is not doing,이란 말이 있는데요. 생각으로만 모든 것을 할 수가 없다는 것입니다. 시작이라는 개념도 행동 했을 때 비로소 카운트다운되는 것이지 생각 자체만으로는 시작이라 볼 수 없는 것입니

다. 필히 행동이 수반되어야 한다는 말입니다.

예정자 : 그렇군요. 소장님은 정말 모든 것들이 행동이나 실천에 항상 집중되어 있군요. 본받고 싶습니다. 그럼 우리도 소장님이 말씀하신 4가지 원칙을 따라하면 간지나는 멋진 인생이 될 수 있겠군요. 한 번 더 요점을 정리해 주시죠.

은준인 : 당연히 될 수 있습니다. 자꾸 따라하다 보면 조금씩 그런 모습으로 발전해 나가는 것입니다. 간지나게 사는 사람들의 특징 네 가지를 다시 요약하면, 첫째, 도전을 자기 인생에서 더 이상 미루지 마라. 둘째, 나이 드는 것을 두려워말고 자신 있게 살아라. 셋째, 마음도 열고 지식도 열고 지갑도 열어라. 넷째, 말보다 행동을 통해 인생을 리드하라. 이렇게 요약될 수 있겠네요. 4가지 모두 저에게는 소중합니다. 저도 이에 부응하는 여러 가지 노력을 매일 매일 조금씩 하고 있습니다.

예정자 : 정말 소중한 말씀입니다. 이렇게 1박2일 동안 은퇴준비를 하는 실전 방법부터 시작하여 퇴직 후 마음을 어떻게 써야 하는 지까지 아주 다양한 각도에서 접근하는 방법들을 말씀해 주셨는데요. 모두가 저에게는 하나도 놓치고 싶지 않은 소중한 말씀입니다. 저도 이제는 실천할 수 있겠다는 용기가 생겼습니다. 그런데 이러한 모든 실천은 결국 은퇴준비 4영역을 어떻게 잘 준비하느냐에 달려 있는 것 같습니다.

은준인 : 정확히 잘 이해하셨군요. 제 책 제목 '은준인(隱準人)'의 핵심은 바로 '은퇴준비 4영역'을 어떻게 매력 있게 잘 준비 하느냐 입니다. 제가 퇴직 후 지금까지 진행한 내용들을 보면 얼마나 많은 일들이 진행되었습니까? 꿈만 같은 일들이죠. 그런데 그 일들이 퇴직 전에는 전혀 생각조차도 하지 않았던 일이라는 것입니다. 모두 이 은퇴준비 4영역에 기초하여 퇴직 후 하나하나 만들어 왔던 것입니다. 그래서 은퇴준비 4영역부터 시작하라는 말씀을 꼭 드리고 싶습니다. 이렇게 준비하셔야 노년의 삶이 균형이 잡히고 그 누구로 부터도 업신여김을 당하지 않는다는 것입니다.

예정자 : 노년이 되어도 업신여김을 당하지 않는다고요?

은준인 : 그렇습니다. 노년이 되어도 업신여김을 당하지 않으려면 삶의 균형이 잡혀야 한다는 것입니다. 돈만 많다고 해서 업신여김 안 당하는 게 아니고 4가지의 삶의 영역을 어떻게 품격 있게 잘 풀어 나가느냐가 삶의 품질을 보증하는 관건이 되는 것입니다. 그래서 저는 이 은퇴준비 4영역인 혼즐삶, 함즐삶, 끝도삶, 봉즐삶을 강조하는 것입니다.

예정자 : 이제야 소장님께서 왜 은퇴준비 4영역인 혼즐삶, 함즐삶, 끝도삶, 봉즐삶을 강조하시는지 그 의미를 알 것 같습니다. 이 4영역을 잘 구축해야만 튼튼한 노년의 삶이 되고 그 누구로부터 업신여김 당하지 않고 인정받

고, 존경 받는 삶이 된다는 말씀이잖아요. 그럼, 소장님께서 지금까지 강의해 주시는 마무리 내용으로 은퇴준비 4영역인 혼즐삶, 함즐삶, 끝도삶, 봉즐삶에 대해 마지막으로 종합해서 한 번 정리를 해 주시면 어떨까요?

은퇴 후 백수로 성공하기! 은퇴준비 4영역이 시작이다

은준인 : 도움이 되신다면 얼마든지 해드려야죠. 제 스토리를 다시 한 번 정리할 수밖에 없네요. 저는 공기업에서 35년간 근무를 하고 정년퇴직이 임박하면서 퇴직 후 어떻게 은퇴생활을 할지에 대한 두려움으로 심한 고민에 빠지게 되었는데요. 당시 앞으로 1, 2년 후면 퇴직인데 은퇴준비를 위해 도통 무엇을 해야 할지 알 수가 없었던 것이었죠. 이러다가 완전 백수가 되는 것 아니냐는 생각이 들었고 이런 두려운 생각을 떨쳐 버리기 위해 뭔가 좀 준비를 해야겠다고 마음먹고 우선 관련 서적을 읽기로 했습니다. 그래서 저는 시중에 나와 있는 은퇴와 퇴직에 관련된 책을 구입하여 읽기로 작정하고 인터넷상에 나와 있던 은퇴 관련 서적 약 40권 중 구입이 가능한 약 20여권의 책을 구입하여 정독을 하며 열심히 읽었지만 일반 퇴직 예정자들이 은퇴준비를 어떻게 해야 할 지에 대한 구체적 가이드라인을 그 어느

책에서도 발견할 수 없었던 것입니다.

예정자 : 그 많은 책에서도 발견할 수 없었다는 말씀이군요?

은준인 : 발견할 수 없었습니다. 그래서 너무나 화가 났죠. 그래서 회사에서 제공하는 은퇴준비 프로그램에도 적극 참여해보고 먼저 퇴직한 선배들과 심지어 은퇴 전문가들을 찾아가 은퇴준비에 대한 자문을 구했으나 그 어디에서도 은퇴준비에 대한 실전적이고 구체적인 방법을 제시하는 곳은 없었습니다. 그러니까 정말 더욱 답답해졌습니다. 결국 우리나라에는 은퇴준비를 제대로 할 수가 없구나 싶었습니다. 외국은 어떨까 궁금해서 인터넷을 뒤지고 책도 찾아보곤 하였지만 원하는 답을 찾을 수 없었습니다. 그래서 저는 점점 더 고민에 빠졌고 오랜 고민 끝에 스스로 그 방안을 만들어 보자고 결심하게 되었습니다. 그 후 약 2년간 여러 가지 시행착오를 거쳐 만들어 낸 결과물을 토대로 국내 최초의 은퇴준비 실전지침서를 저술하게 되었던 거죠. 그것이 바로 '은준인(隱準人)'이란 제목의 책입니다.

예정자 : 그렇군요. 절실한 필요가 위대한 창조를 만들었군요. 계속 진행하시죠.

은준인 : 예, 그러니까 그 책의 핵심은 우리 누구나 다 맞이하게 될 은퇴에 대한 준비를 위해 4가지 핵심 영역에 대한 준비를 잘 갖추기를 강조하는데요. 우리 모두는 이를 통해 퇴직 후 삶을 보다 균형을 잡아야 한다는 것이고,

그러한 균형감 속에서 각자가 가장 추구하고 싶은 분야를 찾아내어 개발해 나감으로써 오랫동안 지속할 일, 나아가 평생 직업으로 연결할 수 있는 핵심 코어를 개발해 나가자는 것으로 요약될 수 있다는 것입니다. 그것을 저는 '자기핵심브랜드' 즉 영어로 'Self- core brand'라 부르는 것입니다. 그런데 이러한 자기핵심브랜드라는 것이 창출되려면 이 은퇴 준비 4영역이 튼튼히 준비되어야 한다는 것입니다. 그래야 자기 삶이 균형이 잡히고 건강해지며 나이가 들어도 절대 업신여김 당하지 않게 된다는 것입니다. 은퇴준비 4영역의 준비가 무엇보다 필요한 거죠.

예정자 : 은퇴준비 4영역을 통해 삶의 균형을 먼저 잡는 것이 필요하다고 말씀하셨죠. 이 4영역을 다시 정리하면요?

은준인 : 그 첫 번째인 '혼즐삶'에 대한 준비부터 정리해 보면요. 혼즐삶에 대한 준비란 혼자서 잘 즐기는 삶에 대한 준비를 구체적으로 하라는 얘기입니다. 이 준비는 품격 있는 은퇴생활을 위한 초석, 즉 밑돌이라 생각되는 되요. 저는 이 분야에서 3가지 사항을 꼭 갖출 것을 강조했습니다. 첫째, 반드시 출퇴근 할 수 있는 생활공간이 될 아지트를 확보하라는 것이고요. 두 번째는 자기 주도하에 사용 가능할 고정적인 생활자금을 확보하라는 것입니다. 세 번째는 혼자서 잘 놀 수 있는 놀 거리를 미리 준비해 놓으라는 것입니다. 악기, 서예, 그림 그리기,

식물 키우기, 요리 등등 각자가 선호하는 놀거리를 미리 잘 준비해 놓으라는 얘기가 되겠습니다. 다음 노년에 핵심영역 4가지 중 두 번째는 '함즐삶'에 대한 준비인데요. 함즐삶에 대한 준비란 함께 잘 즐길 수 있는 삶에 대한 준비를 미리 구체적으로 갖추라는 얘기입니다. 그 대상자는 아내, 가족전체, 친구 등 은퇴 시에도 가장 가깝게 지낼 사람들과 어떻게 보낼지에 대해서도 구체적인 준비가 필요하다는 얘기입니다. 세 번째는 '끝도삶'에 대한 준비입니다. 끝도삶에 대한 준비란 퇴직 후에도 끝없이 도전하고 배우는 삶에 대한 준비를 철저히 하라는 얘기인데요. 이 끝도삶에 대한 준비가 나중에 제2의 직업이나 평생 직업으로 연결될 가능성이 가장 많은 분야라 할 수 있습니다. 이 영역에서는 퇴직 후에 새로운 언어에 도전부터 시작하여, 실용성 있는 자격증 취득, 유튜브, 블로그 등 각자 스타일에 맞는 SNS 운영의 적극 참여, 오랫동안 꿈꿔 왔던 일에 대한 도전, 어떤 목표가 성취되었을 때 다른 영역으로 확장하기 등 5가지 사항을 강조하였습니다. 그리고 마지막 네 번째, '봉즐삶'에 대한 준비입니다. 봉즐삶에 대한 준비란 퇴직 후에도 봉사를 즐기면서 사는 삶에 대한 준비 또한 철저히 갖추어야 된다는 얘기입니다. 여기에서는 3가지 점을 강조하고 있는데요. 첫째는 퇴직 후 봉사의 출발점은 가족이라는 것입니다. 두 번째는 재능봉사의 방법은 아주 다양하므로 자기가 가지고 있는 재능을 잘 활용하라는 얘기이고요. 마지막으로는 지역사회에 참여하는 봉사활동은 정기적이고 지속적으로 참여하라는 얘기입니다. 이렇게 은퇴준비 4영역을 가꾸어 가는 과정에서 우리는 우리에게 가장 관심을 끄는 분여가 탄생하게 됩니다. 그것을 더욱 전문화시키고 상품화시키고 사업화 시켜 나간다면 그것이 바로 우리가 목표로 하는 '자기핵심브랜드' 즉 '셀프코아브랜드(Self-core brand)'가 되는 것입니다. 그것이 바로 미래의 자기 잡(Job)이 되고 제2의 직업이 되는 것입니다.

예정자 : 은퇴준비 4영역과 자기핵심브랜드에 대해 짧게 잘 요약하여 주셨네요. 이제 완전히 소장님의 주장을 이해할 수가 있겠습니다. 정말 열심히 한 번 은퇴준비를 해 봐야겠어요.

은준인 : 맞습니다. 누구든지 이 4영역에 대한 준비를 미리 잘 갖춘다면 우리의 노년은 그 누구보다도 밝을 것이라 저는 확신합니다. 그 이유는 제가 지금 이렇게 하고 있으니까요. 퇴직 전에는 정말 아무런 계획이 없었던 저였지만 이 평범한 방법을 통해 하나하나 도전하여 퇴직 후 그리 오랜 시간이 지나지 않은 지금 상태에서 은퇴준비 전문작가로써, 은퇴, 안전, 민방위, 평생대학, 노인대학, 유튜브 강의 등 여러 분야의 강사로써 활동하고, 전문 작사가로 데뷔도 하였고, 또한 공공기관 1급

면접관으로써, 대학생 취업 면접 멘토로써, 그리고 1인 유튜버로써 활동하고 있습니다. 최근에는 아내를 위해 '인생쇼츠'라는 시집을 발간하여 시인의 길에 수줍게 발을 띄었습니다. 정말 제 생활에 만족스럽습니다. 제가 하는 강의 중 가장 좋아하는 강의가 있는데요. 제목이 '하마터면 퇴직 후 난 백수가 될 뻔 했다'입니다. 정말 백수가 될 뻔 했죠. 이제 저도 강의 제목을 바꾸려고 합니다.

예정자 : 강의 제목을 바꾸신다고요? 뭐라고 바꾸시는데요?

은준인 : '퇴직 후 백수로 성공하기'입니다. 저는 이렇게 하면 누구나 다 꼭 성공할 수 있다는 확신을 가지고 있습니다. 한번 멋지게 도전해 보십시오. 도전은 정말 무조건 남는 장사입니다.

예정자 : 소장님! 정말 감사합니다. 꼭 도전해 보겠습니다. 1박 2일 장시간에 걸쳐 실전 경험을 듬뿍 담은 주옥같은 말씀, 너무도 감동입니다. 꼭 실천해 보겠습니다. 이 은혜를 갚는 길은 아마도 제가 멋진 은준인이 되는 게 아닌가 생각됩니다.

은준인 : 맞습니다. 꼭 성공적인 은준인이 되십시오. 장시간 잘 경청해 주셔서 감사드립니다. 멀리 또 가셔야 되는데 편히 가시기 바랍니다.

은준인이 예정자를 배웅하기 위해 밖으로 나왔을 때 벌서 어둠이 짙게 깔리고 있었다. 다소 쌀쌀하게 느껴지는 공기의 흐름이지만 무척 상쾌함을 느낄 수 있었다. 두 사람은 두 손을 꼭 잡고 오랫동안 놓지를 못했다. 무언의 대화를 나누는 듯 했다. 한사람이 빙그레 웃으니 다른 한 사람이 빙그레 웃었다. 골목 안 간이주점들의 간판이 일제히 깜빡거리며 따라 웃었다.

「마치며」

‘퇴직 후 백수로 성공하기’ 정말로 가능할까?

이 책을 선택한 많은 독자 여러분들이 가진 생각일 것입니다.

퇴직 후 우리는 누구나 백수가 될 수 있습니다.

그런데 퇴직한 백수가 어떻게 성공할 수 있을까요?

제 대답은 가능하다입니다.

왜냐하면 백수이기 때문에 비로소 가능하다는 것입니다.

성공은 준비된 마음에서 찾아온다고 했습니다.

성공의 비밀은 시작이라고도 했습니다.

하루하루를 설계하고 하루하루를 정성껏 시작하시면 됩니다.

혼즐삶, 함즐삶, 끝도삶, 봉즐삶의 은퇴준비 4영역을

소중히 준비하시어 그곳에서 ‘자기핵심브랜드’를 찾으세요.

그것이 여러분을 성공으로 이끌어 갈 것입니다.

지금 바로 시작하십시오.

늦은 시작이란 없습니다. 새로운 시작만이 우릴 기다리죠.

새로운 인생 2막을 여는 여러분을 응원합니다.

이젠 은퇴가 두렵지 않으시죠?

경주에서

퇴직 및 은퇴준비와 관련된 강의 상담은
아래 메일로 문의 주시면
성실히 응답하겠습니다.

kky580905@naver.com